기업간 추격의 경제학

KI신서 1688

기업간 추격의 경제학

1판 1쇄 발행 2008년 11월 28일
1판 2쇄 발행 2018년 2월 5일

지은이 이근 외 **펴낸이** 김영곤 **펴낸곳** (주)북이십일 21세기북스
정보개발본부장 정지은
출판영업팀 이경희 이은혜 권오권
출판마케팅팀 김홍선 최성환 배상현 신혜진 김선영 나은경
홍보기획팀 이혜연 최수아 김미임 박혜림 문소라 전효은 염진아 김선아
제휴팀 류승은 **제작팀** 이영민
출판등록 2000년 5월 6일 제406-2003-061호
주소 (우10881) 경기도 파주시 회동길 201(문발동)
대표전화 031-955-2100 **팩스** 031-955-2151 **이메일** book21@book21.co.kr

(주)북이십일 경계를 허무는 콘텐츠 리더

21세기북스 채널에서 도서 정보와 다양한 영상자료, 이벤트를 만나세요!
장강명, 요조가 진행하는 팟캐스트 말랑한 책수다 '책, 이게 뭐라고'
페이스북 facebook.com/21cbooks   블로그 b.book21.com
인스타그램 instagram.com/21cbooks   홈페이지 www.book21.com

값 15,000원
ISBN 978-89-509-1627-5 03320

후발기업들의 총성 없는 추격과 추월

기업간 추격의 경제학

이 근 외 지음

21세기북스
www.book21.com

시장의 판도를 바꾼 그들만의 전략

1980년대 중반 한국에는 주문자 상표 부착(OEM) 방식으로 봉제완구를 생산하는 기업이 700여 개나 있었다. 그러나 현재 대부분의 기업은 도태되거나 중국으로 넘어갔고 오로라월드, 단 하나의 기업만이 자기 브랜드의 OBMOriginal Brand Manufacturing 기업으로 성장하여 세계적인 기업이 되었다. 어째서 이런 결과가 발생했을까? 또 한국 기업이 IT 분야에서는 선진기업을 잘 추격하는데 반해 부품 소재 분야에서는 왜 이리 추격이 더딘 것일까? 우리 뒤를 쫓아오는 중국 기업을 방어하기 위한 우리 기업들의 전략은 무엇일까? 바로 이런 질문들이 이 책에서 해답을 얻고자 하는 연구 주제이다.

이 책에서는 이런 주제를 '기업 간 추격의 경제학'이라는 문제의식과 일관된 분석 틀을 가지고 다루어 나간다. 기업 간 추격의 경제학에서는 후발기업이 어떻게 선발기업을 추격할 수 있는가, 또는 어떻게 후발자의 추격으로부터 자신을 방어할 수 있는가를 알아본다. 기업 간 추격 현상은 국가 간 추격의 밑바탕이 된다는 점에서 국가 간의 흥망성쇠까지 다루는 '경제추격론'의 주요 분야이다.

이 책은 신슘페터학파 기술경제학에 기반한 '산업별 혁신 시스템'이라는 개념을 분석의 틀로 삼고 있다. 산업별 혁신 시스템이란 각 산업 부문의 해당 분야 기술과 지식의 성격, 시장 조건, 관련 주체의 역할이 모두 다르며 이런 차이가 해당 부문에서 활동하는 기업의 전략과 성과에 영향을 미친다는 개념이다.

가령 IT 분야의 추격이 쉬운 것은 부품 소재 분야에 비해 이 분야의 지식과 기술 변화가 빠르고 기술의 수명 주기가 짧아졌기 때문이다. 후발자는 이전의 지식이나 기술 없이도 추격에 어려움이 적고, 기계류에 비해 지식의 암묵성이 낮아 관련 기술의 학습과 이전이 쉽다는 특성이 있다. 또한 해당 분야에서 발생하는 기술 패러다임의 변화나 사이클의 발생은 후발자에게 추격의 기회를 제공하며 특히, 불황기는 후발자에게 진입과 역전의 기회가 된다. 예를 들어 디지털 패러다임이라는 새로운 전환기의 시기에 기존의 강자는 현재의 우위와 투자비용 회수를 위해 기존의 수준에 머무르려고 하는 반면, 후발주자는 주저하지 않고 새로운 기술에 투자한다. 그 결과, 역전의 기회를 잡을 수 있음을 이 책의 사례를 통해 알 수 있다.

이 책은 단순히 여러 기업의 성공 사례를 모은 것이 아니다. 기업 간 추격 현상에 초점을 맞추어 소비재, IT, 인터넷, 부품 소재, 조선, 철강 등 여러 산업 분야에서 발생하는 추격과 추격 달성 후의 방어에 대해서 제시하며 마지막 장에서는 이를 종합적으로 요약하여 정부 정책에 대한 시사점도 제시한다.

이 책의 성공적 추격 사례들은 하나같이 선발기업과는 다른 제품을 개발하여 선발기업과는 다른 경로를 개척한 경로창출형 추격의 길을 걸어갔다. 즉, 심로악기는 유럽식의 수작업 방식과 일본의 대량 방식을 결합하여 마이스터 공법에 기반한 대량생산이라는 새로운 기술 경로를 개척했고, 쿠쿠홈시스는 전기밥솥 제조 기술과 가스압력밥솥 기술을 결합하여, 전기압력밥솥이라는 새로운 기술 경로를 개척하였다. 또한 홍진HJC는 기존의 ABS와 PC소재 플라스틱을 적절히 혼합하여 견고성과 충격 흡수성의 절묘한 배합을 보장하는 새로운 합성 플라스틱을 개발하여 성공하였다. 아모레도 외국 명품 화장품을 그대로 모방하여 따라가기보다는 한방 화장품이라는 새 콘셉트 제품으로 고급 화장품시장에 진입한다.

그리고 이 책은 추격 과정의 각종 난관과 극복의 좋은 예를 제시하고 있다. 즉, 어떻게 선발자와 다른 시장을 확보하고 마케팅을 하며 기존 업체로부터의 견제를 극복하는지에 대해, 그리고 추격 달성 후의 방어를 위해서는 어떤 경쟁 장벽을 구축해야 하는지에 대해 다룬다. 추격 과정에서 부딪히게 되는 주요 난관은 기존 업체들의 견제와 방해이다. OEM에서 OBM으로 이행을 선언하면 기존에 주문을 주던 선진 브랜드 업체들은 주문량을 회수하거나 특허·상표 등의 지적재산권을 침해했다는 소송으로 이들을 견제한다. 심할 경우, 저가 공세 및 덤핑도 마다하지 않는다. 부품 소재 산업에서 한국 업체들이 새로운 개발을 하면 그때부터 일본 등 외국 업체의 가격 덤핑이 시작되는 것은 익히 알려진 사실이다. 오로라월드, 썬스타, 주성엔지니어링 모두 특허 및 지적재산권 소송을 겪어야 했다. 한편 후발 업체에 대한 방어막은 여러 형태로 취할 수 있는데, 그 중에서도 회사 고유의 암묵적 지식을 쌓는 것이 시장을 유지하게 해주는 주요한 방어막이 되곤 한다.

쿠쿠 밥솥의 경우 적절한 압력을 찾기 위해 쌀 50가마니에 해당하는 밥을 지어야 했으며 심로악기는 나무로 만든 몰드와 철로 만든 몰드의 약점을 모두 극복하는 우레탄 몰드를 개발하기 위해 끊임없이 실험을 해야 했다. 하나코비의 락앤락의 경우에도 오랫동안 사용할 수 있는 적당한 강도와 유연성을 가진 플라스틱을 찾기 위해 끊임없이 사내에서 반복 실험을 했다. 이런 것들은 과학적 탐구라기보다 현장 실험을 통해서만 확보가 가능한 것이고, 그렇기 때문에 다른 기업의 입장에서는 접근하기 어렵다.

기업 간의 추격과 경쟁은 기본적으로 기업의 일이다. 그러나 이런 추격과 경쟁의 양상은 그 기업이 속한 산업의 특성에 영향을 받는다는 점에서 정부의 역할 또한 필요하다. 선발 외국 기업이 후발추격기업을 조직적으로 방해하거나 자신의 독과점 체제를 유지하려고 할 때 정부 개입의 가능성이 발생한다. 특히 후발기업이나 중소기업을 육성, 지원하려는 정부의 산업정책은 해당 산업 부문의 특성을 고려하여 부문 간에 차별성을 띠어야 효과가 있다.

나의 다음 연구 목표는 '국가 간 추격의 경제학'을 내는 것이다. 이를 위한 작업을 곧 시작한다는 핑계로, 미흡한 점이 많지만 이 책은 지금 시점에서 내기로 결정했다.

『동아시아와 기술추격의 경제학』에서 썼듯이 경제추격론은 기업, 산업, 국가의 세 차원에서 논할 수 있는데 이 연구 작업은 기업-산업-국가 순으로 한 방향이 아닌, 앞뒤 상호작용을 하고 있다. 이 책의 탈고는 국가 간 추격 연구의 밑거름이 될 것이며 향후 국가 간 추격 경제학의 탈고는 반대로 기업 간 추격 경제학을 다시 한 번 업그레이드시킬 것이다. 이런 작업은 최근 설립된 경제추격연구소(www.catch-up.org)를 그 구심점으로 하여 진행될 것이다.

이 책에서 제시한 기업 간 추격과 방어전략은 요즘 같이 어려운 경제상황을 돌파하는 데 기업 및 정부에게 많은 시사점을 제공할 수 있다. 특히 어떻게 경쟁력 있는 중소기업을 키우고, 재빠르게 뒤쫓아오는 중국으로부터 자신을 방어할 것인지에 대해 유용한 정보가 될 것이다. 또한 추격과 방어의 기본 원리는 이 책에서 다룬 사례의 산업뿐만 아니라 금융 등 다른 지식서비스 기업에게도 깊은 통찰력을 줄 것이다.

내가 기업 간 추격 문제에 관심을 갖게 된 것은 몇 년 전 「신화창조의 비밀」이라는 TV시리즈물에서 매우 감동적으로 보았던 오로라월드의 사례가 계기가 되었다. 이후 이 시리즈에 나온 여러 기업들을 조사하기 시작했고 오로라월드의 서울 본사 및 중국 공장을 방문 조사한 내용을 『중진국 함정과 2만불 전략』에서 소개했다. 이를 본 오로라월드의 노희열 회장이 나에게 연락을 했고 이후 노회장과의 대담은 이 책을 구상하고 완성하는데 큰 도움이 되었다. 그 뒤 나는 서울대학교의 '경제추격론'과 '기술과 발전경제학' 시간에 「신화창조의 비밀」 비디오를 보면서 학생들과 토론 시간을 가졌고 학생들은 관심 사례를 가지고 논문을 쓰기 시작했다. 첫해에 쓰여진 논문 초고를 다음 해 학생들이 이어받아 사례를 더하고 수정하다 보니 각 장마다 저자 수가 많아졌다. 이렇게 쓰여진 논문들은 각종 대학생 논문 대회에서 입상했고, 더욱 보완하여 이 책의 각 장에 싣게 되었다.

3장은 박원명과 김성희가 2006년 매일경제신문사 주최 대학생 논문에서 우수상 받은 것을 수정한 것이고, 6장은 2006년도에 최준연이 쓴 초고를 2007년도에 박창규가 보완하여 2007년 매일경제 대학생 경제논문 대상에서 최우수상을 받은 것을 또 한 번 수정한 것이다. 8장은 김윤지의 석사 논문과 노지현과 김지은이 2007년도에 중소기업진흥공단 주최 연구논문 공모에서 최우수상을 받은 글을 수정한 것이다. 9장 포스코의 특허 분석 역시 정성창, 곽원식이 포스코 주최 논문 대회에서 상을 받은 것을 기반으로 한 것이다. 4장은 현재 중소기업진흥공단 주최 논문 대회에 출품된 상태이다. 그 외의 장도 수업과 학위 논문 과정의 작업에서 나온 것들이다. 학생들에게 분석의 틀과 아이디어를 제시하여 토론하고 지도 및 공동 수정 작업을 진행했던 지난 3년은 커다란 인내가 요구되는 힘든 시간이었지만 보람과 행복이 가득 찬 시간이기도 했다.

이 책은 이런 성공 신화를 창조해 낸 사례 기업의 CEO와 직원들 및 연구 참여자들의 노력과 상호작용의 집단적 성과이다. 이 자리를 빌어 이들 및 스스로에게 심심한 감사를 표한다. 이 연구의 후원자이자 출판사 대표로서 큰 관심과 따뜻한 격려를 보여 준 21세기북스의 김영곤 대표에게 감사하며 실제 출판 작업을 진행해 준 서영준, 윤영림 씨에게도 감사의 말을 전한다.

이 근

2008년 서울대학교에서

● **일러두기** | 이 책은 경제추격연구소의 연구논문을 바탕으로 작성되었습니다.

1부

기업 간 추격이란 무엇인가

기업 간 추격의 프레임
추격의 유형과 산업별 혁신 시스템

01

이 근 서울대학교 경제학부 교수

지구촌에는 수많은 나라와 다양한 민족들이 각자의 삶을 영위하고 있다. 지구는 더 이상 늘어나지 않는 제한된 공간이며, 여기서 살아가는 이들에게 주어진 재화와 자원은 한정되어 있다. 따라서 각 국가와 민족 사이사이에는 제한된 자원을 중심에 둔, 경제 전쟁이 치열하게 전개되고 있다. 그 결과 다른 국가들보다 더 빠른 경제성장을 이룩한 나라가 있는가 하면 여전히 원시적인 삶을 유지하고 있는 나라도 있는 등 각국가 간의 격차는 매우 커졌다.

이상적인 경제 이론에 따르면 나라 간의 격차는 지속적인 것이 아니라 점점 줄어들어야 한다. 즉, 무역과 투자가 점점 더 자유로워지고 나라 간 재화와 서비스의 이전이 더욱 쉬워져서 모든 나라의 모습이 비슷해진다는 것이다. 하지만 이러한 균등화 이론에도 불구하고 선진국과 후진국의 평균적인 격차는 한국, 중국 등의 일부 동아시아 국가를 제외하고는 예전과 같거나 오히려 더 커지고 있다. 정보통신의 혁명과 뒤따르는 세계화가 이러한 격차를 더욱 확대시킬 것이라는 예측도 있다. 이런 현상은 무엇이 한 국가의 경제적 흥망성쇠를 결정하는가라는 근본적인 문제를 제기한다. 선진국과 후진국의 격차가 이론처럼 자연적으로 줄어들지 않는다면, 이는 곧 인위적인 정책과 전략의 개입이 필요하게 되는 것이고 이것이 바로 경제추격의 문제의식이다.[1]

이 국민경제의 커다란 격차는 해당 나라에 얼마나 강한 기업이 있는가라는, 기업 차원의 추격이 전제되어 나타나는 현상이다. 실제로 한국 경제가 고도로 성장함에 따라 『포춘』지가 선정하는 세계 500대 기업에 포함된 한국 기업의 수는 10개가 넘고, 중국도 최근 들어 이 기업군에 포함되는 기업 수가 점점 늘어나고 있다. 반면 일본은 90년대, 경기 침체에 빠지며 세계 500대 기업에 들어가는 기업의 수가 줄어들기도 했다. 본서에서는 이러한 기업 차원의 추격과 국가 차원의 추격 간 연결고리를 파악하고 기업 간 추격을 결정하는 요인에 대해 분석한다.

이런 분석에 있어 한국 기업의 추격은 세계적으로도 중요한 사례이다. 대표적인 기업 삼성의 경우, 80년대까지만 해도 일본의 소니와 비교도 할 수 없는 기업이었다. 그러나 현재, 본서의 7장에서 분석하듯이 소니를 추격했다. 7장의 분석에 따르면 삼성이 매출액이나 브랜드 가치 면에서 소니를 추격한 것은 2000년대 들어서이다. 하지만 특허 수나 특허의 질적인 면에서의 추격 즉, 기술추격은 이미 90년대 중반에 이루어졌다. 이런 사실을 통해 시장에서의 기업 간 추격은 기술추격을 바탕으로 한다는 것을 알 수 있다. 이것은 본서에서 기업 간 추격을 분석할 때

강조하는 점 가운데 하나이다. 즉, 기업 차원의 기술능력에 대한 향상 없이는 지속적인 추격이 매우 어렵거나 불가능하다. 따라서 본서에서 는 기술적인 측면, 또는 기술추격의 분석에 상당한 비중을 두고 설명한 다. 그리고 기술혁신을 중시하는 신슘페터주의 경제 이론을 분석의 기 본 틀로 삼는다.

본서의 분석 틀로 신슘페터주의 기술경제학을 바탕으로 하는 것은 이 이론이 추격의 결정 요인으로써 해당 기업이 속한 산업의 특성을 매 우 중시하기 때문이다. 즉, 어떤 산업은 후발기업의 추격이 쉽고 어떤 산업은 어렵다. 이런 점을 잘 설명하고 있는 것이 '산업별 혁신 시스템 (Sectoral System of Innovation, 이하 SSI)'이라는 개념이다. 아래에서 설명 하겠지만 본서는 이 개념 틀을 원용하여 추격 현상을 분석한다.

기업 간 추격을 파악할 때 그 전형적인 현상은 후발기업이 선발기업 을 자국시장과 해외시장에서 추격하는 것이다. 많은 한국 기업들이 이 런 추격을 성공했다. 그러나 기업 간 추격 현상 자체는 매우 일반적인 현상이기 때문에 한국의 기업 간에도, 선진국의 기업 간에도 발생한다. 본서에 담긴 연구를 통해 얻을 수 있는 흥미로운 발견은 일반적으로 어 떤 기업이 후발자로서 앞서 가는 다른 기업을 추격할 때 공통적으로 발 생하는 패턴과 유형이 있다는 점이다. 본서의 결론에서는 이런 점을 모 아 기업 간 추격의 경제학적인 이론화를 시도한다.

예를 들어 성공적인 추격에서는 후발기업이 선발기업의 성장 경로와 다른 새로운 경로를 창출하거나 차별화된 제품을 등장시키는 것을 자 주 볼 수 있고, 기술상 또는 마케팅상의 새로운 트렌드나 패러다임이 자 주 추격의 기회를 제공한다는 점을 알 수 있다. 이런 추격에 대해서는 선발기업의 방어와 견제가 발생하며 일단 추격이 성공한 후에는 방어전략을 취해야 성공을 굳힐 수 있다. 이런 점들이 추격의 유형화를 가능하게 한다.

다음은 본서를 이해하는 데 필요한 기초적인 개념과 추격의 유형론을 설명하고 있다.

기술과 기술능력, 지식 기반과 학습

신슘페터주의 경제학에서는 기술을 광범위하게 '실제 및 이론적인 지식, 노하우, 절차, 경험 및 물적인 장비의 집합'으로 정의한다.[2] 이렇게 정의된 기술은 보편성과 특수성, 명시성 대 암묵성, 공공성 대 사적성이라는 세 가지 측면에서 그 특성을 파악할 수 있다.[3] 보편성과 특수성은 기술에 따라 광범위하게 적용될 수도 있지만 특정한 생산이나 사용 영역에서만 해당될 수도 있다. 명시성 대 암묵성이란, 어떤 기술은 교육에 의해 또는 문서화된 전달 기구에 의해 분명하게 습득할 수 있지만 어떤 기술은 쉽게 문서화되지 않아 구체적인 실행과 경험을 통해서만 획득될 수 있다는 것을 의미한다. 마지막으로 공공성 대 사적성을 통해 알 수 있는 것은 어떤 기술은 매우 값싼 비용으로 제한 없이 이전과 획득이 가능하지만, 어떤 것은 자연적 혹은 인위적(법적 보호)인 제약으로 형성된 높은 비용을 지불해야만 습득할 수 있다는 것이다.

기술을 위와 같이 정의할 때, 선발자로부터 기술을 얻어야 하는 후발자의 입장에서는 특수하고 암묵적이며 사적인 지식일수록 획득이 어렵다. 어느 정도의 경제적 성과를 이룩하고 이제 선진국을 추격하기 시작한 한국 같은 신흥공업국의 성장에 중요한 것은 이런 성격의 기술이 대부분이다. 이런 기술은 선진국이 쉽게 이전해 주지 않으며 비용을 지불해야 하고 선진국이 이전해 주어도 수용하는 기업의 흡수능력에 따라 100퍼센트 유용한 이전이 될 수도, 안 될 수도 있다.

후발자의 입장에서 볼 때 희망적인 사실은 위에서 언급한 세 가지 측면에서의 기술 구분은 고정적인 것이 아닌 가변적인 것이라는 것이다. 즉, 이미 널리 알려진 공적이고 보편적인 기술을 후발기업이 받아들여 기업 특수적이고 사적인 기술로 개량할 수도 있고 그 과정에서 귀중한 암묵적 기술을 체화할 수도 있는 것이다. 반면, 사적성이 높거나 암묵성이 높았던 기술이 추후 명시성이나 공공성이 높아지는 방향으로 변할 수도 있다.

그렇다면 이렇게 구분되는 기술과 혁신은 어떤 관련성을 가지는가? 일반적으로 기술혁신이란, 문제 해결 과정을 포함한다. 물론 그 문제 해결은 비용과 시장성이란 두 조건을 충족시켜야 한다.[4] 그러나 일반적인 경우 이용 가능한 정보 그 자체가 직접적으로 문제를 해결하지는 않는다. 따라서 혁신적인 해결책은 당연히 발견과 창조의 과정을 포함한다. 이와 같은 경우 그 해결책은 과거의 경험이나 공식적인 지식에서 추출한 정보를 사용하여 얻는다. 여기에는 혁신자 측의 특수한, 문자화되지 않는 능력이 추가적으로 결합된다. 즉, 혁신자가 해결책을 모색할 때 사용하는 '정보 투입, 지식, 그리고 자신의 능력 집합'을 '지식 기반'이라고 한다.[5] 혁신자의 지식 기반은 공공재처럼 이용하는 공적 지식뿐만 아니라 그 자신에게 특수한 암묵적 지식도 중요한 역할을 한다. 이렇게 볼 때 얼마나 특수하고 암묵적인 지식을 보유하고 있는지가 혁신자의 기술혁신능력, 즉 기술능력에 중요한 영향을 미친다.

기술능력은 상당히 광범위한 개념이지만 간단히 정의하자면 기술을 습득하고 소화·사용·변용·변화·창조하는데 필요한 다양한 지식과 숙련을 지칭한다.[6] 기술능력은 공학적 노하우뿐만 아니라 조직의 구조와 절차에 대한 지식 및 노동자나 소비자의 행동 패턴에 대한 지식까지도 포함한다. 왜냐하면 기업이 자신의 기술능력을 창조, 동원, 향상시키기 위해서는 조직의 유연성, 자금, 인적자원, 지원서비스와 정보 관리 및 처리의 정교화 등 보완적 자산이 필요하기 때문이다.

그렇다면 이러한 기술능력은 어떻게 배양되며, 기업 간 혹은 국가 간 기술능력의 차이는 왜 발생하는가? 이에 답하기 위해 우리는 기술학습이란 개념을 도입했다. 기술학습이란 기술능력을 향상시키는 과정으로 이해하자. 기업 간의 경쟁이나 선별 그리고 선발자와 후발자의 추격에 관한 학습은 두 가지의 서로 상반된 효과를 가질 수 있다. 선발자의 기술능력이 후발자의 학습에 의해 확산됨에 따라 격차가 축소되는 경우가 있는 반면, 학습 과정 및 그 효과의 누적성으로 인해 기존의 격차가 오히려 확대될 수도 있다.

기술학습은 직접적인 생산활동 외에도 다양한 경로를 통해 이루어지며 제품의 사용을 통한 학습, 과학의 진보로부터 배우는 학습, 산업 내의 다른 기업들로부터 배우는 스필오버Spill over에 의한 학습, 그리고 R&D와 같은 탐색을 통한 학습 등으로 구분할 수 있다. 이렇게 학습의 장을 포괄적으로 상정하면 학습의 속도가 개별 기업의 노력만이 아니라 그 기업을 둘러싼 산업 및 국가 차원의 경제 환경에도 크게 영향을 받는다는 것을 알 수 있다. 이는 기술의 외부성과도 관련이 있다. 그 결과 기술학습의 속도가 산업의 특성에 따라 다를 수 있다는 생각이 바로 SSI를 창출했다.

산업별 혁신 시스템(SSI)

이 책에서는 주로 SSI라는 개념을 이론적인 틀로 하여 한국 기업의 추격 과정을 분석한다. 여기서 '산업'이란 동일한 지식 체계와 수요 조건에 의해 규정된 상품의 집합과 관련 경제활동의 묶음으로 정의할 수 있다.[7] 한 산업 내의 기업들은 같은 산업에 속한다는 점에서 공통점을 갖지만 기업 차원의 학습 과정이나 역량에 있어서는 이질적이다. 기업의 추격 과정을 분석하는 데에는 여러 가지 이론을 도입할 수 있다. 그러나 SSI는 해당 기업이 속해 있는 산업의 특징으로부터 추격의 패턴과 성격을 분석할 수 있게 하고 보다 체계적인 접근을 가능하게 한다. 물론 이 개념 자체는 선진국을 전제로 개발되었기 때문에 이를 추격 현상에 적용하기 위해서는 일정의 변용이 필요하다.

SSI는 기본적으로 네 가지 요소로 구성되어 있다. 지식기술 체제, 수요 체제, 여러 주체들의 역할, 제도적 요인이 바로 그 구성 요소이다. 아래에서는 이 각각의 구성 요소에 대해 살펴보자.

지식기술 체제: 암묵성과 전유성

지식과 기술은 혁신과 생산에 있어 중요한 역할을 한다. 어떤 기업의

그림 1-1 산업별 혁신 시스템의 구성 요소

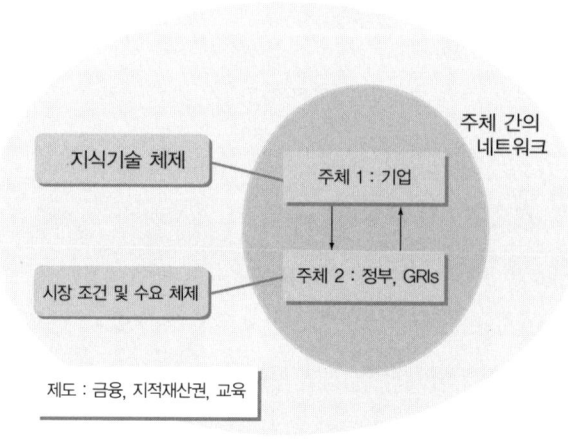

출처 : 말레르바(2004)[8]
* GRI - 정부 연구 기관

지식과 기술은 대부분 기업 특유의 것으로써 자동적으로 전파되지 않고 기업 간의 자유로운 공유가 되지 않는다. 또한 기업별로 장기간에 걸쳐 축적된 차별화 능력에 따라 다르게 모방되고 흡수된다.[9] 지식과 기술의 속성에 따라 시장 진입, 연구 개발 전략, 추격의 가능성이 달라진다. 브레스치, 말레르바, 오르세니고[10]가 제시한 바에 따르면 기술 체제는 (1) 기술혁신의 빈번성 (2) 혁신 결과의 전유성 (3) 기술 발전의 누적성 (4) 지식 기반의 특성, 이렇게 네 가지 기본 요소로 구성된다. 이외에도 『동아시아와 기술추격의 경제학』에서는 기술 발달 경로의 예측 가능성, 기술수명주기의 장단, 외부 지식 기반으로의 접근성, 초기 가용 지식 풀의 크기 등을 언급했다.

기술 체제의 각 요소들은 다음과 같은 성격을 갖는다. 첫째, 기술혁신의 빈번성은 기술 기회의 크기와 비례하고 이 분야 기술의 유망함을 표시하여 기업이 해당 분야의 기술 관련 혁신활동을 수행할 인센티브를 높인다. 투자에 따른 기술 개발의 기대 값이 크기 때문이다. 또한 기술 발달 경로의 불확실성이 작고 예측 가능성이 높을수록 후발주자로서는 연구 개발을 통해 비교적 빠르게 선발자를 추격할 수 있다.

둘째, 혁신의 전유성이란 자신의 혁신 결과나 성과를 타인의 모방으로부터 지키고 금전적 이익을 확보할 수 있음을 뜻한다.[11] 전유성이 높다는 것은 모방으로부터 혁신의 결과를 지킬 수 있는 수단이 존재한다는 것이고, 기업의 기술에 기반을 둔 독점력이 잘 보장된다는 뜻이다. 따라서 특정 발명자들, 특히 중소기업은 전유 가능성이 높은 분야에 투자하기를 원할 것이며 이는 후발자 역시 마찬가지다.[12]

셋째, 기술 발전의 누적성은 새 기술을 개발할 때 과거나 기존의 지식이 얼만큼 필요한가를 나타낸다. 따라서 후발주자가 선두주자를 추격할 때 누적성이 높을수록 추격은 힘들 것이다.

마지막으로 지식 기반의 특성이란 원래 해당 분야의 기술이 얼마나 과학의 외생적 발달에 의존하느냐 또는 현장 경험에 기초한 지식에 의존하느냐에 따라 구분되나 추격의 관점에서는 이런 지식에 대한 접근성이 높은지, 낮은지가 더 중요하다. 지식의 접근 가능성은 산업 내부와 외부 차원으로 나누어 볼 수 있다. 우선, 지식의 접근 가능성이 높으면 산업 내 집중 현상이 감소한다. 지식의 산업 내부적 접근성이 높은 경우에는 혁신자의 새로운 상품과 공정에 대한 지식을 경쟁자가 쉽게 얻어 모방할 수 있기 때문에 혁신의 전유성이 낮아진다. 지식의 산업 외부적 접근성은 주로 과학과 기술혁신에 대한 접근으로 대표된다. 예를 들어 유전공학처럼 책과 과학을 토대로 하는 분야에서는 특정 과학기술을 소유한 인적자원 혹은 최신의 연구 시설 확보를 통해 관련 지식에 접근할 수 있다. 하지만 지식의 암묵성이 큰 경우에는 과학을 통한 사전적 기술 개발보다 현장에서의 시행착오를 통해 해당 지식에 접근할 수 있으며 이는 오랜 노하우를 요구한다. 즉, 지식의 암묵성은 혁신의 전유성을 높인다.

보통 소비재 산업은 기술의 전유성과 누적성이 낮은 것으로 여겨진다. 하지만 기술 집약적인 소비재의 경우에는 일반적인 생각과는 달리 전유성과 누적성이 높아 추격이 쉽지 않다. 이러한 성격을 가진 소비재로 악기, 전기밥솥, 헬멧의 예를 들 수 있다. 제품 자체를 만드는 것은 어렵지 않지만 자체적 기술 개발력 없이는 첨단 기능과 경쟁력 있는 상품이 되기 어렵다.

컴퓨터와 IT 산업의 발달에도 불구하고 여전히 어떤 분야의 제품들은 과학적 계산에 의해 만들어지는 것이 아니라 시행착오에 의해 축적된 암묵적 지식이 결정적인 역할을 한다. 따라서 이런 산업은 기술 축적의 누적성이 높고 어느 수준에 도달하면 후발자가 쉽게 쫓아올 수 없는 성격을 가진다. 기술 발달 경로나 궤적이 예측하기 어렵고 추격이 쉽지 않으며 연구 기관을 이용하거나 구입을 통해 얻을 수 없는 성격의 기술 즉, 외부 지식 기반에 대한 접근 가능성이 낮다면 추격은 어려워진다. 이런 경우 후발주자의 추격은 많은 노력이 필요하지만 한 번 추격에 성공해 선두로 올라선다면, 선두를 지키는 일은 상대적으로 오랫동안 유지될 가능성이 높다.

시장 조건 및 수요 체제

수요 체제란 기업이 판매시장을 개척하고 지속적이고 장기적인 수요를 창출하는데 영향을 미치는 제반 환경을 의미한다. 해당 분야의 수요 체제는 소속 기업이 그 분야에서의 생산과 혁신의 과정에서 직면하는 문제의 성격을 규정하고, 특정한 행동과 조직에 대한 유인과 제약의 타입을 결정한다. 멀티미디어 산업에서는 수요와 기술의 유형이 융합됨에 따라 기존 산업의 경계가 확장되어 새로운 산업 분야가 탄생했다. 그리고 더 많은 주체들이 새 산업 분야의 특징에 맞춰 새로운 전략을 구사하게 되었다.[13] 멀티미디어 산업의 예는 수요 체제의 변화가 주체와 전략에 중대한 영향을 끼침을 보여 준다.

각 산업은 상이한 수요 체제를 갖고 있고 그에 따라 기업의 능력과 행동, 조직 역시 영향을 받는다.[14] 후발국의 소비재 중소기업은 시장 개척과 경영전략 구축에 어려움을 겪는 경우가 많다. 가령, OEM에 따라 안정된 바이어와의 계약에 안주하지 않고, 스스로 자체 브랜드의 물건을 팔아서 유통망을 확보하는 OBM으로의 전향은 중소기업에게 대단히 위험이 따르는 결정이다. 후발주자의 진입을 막기 위해 덤핑 공세와 같은 기존 대기업의 방해가 있을 수도 있기 때문이다. 그리고 충분한 재정적 여유를 갖지 못한 중소기업으로서는 마케팅이나 경영전략 구축이 어려우며, A/S와 같은 체계적인 사후 관리 시스템을 도입하는 것 또한 어렵다. 특히 악기, 전기밥솥, 헬멧처럼 제품의 사용 주기가 길거나 안전성과 관련된 제품은 조금 더 높은 가격을 지불하더라도 유명한 대기업의 제품을 소비자들은 선호한다.

수요 체제에서 일반적인 경쟁 우위의 원천은 비용우위, 제품 차별화 우위, 그리고 선점자의 우위가 있다.[15] 비용우위란 경쟁 기업보다 낮은 생산 비용 구조를 가지고 있어 가격으로 소비자를 확보하는 방안이다. 낮은 생산비용은 생산력 향상에 기인하기도 하지만 주로 낮은 인건비에 기초한 경쟁 우위의 원천으로 후발주자의 초기 추격의 전형적인 형태가 된다. 제품 차별화는 제품의 기능과 디자인 등의 측면에서 새로운 제품을 개발하여 소비자들의 다양한 기호를 만족시키는 방안이다. 선점자가 가진 이득은 해당 산업에 처음 진입하여 먼저 구축했던 노하우, 판매와 유통의 네트워크, 브랜드 가치, 시장 주도 능력 등에서 나오는 경쟁 우위로 주로 선진국 기업이 갖는 주된 경쟁 우위이다.

국내 중소기업의 경우 위 세 가지 요소 중 차별화를 통한 경쟁 우위 확보가 가장 바람직하다. 비용우위는 이미 중국, 베트남과 같은 신흥개발국가들에게 빼앗겼으며 비용우위로는 장기적인 성장을 기대하기 어렵다. 기존 산업에서 기술적으로 완전히 새로운 제품을 만들거나 새로운 산업 분야를 개척한다는 것은 매우 어렵다. 따라서 선점자의 이득 역시 중소기업에게는 커다란 리스크로 작용한다. 국내 중소기업은 어느 정도 기술 수준을 갖추면 틈새를 노릴 수 있는 차별화를 통해 경쟁 우위를 확보하고, 시장 진입 후에도 지속적인 기술과 브랜드의 구축으로 입지를 강화해야 한다. 차별화 우위는 개발도상국과 선진국 사이에 끼어서 소위, '샌드위치 경제'라 불리는 한국 경제 상황에 가장 알맞은 방안이다. 현 상황에서 한국의 중소기업이 단순한 OEM 공급자로 시장에 남는다면 위에서 언급한 경쟁 우위의 세 가지 요소를 모두 잃을 수밖에 없다. OEM 공급자는 바이어의 주문에 전적으로 의존하는 저부가가치 생산이기 때문에 연구 개발에 투자할 충분한 자본을 확보하기 어려워 차별화 기회를 갖기 힘들다. 게다가 시간이 지날수록 국내 인건비 상승 및 후발 개도국의 추격으로 기존의 비용우위 경쟁력도 상실하게 된다. 이러한 'OEM 함정'에서 빠져나오지 못한다면 더 이상의 기술추격 또한 어려워진다.[16]

OBM으로의 전환은 기술 개발뿐 아니라 그 기술력이 산업에서 사업화될 수 있는지의 여부, OBM으로의 전환 시점을 결정하는 전략도 매우 중요하다. 시장을 확보한 뒤에는 노하우와 축적된 기술을 바탕으로 장기적인 경영 시스템을 체계화시켜 다른 후발주자의 추격을 견제해야 한다. 내수시장 점유율을 어느 정도 확보한 중소기업은 해외시장 확대를 위해 내수시장에서보다 더욱 싼 가격에 공급이 가능하도록 전략을 수정해야 한다. 이를 위해서는 가격 절감을 목표로 한 기술 연구와 소비자에 따라 다른 디자인과 규격의 제품 생산, 마케팅에 많은 투자가 동반되어야 한다.

기업의 리더십, 정부, 연구소의 역할

SSI에서 다루는 주요 경제 주체는 누구인가? 우선 기업을 생각할 수 있다. 기업은 상품 개발과 출시, 판매, 혁신을 담당하며 자신만의 기대와 역량, 조직을 갖고 지식과 기술을 축적한다. 기업에는 그 기업에 재료나 부품을 공급하는 공급자와 사용자, 고객, 여타의 기업이 모두 포함되는데 산업마다 이들의 역학 관계와 중요도는 상이할 수밖에 없다. 예를 들어 IT나 자본재 산업에서는 다른 분야보다 사용자와 공급자 간의 관계가 더욱 긴밀하고 복잡하다. 이는 이 영역에서 종종 관찰되는 수직 결합을 통해서도 짐작할 수 있다.

한편 기업이 아닌 다른 경제 주체들도 SSI의 중요한 주체이다. 대학, 연구 기관, 금융기관, 정부 등이 포함되는데 가끔 한 기업 내의 R&D 부서, CEO, 기업 네트워크 등도 분석 대상이 될 수 있다. 그리고 이러한 단위들은 각기 다른 방식으로 기업 혁신 과정, 지식 습득 과정, 기업 간 기술 공유 환경 등을 조성하여 기업의 추격과 생존에 영향력을 행사한다. 물론 한 주체의 역할과 범위는 산업 분야마다 다르다.

생명공학 산업에서는 벤처캐피탈과 대학 연구 기관 등이 매우 중요한 반면, 국내 공작기계 산업에서는 정부의 개발비 지원이 중요하고, 미국의 컴퓨터와 반도체 산업은 초창기에 군대가 중요하게 작용했다. 어떤 산업을 논의하는 것이냐에 따라 각 주체 및 기관의 역할과 중요성도 달라지는 것이다.[17]

이렇게 여러 주체의 관계 구조나 유형은 산업마다 다르기 때문에 대상에 맞춰 분석 초점을 달리해야 한다. 흔히 후발기업이 선발기업을 따라 잡을 때는 정부나 대학 연구 기관이 관여하는 경우가 많고, 보통의 소비재 상품에서는 이런 주체의 역할이 극히 미미하다.

국가의 기술력과 연계되는 생명공학이나 무기 산업, 우주 산업, 반도체 산업, 그리고 국내 수출량을 크게 좌우하는 대기업에게는 여러 연구 기관들과 정부, 그리고 금융기관의 지지와 개입이 존재한다. 그러나 소비재를 생산하는 많은 중소기업들은 이런 관계망에서 멀리 있다. 중소기업의 생존과 추격능력을 좌우하는 것은 주체들 중에 가장 작은 단위인 개인 즉, 창업자, CEO, 기술 개발자, 기업 내 연구원인 경우가 대부분이다.

각종 규제와 제도의 역할

SSI의 작동과 구체적 내용도 주변 제도에 따라 많은 차이를 보인다. 말레르바[18]가 밝혔듯이 여기서 '제도'라 함은 각종 규범, 법, 기준 등을 모두 포함하고 있다. 좁게는 계약과 같이 구체적으로 관련 기업을 구속하는 것도 있고, 넓게는 특허법과 반독점법같이 공식적인 것에서부터 각 사회의 전통이나 문화와 같은 비공식적인 부분까지 내포하는 것도 있다. 제도라는 개념이 이렇게 광범위한 만큼 이들이 각 산업에서 혹은 해당 국가에서 수행하는 역할은 각각 다르다.

특허와 같은 지적재산권 제도는 추격에 큰 영향을 미치기도 한다. 선발기업이 후발기업을 견제하기 위해 특허 침해 소송을 제기하는 경우가 많기 때문이다. 한편, 금융제도의 발달은 후발기업의 자본조달에 긍정적인 역할을 한다. 교육제도의 효율성은 기업이 이용할 수 있는 인재 풀의 질을 결정한다는 면에서 추격에 영향을 미친다.

추격 사례의 적용

말레르바[19]의 「산업별 혁신 시스템과 생산」에서는 SSI 개념을 유럽의 여러 산업에 적용했다. 그러나 이 틀은 선진국의 기업 즉, 기술 역량이 높고 자기 브랜드 파워를 가진 기업 간의 경쟁과 혁신에 대해서만 적용되어 왔다. 기술 역량이 낮거나 쌓아가는 과정에 있으며 자기 브랜드 파워가 없고 이것 자체를 구축해야 하는 후발추격기업에 이 틀을 적용하려면 일정한 변용과 창조가 필요하다.

이근은 이미 『동아시아와 기술추격의 경제학』에서 이러한 변용에 기초한 새로운 추격 모델을 설명했다. 이런 변용은 매우 중요하기 때문에

SSI 개념의 주창자인 말레르바는 과거 한국을 방문했을 때 한국 기업들이 전기전자 분야의 최종 소비재에서는 추격을 달성했지만 부품 소재에서는 어려움을 겪고 있다는 점을 쉽게 이해하지 못했다. 그는 선진국의 부품 소재 기업이 모두 해당 분야의 우수 기업인 반면, 한국의 경우는 그렇지 못하다는 점을 간과했다. 따라서 최종 제품을 조립, 생산하는 대기업이 국내 중소기업에서 개발한 부품 사용을 꺼려한다는 점이 매우 새롭고 미처 생각하지 못했던 점이라고 말했다. 김윤지와 이근[20]은 SSI 이론을 토대로 한 자본재 산업에서 국내 중소기업이 선발기업을 추격하는데 겪을 수 있는 어려움을 설명하고 그 이유와 해결책을 제시했다. 하지만 자기 브랜드를 보유한 선진국 기업의 입장에서는 왜 OEM에서 OBM으로의 전환이 어렵고 왜 이것이 추격 성공 여부의 관건이 되는지 이해하지 못했다.

본서의 내용은 『동아시아와 기술추격의 경제학』에서 소개한 추격 모델의 연장선 상에서 SSI 개념을 주된 분석의 틀로 삼고 있다. 2장에서는 한국이 일본을 추격하는데 있어 IT 산업에서의 추격은 달성 했지만 왜 자동차 산업에서는 고전하는지 바로 이 SSI 관점에서 설명한다. 4장에서는 고급 소비재 분야의 세 기업 심로악기, 쿠쿠홈시스와 홍진HJC 헬멧의 사례로부터 이 분야에서 매우 중요한 지식의 암묵성에 대해 SSI 틀을 이용하여 분석한다. 6장에서는 인터넷 산업과 같이 지식이 빠르게 변하는, 기술수명주기가 짧은 산업에서 M&A를 통한 기술력 확보는 필수적이라는 것을 보여 준다. 9장에서는 SSI 틀을 부품 소재 분야에 적용하여 수요 조건과 기존 주체들 특히, 선발기업의 견제를 극복하는 것이 매우 중요하다는 점을 부각한다.

추격의 유형론

비약을 통한 추격

경제성장에서 후발주자에 대한 관심은 거셴크론과 아브라모비츠의 연구에서부터 시작한다. 그들은 후발주자의 이점을 철강 산업에서 발생하는 규모의 경제를 예를 들어 설명한다. 철강 산업은 생산 기법이나 노하우가 이미 충분히 축적되어 대규모 자본에 의한 효율적 생산이 가능한 분야이다. 따라서 후발주자들이 충분한 자본을 보유하고 있으면 진입 초기부터 이점을 활용할 수 있다.[21] 후발주자에 대한 대부분의 초기 연구는 어떻게 개발도상국이 선진국으로부터 획득한 예전 기술을 적용해 그 뒤를 따라가는지만 설명하고 있다.

하지만 최근 연구 동향은 국가가 선택하는 추격 경로 자체에 차이가 있으며 그 대안들 중 어떤 것을 지향할 것인지는 전략적 선택의 문제가 개입된다고 본다. 『동아시아와 기술추격의 경제학』에서 소개한 적 있는 이근과 임채성[22]은 공동 개발한 '추격 모델'은 추격을 세 가지 유형으로 구분한다. 기술의 발전 경로라고 부를 수 있는 하나의 기술 궤적이 있을 때, 각 경로 혹은 궤적은 몇 개의 단계로 나눌 수 있다. 예를 들어 메모리칩의 발전 경로를 보면 1메가 D램, 4메가 D램, 16메가 D램, 그리고 64메가 D램 같은 단계가 존재했다. 이를 전제로 세 가지 추격 유형을 다음의 표 1-1과 같이 생각할 수 있다.

첫 번째 유형은 후발기업이 선발기업의 경로를 똑같이 따라가는 경로추종형 추격이다. 이 경우 후발기업은 선발기업보다 더 짧은 기간에 그 경로를 따라간다. 두 번째 유형은 단계생략형 추격이다. 이 유형은

표 1-1 기술추격의 세 가지 유형

선발자의 경로	A단계 → B단계 → C단계 → D단계
경로추종형 추격	A단계 → B단계 → C단계 → D단계 예) 한국의 기계, 음향가전, PC
단계생략형 추격 (기술비약 I)	A단계 ─────→ C단계 → D단계 예) 현대 자동차 엔진개발, 삼성 DRAM 개발, 중국의 디지털 전화교환 기 개발
경로개척형 추격 (기술비약 II)	A단계 → B단계 → C′단계 → D′단계 예) 한국의 CDMA 및 디지털TV 개발

출처 : 「동아시아와 기술추격의 경제학」 이근
* C단계에서 두 개의 기술 C와 C′는 경쟁적 대안 기술을 나타낸다.

후발자가 선발자의 경로를 따라가지만 몇 단계를 생략하여 시간을 단축한다. 세 번째 유형은 경로개척형 추격으로 후발기업이 고유한 기술발전 경로를 탐색해 나가는 것을 의미한다. 이런 종류의 추격은 후발자가 선발자의 경로를 어느 정도 따라가다 진로를 바꾸어 새로운 경로를 창출할 때 일어난다. 이 세 가지 유형 중에 첫 번째 유형은 전통적인 것인데 반해 다른 두 유형은 비약의 측면을 가지고 있다. 물론 각 유형들이 반드시 배타적으로 일어나는 것은 아니며 혼합된 유형이 있을 수도 있다. 가령, 경로추종형 기술추격은 흔히 단계생략형 추격으로 이어질 수 있다.

여기서 비약에 해당하는 두 유형이 중요한데, 이는 페레즈[23] 등이 주장한 '비약 가설'과 관련이 있다. 그는 새로 등장하는 기술-경제적 패러다임의 관점에서는 모든 국가가 똑같이 초심자일 수 있다고 지적하며 이는 후발주자들이 특별히 불리하지 않은 상황에서 선발자들보다 앞서 갈 수 있는 가능성을 암시한다. 기술 비약 개념은 후발주자들이 오래된 기술을 뛰어넘고, 새 기술에 집중투자하여 선진국을 따라잡을 수 있다는 것이다.[24] 『동아시아와 기술추격의 경제학』에서는 디지털 TV의 사례를 통해 이를 입증하고 있는데 아날로그에서 디지털 시대로의 이행은 이러한 비약의 관점을 더욱 뒷받침해 준다.

유럽 연구에서는 위와 같은 새로운 패러다임의 도래가 주는 '추격 기회의 창'에 대한 개념이 언급되었다. 하지만 그들의 연구에서는 선발자가 걸어간 경로가 후발자에게 어떤 의미를 주는지에 대한 천착은 찾아볼 수 없다. 후발기업에게 선발자의 경로에 대해 어떤 입장을 취할 것인가는 추격의 사활이 걸린 핵심적인 결정 사항이다. 간단히 말해 선발기업의 과거 경로를 그대로 따라가는 일은 많은 시간이 걸릴 수 있다는 생각을 할 수 있고, 실제로 그렇기도 하다.[25] 이런 의미에서 위에서 제기한 세 가지 추격 유형은 매우 중요한 개념이다.

본서의 성공적인 추격 사례를 보면 선발기업과는 다른 제품을 개발해서 새로운 경로를 개척해 가는 경로창출형 추격이 많다. 심로악기는 유럽식 수작업 방식인 마이스터 공법과 일본 스즈끼의 프레스 방식을 결합해 마이스터 공법에 기반한 대량생산이라는 새로운 기술 경로를 개척했다. 쿠쿠홈시스는 기존의 전기밥솥 제조기술을 가스압력밥솥 기술과 결합, 전기압력밥솥이라는 새로운 기술 경로를 개척했다. 또한 홍진HJC는 기존의 ABS와 PC소재 플라스틱을 적절히 혼합해 견고성과 충격흡수성의 절묘한 배합을 보장하는 새로운 얼로이 합성 플라스틱 개발에 성공했다. 아모레퍼시픽 역시 선진 명품 화장품을 그대로 모방하기보다는 한방 화장품이라는 신개념 제품으로 고급 화장품 시장에 진입했다.

OBM으로의 도약 유형론

선발기업에게는 중요하지 않지만 후발기업에게 매우 중요한 유형론은 OBM으로의 이행 방식에 대한 것이다. 그동안 국내 기업들이 사용해 온 성장전략은 외부로부터 주문을 받아 생산하는 OEM 방식이었다. OEM이란 해당 기업은 주로 생산 공정에 전념하고 전체적인 설계나 기술 등은 외부 주문 업체의 지시를 받아 납품하는 하도급 형태를 말한다. OEM 방식에서는 바이어가 거래선, 제품 설계 및 상표 등의 주요 기술을 장악하기 때문에 OEM 업체는 바이어와의 원활한 관계 설정이 중요한 경영 전략이 된다. 이는 자본과 기술이 부족하던 80년대 이전까지 대부분의 국내 기업들이 사용하던 성장전략이었다. 그러나 이러한 방식은 국내 기업들을 타성에 젖게 만들었고, 기술이 축적된 현재에는 오히려 성장의 걸림돌이 되고 있다. 높은 인건비, 지가 상승 등으로 생산 기지로서의 매력은 중국, 동남아 등에 빼앗기고 있지만 자기 디자인과 상표를 보유하지 못해 ODM^{Original Design Manufacturing}, OBM으로 전환에 실패했기 때문이다.

OEM 함정이란 이러한 바이어와의 관계로 인해 낮은 단가 압력을 받게 되고 이에 따라 저부가가치 영역에 기술 수준이 머무르게 되어 오랜 기술 노하우 축적에도 불구하고 고부가가치상품으로의 전환을 스스로 포기하게 되는 것을 뜻한다.[26] 이러한 OEM 함정을 탈출하기 위해서는 자기 브랜드 확립 전략 즉, OBM 전략이 요구된다. 그러나 이러한 자체 브랜드 전략은 기존 바이어와의 관계 단절을 의미하는 것이기 때문에 기존 바이어의 견제에 부딪칠 수 있고 초기의 낮은 브랜드 인지도로 인한 시장 위축 등 경영상의 어려움을 겪을 수도 있다. 그러므로

OBM 전략을 성공시키기 위해서는 먼저 기술력과 제품력이 뒷받침되어야 한다. 이런 OBM으로의 이행에도 몇 가지 유형이 있다.

『동아시아와 기술추격의 경제학』에서도 논의되었듯이, 대만 기업들은 OEM, ODM, 그리고 OBM 단계를 순서에 따라 밟은[27] 반면, 한국 재벌들은 OEM을 하다가 설계능력을 제대로 갖추지 못한 상태에서 바로 자신의 고유한 브랜드로 사업을 전환했다. 어떤 면에서 한국 재벌은 대부분의 핵심 자본재 및 중간재를 일본 제품으로 아웃소싱하면서 최종재의 조립 생산에 특화했다는 점에서 ODM 단계를 건너뛴 OBM으로 볼 수 있다. 이에 대해 OECD의 「과학기술정책 보고서: 한국」[28]은 "중대한 변화가 1980년대 후반에 이루어졌다"고 표현한다. 즉, "많은 한국 수출 기업은 OEM 생산에서 탈피해 자신의 고유한 브랜드로 세계 시장에 뛰어들었다. 이런 제품들의 대부분은 저가의 저질 표준 상품이다"는 것이다. 그 결과 한국 기업은 OBM 수출에 실패를 겪고 제품 차별화와 품질 향상의 중요성을 인식하게 되었다.

이는 현대자동차가 80년대 중반 미국시장에 수출해서 일시적으로 큰 성공을 거두지만 곧 품질 문제로 90년대 초반 추락한 사례에서 알 수 있다.[29] 이후 현대자동차는 90년대부터 품질 향상을 위한 시간 확보를 위해 라틴 아메리카, 동유럽, 그리고 동남아시아와 같은 신흥국가로 시장을 전환해야 했다. 독자적인 엔진 개발 등 설계 ODM능력을 갖춘 90년대 중반 이후에야 비로소 미국시장에서 유의미한 모멘텀을 얻게 되었다. 이것은 확실한 설계 능력 없이 자사 브랜드로 수출을 계획 없이 시작하는 것이 얼마나 위험한 일인지 보여 준다. 그러나 OEM의 지속적인 유지도 장기적인 해결책이 될 수는 없다.

본서에서 다루는 기업의 경우에도 OBM 도약에 관한 다양한 유형이 관찰된다. 3장에서 다룬 회사의 경우, 오로라월드는 OEM에서 ODM을 거쳐 OBM에 정착하는 경로추종형 유형이고 한국도자기는 OEM으로 시작하여 현재는 OEM과 OBM을 함께 하고 있는 혼합형 유형이다. 하나코비는 자기 기술력을 바탕으로 OEM단계를 거치지 않고 바로 OBM으로의 '비약' 또는 뛰어넘기에 성공했다.

한국과 일본의 산업 간 맞대결*
기업 간 생산성 추격의 유형과 원인

02

정무섭 삼성경제연구소 글로벌연구실 수석연구원
이 근 서울대학교 경제학부 교수

한국의 고도성장과 경제추격에 관한 초기 문헌들은 정부와 시장 또는 거시적인 분석에 초점을 맞추는 경향이 있다. 그 후 미시적 분석이나 기술추격과 관련된 분석들이 나타났으며, 최근에는 산업별 혁신 체제(SSI)[1] 등 신슘페터주의자들의 관점을 적용하는 분석들도 나타나고 있다.

『동아시아와 기술추격의 경제학』에서는 한국의 몇몇 산업 사례 연구를 통해 추격과 비약을 증명하는 기술 체제라는 개념을 활용했다.[2] 또한 박규호와 이근의 논문[3]에서는 한국과 대만 산업의 추격에 대한 계량분석을 통해, 외국 지식 기반에 접근하기 쉽고 짧은 기술주기를 가지고 있는 산업에서 추격이 일어나기 쉽다는 것을 입증했다.

박규호와 이근[4]은 추격을 특허의 숫자로 측정한 반면, 정무섭과 이근, 후카오[5]는 생산성에 기반한 추격의 개념을 사용하여 한국 기업의 일본 기업에 대한 추격을 정의하고 그 결정 요인을 SSI의 관점에서 분석하였다.

보통 생산성은 산출을 노동 또는 자본의 투입으로 나눈 노동 및 자본 생산성을 많이 고려하는데, 이보다는 노동과 자본 투입을 가중 평균하여 얼마나 산출을 하느냐 하는 개념인 총요소 생산성(Total Factor Productivity, 이후 TFP)의 사용이 더욱 편리하다. 이는 노동 및 자본 생산성보다 더 정교한 개념으로서 어떠한 경제 단위의 경쟁력 측정에 있어 매우 중요한 부분이다. 높은 생산성 없이 높은 경제적 후생 또는 고소득 수준에 도달할 수 있는 가능성은 낮다. 따라서 주로 거시경제학 분야에서 시작된 생산성에 대한 분석은 1930년대 이후 계속되어 거시경제학

그림 2-1 한국 상장기업 전체의 총요소 생산성의 증가 추이

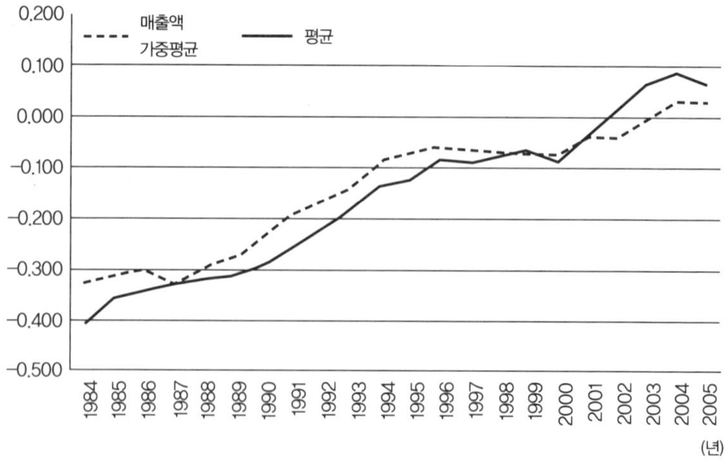

출처 : 정무섭, 이근, 후카오(2008)[6]
*TFP 측정에 있어 기준연도는 1999년이다.
수직축의 값은 기준년의 TFP 수준으로부터의 거리(자연로그단위)를 나타낸다.

의 역사만큼이나 오래되었으며, 한국에 대한 생산성 분석도 많은 학자들에 의해 지속적으로 분석되고 있다. 그러나 기업별 총요소 생산성을 한국 등 개도국의 기술추격이라는 관점에서 사용한 것은 정무섭과 이근, 후카오[7]의 논문에서 처음이다. 우리 셋은 한국과 일본의 모든 제조업 분야 상장기업 전체를 대상으로 한국 기업들의 일본 기업들에 대한 추격지수를 측정하고 이를 통해 각 산업별로 네 가지 추격 유형을 발견했다. 또한 이러한 추격 성과의 결정 요인을 분석하는 회귀분석을 실시해 기술의 암묵성, 자본재에 체화된 기술의 정도, 산업의 집중도, 산업의 개방 정도 등이 추격의 중요한 결정 요인이 됨을 입증했다.[8]

한국 기업의 TFP 성장과 일본 추격

정무섭과 이근, 후카오[9]에 의한 한국 전체 상장기업의 평균 TFP 추이는 그림 2-1에 나타나 있다. 상장 회사의 평균 TFP는 1984년과 2005년 사이에 대략 44퍼센트 증가했다. 매출액을 고려한 가중평균으로 보면 모든 상장회사의 평균 TFP는 같은 기간 동안 대략 40퍼센트 가량이 상승했고, 이를 연평균 증가율로 보면 2.1퍼센트이다.

우리는 후카오 등[10]이 수행한 「총요소 생산성의 측정 방법론과 국제 간 비교」를 근거로 한국 기업의 일본 기업에 대한 TFP추격 지수를 개념화 하였다.

우리의 연구에 따르면 개별 한국 기업의 TFP추격 지수는 두 개의 구성 요소의 합으로 이루어져 있다.[11] 그 첫 번째 요소는 개별 한국 기업

그림 2-2 한국 상장 제조기업의 일본 기업에 대한 생산성추격지수

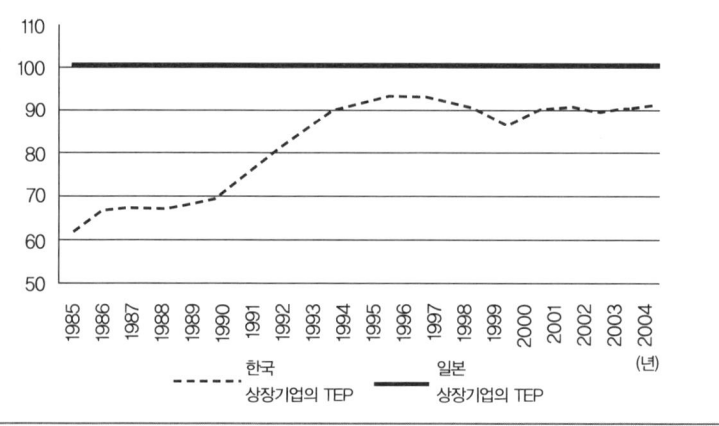

출처 : 정무섭, 이근, 후카오(2008)[12]

의 TFP와 그 기업이 속한 한국 산업 평균 사이의 격차이며, 두 번째 요소는 한국과 일본의 각 산업 TFP 격차이다. 따라서 한국의 개별 기업의 해당 연도의 추격지수는 이 회사의 해당 연도 총요소 생산성과 일본 산업 평균으로부터의 격차를 의미한다. 따라서 이 값이 100보다 크면 그 기업의 그해 생산성은 일본의 해당 산업 평균보다 높다는 것을 의미하며, 100 이하인 경우에는 일본 산업의 평균보다 낮다는 것을 의미한다.

모든 상장 제조기업들의 TFP 추격지수는 그림 2-2에 나타나 있다. 그림 2-2는 1990년대 초까지 한국 제조기업들의 빠른 추격을 통해 그 격차를 10퍼센트 안쪽으로 좁힌 것을 보여 주고 있으나 100퍼센트 추격을 성공하지는 못한 것으로 나타난다. 그러나 그 격차는 1997년 초 아시아 금융위기 때 오히려 커졌고, 2000년 이후 좁혀지지 않았으며 10퍼센트 정도의 격차가 지속되고 있는 것을 보여 준다.

한국의 일본 추격에 대한 네 가지 유형

TFP 추격의 결과에 근거하여 우리는 19가지의 산업에서 산업별로 네 가지 추격 유형이 있음을 발견하였다. 그 네 가지 유형은 추월형 추격(OCU, Over Catch-up), 수렴형 추격(JCU, Just Catch-up), 과소 추격(UCU, Under Catch-up), 추격의 후퇴(RCU, Reverse Catch-up)이다. 그림 2-3은 각 유형에 속하는 대표적 산업과 대표 기업의 생산성추격 결과를 보여 주고 있다.

유형 1: 추월형 추격(OCU)

추월형 추격은 해당 산업에서 한국 기업의 TFP가 일본 기업의 TFP를 초과했음을 의미한다. 즉, 이 유형에 속하는 산업에서는 한국의 2004년 산업 평균 TFP가 일본의 산업 평균 TFP보다 10퍼센트 이상 높게 나타난다. OCU에 속하는 산업들은 음식료품 산업, 목재 및 가구 산업, 그리고 석재, 점토, 유리 산업 등이다. 그러나 OCU에 속하는 대부분의 산업들은 저기술산업이다. 더욱이 회사 수와 총 매출에 의해 평가된 OCU부분은 전체 기업의 10.1퍼센트와 8.7퍼센트로 상당히 적은 양이다.

예를 들면 그림 2-3A에 보이는 것처럼, CJ의 TFP는 한국음식료 산업 전체 TFP가 그랬던 것처럼 1980년대 말에 일본 음식료 산업의 TFP를 능가했다. 이러한 결과는 양국 산업의 비용 구조 차이와 같은 산업적 특징에 의한 것이라고 추측할 수 있다.

유형 2: 수렴형 추격(JCU)

수렴형 추격은 해당 산업의 한국 기업 TFP가 일본 기업과 대등한 수준으로 추격한 경우로써 2004년에 한국과 일본의 TFP 격차가 10퍼센트 미만인 산업이 이에 해당한다. JCU에 속하는 산업은 석유, 석탄 제품, 가죽, 가공 금속, 기계, 전기 전자산업, 그리고 조선 산업 등이다. 특히, 전기전자와 조선 산업은 전통적인 한국의 주력 기술집약적 산업이고, 이러한 산업들에서 일본과 비슷한 수준의 생산성을 달성했다는 것은 상당한 의미를 지닌다고 할 수 있다. 이러한 결과는 한국 기업들의 TFP가 일본 기업들의 TFP를 상당 부분 추격했음을 보여 준다.

전자산업 전체적으로는 일본 전자산업과 비슷한 수준의 TFP를 보인 반면, 2004년 한국 전자산업 전체 판매량의 49.5퍼센트를 차지하는 삼성전자의 TFP는 그림2-3B에서처럼 일본 산업 TFP와 마쯔시다의 TFP를 능가한 것으로 나타난다. 이러한 결과는 한국 전자산업의 TFP 편차가 매우 높은 것을 암시한다. 관련해서 한국 전자산업의 TFP추격지수의 표준 편차는 25퍼센트로서 일본의 13퍼센트의 2배이다. 한편 이러한 전자산업의 추격 성공은 막대한 R&D지출과, 높은 기술의 명시성과 짧은 기술주기와 같은 전자산업의 특성들이 추격을 상당히 쉽게 만들었기 때문이라고 볼 수 있다.

유형 3: 과소 추격(UCU)

과소 추격은 해당 산업에 속하는 한국 기업의 TFP가 일본 기업의 TFP를 추격했으나 완전히 따라잡는데 실패하고 어느 정도의 격차가 계속 유지되고 있는 경우를 의미한다. 2004년 기준, 한국과 일본 사이에

그림 2-3 생산성 추격의 네 가지 패턴

A. 추월형 추격 : CJ vs 아사히

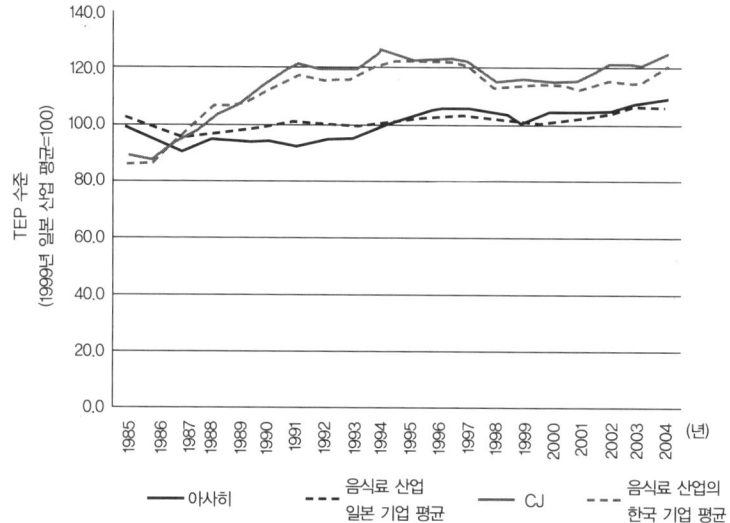

범례:
— 아사히
- - - 음식료 산업 일본 기업 평균
— CJ
- - - 음식료 산업의 한국 기업 평균

B. 수렴형 추격 : 삼성전자 vs 마쯔시다

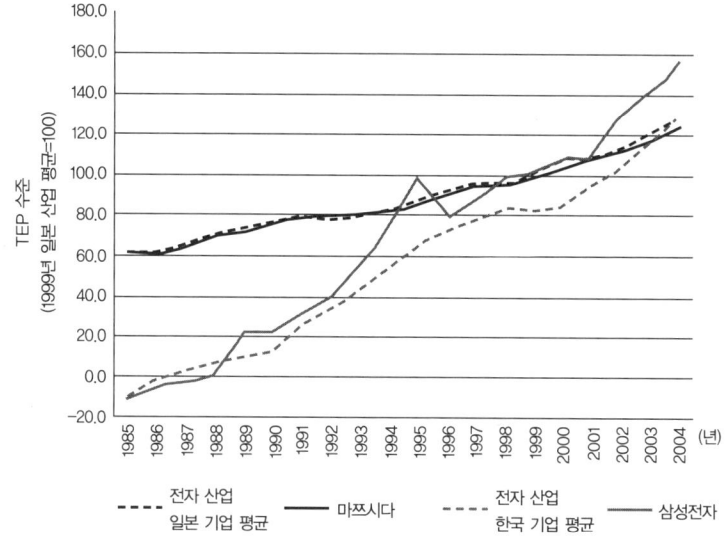

범례:
- - - 전자 산업 일본 기업 평균
— 마쯔시다
- - - 전자 산업 한국 기업 평균
— 삼성전자

C. 과소 추격 : 현대자동차 vs 도요타

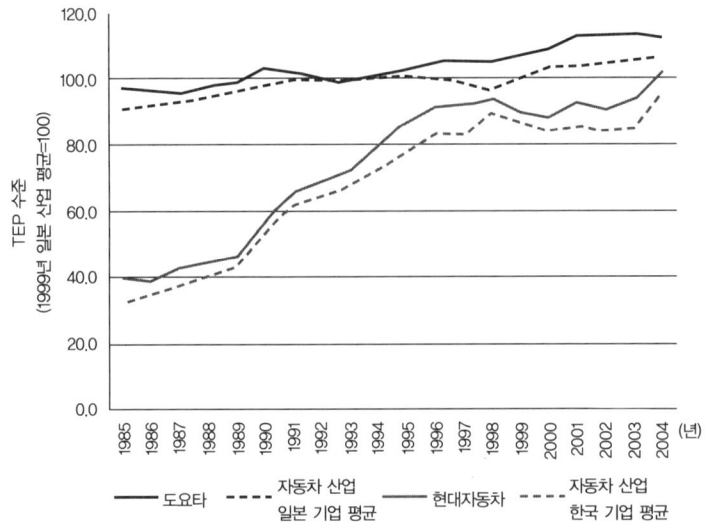

D. 추격의 후퇴 : 포스코 vs 신일본제철

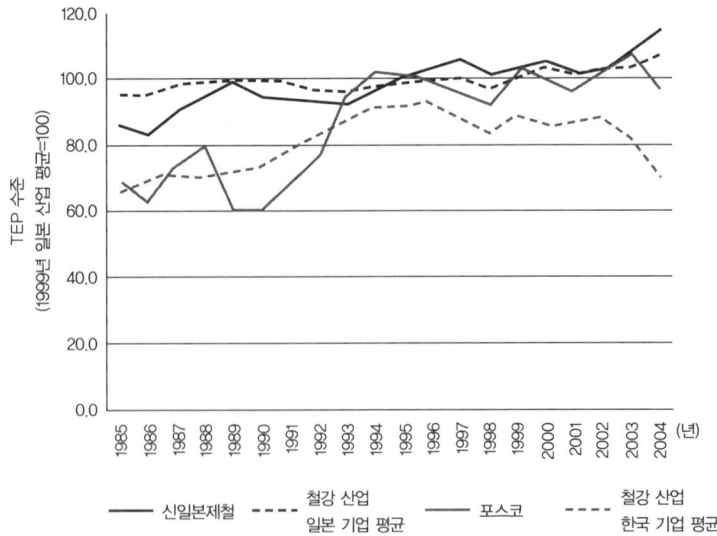

10퍼센트 이상의 생산성 격차가 존재하는 경우이다. 직물, 의복, 종이 및 관련 산업, 자동차, 그리고 정밀기계 산업이 UCU 분류에 속한다.

그림 2-3C는 2004년 한국 자동차 산업 전체 판매의 44.2퍼센트를 차지하는 현대자동차와 한국 자동차 산업의 TFP가 90년대 초까지 빠르게 일본을 추격하는 것을 보여 준다. 그러나 1998년 이후 그 격차는 줄어들지 않고 있다.

유형 4: 추격의 후퇴(RCU)

추격의 후퇴는 한국 기업의 TFP가 초기에는 추격을 했지만 2000년 이후 오히려 격차가 커지는 것을 의미한다. 인쇄, 출판업, 철강 산업, 고무, 플라스틱 산업 등이 RCU 분류에 포함된다. 철강 산업에서 한국 산업의 TFP가 일본과 상당한 격차를 남긴 반면, 한국 철강 산업 소속 전체 상장기업의 판매 41.5퍼센트를 차지한 포스코의 TFP는 그림 2-3D에 보여지는 것처럼 일본 철강 산업의 TFP와 거의 동일한 수준을 유지해 왔다. 이는 산업 평균으로부터 포스코의 TFP 격차가 90년대 초반 이후 매우 커져서 한국과 일본의 산업 격차를 메울 수 있었기 때문이다. 그러나 2004년에 포스코와 신일본제철의 TFP 격차는 산업의 TFP 격차와 마찬가지로 급속히 커졌다.

여기서 우리는 과소 추격과 추격의 후퇴 산업에 속하는 회사의 비율이 40퍼센트 이상이라는 것을 알 수 있다. 즉, 상장 한국 기업 중 42.5퍼센트는 일본 기업을 따라가지 못했다는 것이다. 한국의 상장기업 중 오직 10.1퍼센트만 2004년 TFP에서 일본 기업을 능가했다. 한편, 추격의 성과는 산업의 대표적인 대기업에서 월등한 성적을 보이고 있다.[13]

추격의 결정요인은 무엇인가

정무섭과 이근의 연구[14]에서는 TFP 추격의 원인도 제시하고 있다. 즉, 말레르바[15]에 의해 제안된 SSI의 이론적인 틀을 토대로 하여 추격의 결정 요인을 분석한 것이다. SSI의 틀에서 혁신 또는 기술추격 등은 그들이 나타나는 산업의 특성에 따라 영향을 받는다. 여기서 생산성 격차의 결정 요소들은 산업별 변수와 전통적인 생산성 결정 요인 이론에 기반한 기업별 변수들로 나누어진다. 산업 변수들로는 지식 체제의 특성, 선두기업의 시장 지배력, 그리고 기계에 체화된 기술혁신 정도 등을 사용하였고 기업 차원의 변수는 기업의 수출 지향도, 상대적 임금 수준, 혁신능력 등의 변수들을 사용하였다. 아래에서는 지식 체제 특성의 변수 중 하나인 지식의 암묵성에 초점을 맞추어 설명하겠다.

지식과 기술의 암묵성은 지식의 코드화 가능성, 전수 가능성, 그리고 복잡성과 연관이 있는 개념이다. 지식이 암묵적이지 않고 명시적이면 그 지식은 공식, 도표, 수, 또는 단어를 통해 표현될 수 있음을 의미한다. 만약 지식의 명시성이 높고, 암묵성이 낮다면 이는 코드화 능력과

표 2-1 지식의 명시성·암묵성과 한일 기업 간 생산성 추격

산업	추격 유형	지식의 명시성 정도(특허수/R&D지출)		
		1990년	1995년	2000년
전기전자 산업	수렴형 추격	6.2	25.6	4.2
자동차 산업	과소 추격	1.4	11.1	2.3
정밀기계 산업	과소 추격	1.2	1.8	2.7

출처 : 정무섭과 이근(2008)[16]

전수 가능성이 높고 복잡하지 않다는 것을 의미한다. 따라서 지식의 암묵성이 높은 산업 분야에서는 후발국가들이 선진국들을 추격하는 것이 어렵고 반대로 명시성이 높은 산업 분야에서는 선진국을 추월 또는 추격하기가 쉽다고 예측할 수 있다. 우리는 바로 이러한 사실을 계량적으로 입증하였다.[17] 즉, 해당 산업 분야의 지식과 기술이 더 암묵적일수록 그 분야 한국 기업의 일본 기업에 대한 TFP추격이 더 어려워진다는 가설을 증명하였다.

우리는 R&D 투입과 출원 특허 수를 비교하여 투입된 R&D자금에 비해 특허 출원이 많을수록 명시성이 높은 산업으로 보았다.[18] 주어진 R&D 투입량당 높은 특허 출원 숫자는 높은 코드화 능력과 전수 가능성을 의미하기 때문이다. 표 2-1은 세 가지 산업에서 TFP 추격 성과와 지식 명시성과의 관계를 보여준다.

예상대로 IT와 전기전자산업은 대단히 명시성이 높으며, 반대로 자동차나 기계산업은 암묵적 지식 산업임이 나타난다. 표 2-1은 암묵적 기술 분야에서는 추격의 실패, 명시적 기술 분야에서는 추격의 성공이 나타났음을 보여 준다. 회귀 분석에서 우리는 한국 기업의 TFP 추격이 지식의 명시성뿐 아니라 자본재에 체화된 기술혁신 및 이전 정도와도 양의 상관관계가 있음을 입증했다.[19]

이러한 발견은 전자산업 부분에서 왜 한국 기업의 TFP가 일본 기업과 거의 비슷하거나 심지어는 더 높은가, 그리고 자동차 산업에서는 왜 한일 간의 TFP 격차가 계속 유지되는지 이해하는데 도움이 된다.

2부

소비재 기업

03

OEM 함정 탈출, 그리고 OBM으로 전환
오로라월드, 한국도자기, 하나코비

박원명 미쓰비시 도쿄 UFJ은행
김성희 서울대학교 경제학부
김윤지 서울대학교 경제학부 박사과정
이 근 서울대학교 경제학부 교수

최근 한국 경제는 내부적으로는 대기업 위주의 산업 구조에 따른 대기업과 중소기업 간의 격차 확대, 외부적으로는 BRICs 등 경제 발전 후발 주자들의 추격에 직면하고 있다. 즉, 일부 첨단 제품을 제외한 상품은 중국의 값싼 상품과 미국, 일본 등의 고급 제품 사이에 끼인 '샌드위치 현상'에 처해 있는 것이다. 이러한 상황을 타개하기 위해서는 대기업 위주의 첨단 제품 수출뿐만 아니라 소비재나 부품 소재 생산을 담당하는 중소기업 육성이 매우 중요하다.

그동안 한국의 중소기업들이 사용해온 성장전략은 대기업이나 외국 업체 등 주로 외부로부터 주문을 받아 생산하는 OEM 방식이었다. 이는 기술이 낙후되고 자본이 부족하던 80년대 이전까지 대부분의 중소기업들이 성장을 위하여 사용한 방법이었고 빠른 성장에 도움이 되었다. 그러나 이러한 방식은 한국 기업들을 타성에 젖게 하여 기술능력이 축적된 현재에 와서는 오히려 성장의 걸림돌이 되고 있다. 고인건비, 지가 상승 등으로 생산기지로써의 매력을 중국, 동남아 등에 빼앗기고 있는 상황에서 자기 디자인과 상표를 보유하지 못해 ODM, OBM 등으로 전환하지 못하고 있기 때문이다.

한국의 대부분의 소비재 중소기업은 여전히 외부기업의 하청 업체에 머물고 있는 상태로, 자기 브랜드를 가지고 직접 수출을 하는 기업의 비율은 그다지 높지 않다. 브랜드통합데이터베이스의 조사에 따르면 소비재 중소기업의 수출 가운데 자기 브랜드를 보유한 비율은 수출 건수를 기준으로 28퍼센트 밖에 되지않는다. 그 외에는 모두 부가가치가 낮은 OEM이나 ODM, 또는 브랜드가 없는 상태이다. 분야에 따라서는 자기 브랜드 보유 비율이 10퍼센트 미만에 지나지 않는 경우도 있다. 기업에 판매하는 자본재와 달리 소비자들이 직접 구매를 하는 소비재 산업에서 브랜드는 일정 수준 이상의 질을 획득했을 때에만 보유할 수 있는 것으로, 때로는 상품의 질 이상의 역할을 하며 지속적인 판매에 중요한 역할을 한다. 중소기업 경쟁력의 최종 지표는 'OEM 함정'[1]을 탈출하여 자기 브랜드에 기반 하는 생산 즉, OBM 체제로 이행할 수 있는지에 대한 여부라고 할 수 있다.

이 글에서는 기술추격 과정에서 혁신의 성공 뒤 이에 기반한 자기 브랜드 확보를 통해 추격에 성공한 소비재 산업의 후발주자 기업들을 분석한다. 이를 통해 이들이 어떤 식으로 OEM 함정을 벗어났는지를 알아보고 그 공통 요소를 찾아보고자 한다. 즉, 소비재 산업에 있어 추격의 일반적인 요소를 밝혀내고, 'OEM 함정'에서 벗어나 자기 브랜드 확보로 이어지는 과정을 확인해 보고자 한다. 이러한 연구는 김윤지[2]가 수행한 자본재 산업에서의 추격과 중진국 함정 탈출 전략 연구를 보완한 것이다.

이를 위해 중소기업의 기술추격에 관한 이론적 논의와 OBM 전략으로 성장하고 있는 대표적인 소비재 중소기업 오로라월드, 한국도자기, 하나코비의 사례를 분석하여 공통 및 차별 요소를 찾아본다. 이를 바탕으로 중소기업 발전에 필요한 OBM 전략에 대하여 알아본다.

OEM의 함정

OEM이란 기업이 주로 생산 공정에 전념하면서 전체적인 설계나 기술 등은 외부 주문 업체의 지시를 받아 납품하는 하도급의 형태를 말한다. OEM 방식에서는 바이어가 거래선, 제품 설계 및 상표 등의 주요 기술을 장악하므로, OEM 업체는 바이어와의 원활한 관계 설정을 주요 경영 전략으로 삼게 된다. OEM 함정이란 이러한 바이어와의 관계로 인하여 낮은 단가 압력을 받게 됨에 따라 기업의 기술 수준이 저부가가치 영역에 머무르게 되어, 오랜 기술 노하우 축적에도 불구하고 고부가가치상품으로의 전환을 스스로 포기하게 되는 것을 뜻한다.[3] 이러한 OEM 함정을 탈출하기 위해서는 자기 브랜드 확립 전략 즉, OBM전략이 요구된다.

그러나 이러한 자체 브랜드 전략은 기존 바이어와의 관계 단절을 의미하는 것이기 때문에 종종 기존 바이어의 견제에 부딪치게 되고, 이와 함께 초기의 낮은 브랜드 인지도로 인한 판매 위축 등 경영상 어려움을 겪는 경우가 많다. 그러므로 OBM 전략을 성공시키기 위해서는 먼저 기술력과 제품력이 뒷받침되어야 한다.

신슘페터학파 경제학은 기술을 '실질적 및 이론적 지식들, 노하우, 절차, 경험 및 물적 장비의 집합'으로 광범위하게 정의한다.[4] 이러한 의미에서 중소기업이 기술을 쌓는다는 것은 단순한 과학기술의 적용에서 벗어나 '산업 내외 경영을 통하여 축적된 역량과 노하우를 바탕으로 이를 체계적으로 구현시키는 하나의 시스템을 갖추는 것'이라고 볼 수 있다. 따라서 중소기업에서 기술을 개발할 경우 광의의 기술 즉, 역량 구현 방법을 갖추는 것에 초점을 맞추는 것이 중요하다.

위에서 말한 바와 같이 대다수 중소기업이 경험하게 되는 것이 바로 OEM 함정이라는 것을 감안하면 자체 기술 개발과 노하우 축적을 통한 기술력 확보는 자체 브랜드를 확보하기 위한 필수 요소이며, 이러한 기술력 확보는 자기 산업 분야에서 특성을 살릴 수 있는 광의의 기술을 확보해야 한다.

경쟁력 확보에 있어서 기술 추격의 과정은 김인수의 「모방에서 혁신으로」[5]에서와 같이 단순 모방에서 출발하여 창조적 모방과 혁신의 단계에 이르는 것으로 설명될 수 있다. 그 과정에서 각 기업, 또는 국가는 다양한 기술 발전의 경로를 개척해 나가기도 하고 그 결과 다양한 유형이 발생할 수 있다.

『동아시아와 기술추격의 경제학』에서 기술 발전의 경로를 몇 가지로 유형화했다.[6] 첫 번째는 선발자의 경로를 그대로 따르는 경로추종형 추격이고, 두 번째는 일정 단계를 생략하고 그 다음 단계로 뛰어넘는 단계

생략형 추격이다. 특히 단계생략형 추격은 기술 발전의 경로가 예측 가능할 때 일어날 수 있으며, 반도체 D램이 실제로 이러한 추격 형태를 보인 예이다. 마지막으로 후발자가 일정 단계를 지나면 새로운 기술적 경로를 창출하는 경로창출형 추격이 있다.

이 글에서 다루는 세 개 회사의 경우에도 같은 소비재 산업에 속하지만 조금씩 차이가 있다. 첫째 오로라월드는 OEM에서 ODM을 거쳐 완전히 OBM에 정착했고, 한국도자기는 OEM으로 시작하여 현재는 OEM과 OBM을 함께 하고 있다. 하나코비는 자기 기술력을 바탕으로 OEM 단계를 거치지 않고 바로 OBM으로의 '뛰어넘기'에 성공했다.

위 세 개 기업 사이의 경로 차이는 한국과 대만의 차이와 비슷하다. 대만 기업들은 OEM, ODM, 그리고 OBM 단계를 순서에 따라 밟은 반면에[7] 한국 재벌들은 그 경로를 따르지 않고 OEM을 하다가 설계능력을 제대로 갖추지 못한 상태에서 바로 자신의 고유한 브랜드로 사업을 시작했다.

한국 재벌은 대부분의 핵심 자본재 및 중간재를 일본 제품으로 아웃소싱하면서 최종재의 조립 생산을 특화했다는 점에서는 ODM 단계를 건너뛰고 바로 OBM으로 넘어간 것이라고 볼 수 있다. OECD의 「과학기술정책 보고서; 한국」[8]에서는 이에 대해서 "중대한 변화가 1980년대 후반에 이루어졌다"고 표현하였다. 즉, "많은 한국 수출 산업은 OEM 생산에서 탈피하여 자신의 고유한 브랜드로 세계시장에 뛰어들었다. 이런 제품의 대부분은 저가, 저질의 표준화된 상품이다"[9]는 것이다. 그 결과 한국 기업은 OBM으로 수출을 많이 하고 나서야 사후 제품의 차별화와 품질 향상의 중요성을 인식하게 되었다.

현대자동차가 80년대 중반 처음 미국시장에 수출해서 일시적으로 큰 성공을 거두지만 곧 품질에 대한 문제로 90년대 초반에 추락한 사례에서 알 수 있다.[10] 따라서 90년대부터 현대자동차는 품질 향상을 위한 시간을 확보하기 위해 라틴 아메리카, 동유럽, 그리고 동남아시아와 같은 신흥국가로 시장을 전환해야만 했다. 이후 현대자동차는 2000년대부터 비로소 미국시장에서 유의미한 모멘텀을 얻게 되었다. 이것은 확실한 설계능력 없이 자사 브랜드로 마구 수출을 시작하는 것이 얼마나 위험한 일인지를 보여 준다. 그러나 OEM을 고수하는 일 또한 장기적인 해결책이 될 수는 없다. 80년대의 다른 두 자동차 기업(대우와 기아)의 OEM 경험은 OEM 수출이 자동적으로 기업의 기술능력 발전과 마케팅 능력을 향상시키지는 않는다 것을 보여 주고 있다.[11]

따라서 이 글의 세 기업의 경로상 차이는 한국의 재벌기업이 보여 준 경로 (OBM으로의 비약), 대만의 중소기업들이 보여 준 경로(단계적 이행), 그리고 그 두 가지를 절충한 모습을 모두 보여 준다. 같은 소비재 산업 부문 내에서 어떻게 다양한 유형이 보이는가 하는 것은 말레르바가 정의한 SSI의 관점에서 이해될 수 있다.[12] 이 틀에 의하면 하나의 산업 부문에 속하는 기업들은 기술능력과 학습 과정 등에서 공통점을 갖지만 동시에 차이점을 가질 수도 있다. SSI를 구성하는 요소인 지식과 기술 체제, 시장 조건, 시장 참여자와 네트워크 그리고 그들 사이의 조정 과정, 지적재산권·법·문화 등과 같은 주변 제도 등이 서로 상호작용하면서 여러 선택과 진화를 낳기 때문이다.[13]

그러나 위와 같은 차이에도 불구하고 세 개 기업의 공통적인 요소는 자체 기술력이다. 기술 개발이 취약한 중소기업의 경우 그 기술의 축적과 방향 설정이 힘들기 마련이다. 이런 어려움을 이 기업들은 어떻게 극복하였는지를 분석하는 것이 이 글의 핵심적 주제이다. 이를 위하여 이 글은 이근과 임채성[14]의 '추격 모델'을 근거로 삼았다. 이 모델에서는 기업이 연구 개발에 투입하는 자원의 크기가 그 개발 자체의 성공 가능성과 시장에서의 성공 가능성 모두의 영향을 받는다고 설명한다. 이 모델에 따르면 목표한 제품의 개발과 제품의 시장 통용 여부는 다르기 때문에 추격의 과정을 설명하기 위해서는 이 두 과정을 모두 분석해야 한다는 것이다. 이런 점을 감안하여 세 개 기업의 기술 개발 과정과 시장 정착 과정을 분리하여 분석한다.

사례 기업에 대한 간략한 소개

앞에서 언급한 바와 같이 소비재산업에서 장기적인 경쟁력을 확보하기 위해서는 OEM에서 OBM으로까지 발전하는 것이 관건이다. 하지만 같은 소비재산업이라 하더라도 분야에 따라 OEM에서 OBM으로의 성공 정도가 다를 수밖에 없다.

아래에서는 오로라월드, 한국도자기, 하나코비의 사례 분석을 위한 기업 개황을 소개한다. 이하의 내용은 회사 현지 방문, 전화 및 이메일 인터뷰를 비롯하여, 『중진국의 함정과 2만불 전략』[15] 『세계로 가는 우리 브랜드』[16]와 각 회사의 홈페이지, KBS 「신화창조의 비밀」 및 뉴스 기사를 참조하여 정리했다.

오로라월드

1981년에 창업한 오로라월드는 OEM에서 시작하였으나 한국의 봉제완구기업 가운데 유일하게 자체 브랜드 개발에 성공하여 캐릭터 완구산업의 선두주자가 된 기업이다. 오로라월드는 80년대 초반 한국의 600~700개의 다른 봉제완구업체처럼 OEM방식으로 선진국시장에 제품을 수출했지만, 80년대 후반 임금 상승과 봉제완구 산업의 사양화 등 OEM의 한계를 인식하고 1992년부터 단계적으로 자체 브랜드 확립을 추진했다.

그 결과 오로라월드의 서울 본사 매출액은 1992년 160억 원에서 2005년 약 510억 원으로 꾸준히 상승하였고, 현재 수출액의 85퍼센트 이상을 자체 브랜드로 충당하고 있다. 실제 수익성에 있어서도 OEM 방식에서 납품하던 단가에 비해 무려 3배 이상이나 되는 고부가가치를 창출하게 되었다.

오로라월드는 자체 브랜드와 우수한 디자인을 확보한 점 외에도, 현지의 전문 마케팅 대행업체 이용과 같은 독특한 마케팅 전략과 인도네시아와 중국의 해외 생산법인 설립을 통해 생산뿐 아니라 디자인과 마케팅 등 모든 부가가치 공정 능력을 갖춘 글로벌 다국적 기업으로 성장했다.

오로라월드의 2005년 총매출액(서울 본사와 글로벌 회사들의 매출액 합계)은 약 1,300억 원이었고, 이 가운데 70퍼센트가 해외 매출이었으며, 미주 캐릭터시장점유율 4위, 러시아 캐릭터완구시장점유율 1위를 차지했다.

한국도자기

1943년에 창업한 한국도자기는 OEM을 통해 성장하다가 1995년 자체 수출용 브랜드인 '세인트 제임스'와 2003년 '프라우나'라는 명품 브랜드까지 개발하여 자체 브랜드 확립에 성공한 대표적인 중소기업이다. 한국도자기는 그동안 캘빈클라인, 랄프로렌, 레녹스, 웨지우드, 로열덜튼, 빌레르 앤 보흐 등 세계적으로 유명한 회사에 납품해왔으나 이 가운데 70퍼센트는 자체 브랜드가 아닌 OEM 방식이었기 때문에 '한국도자기'라는 브랜드를 알리지 못했다.

그러나 도자기가 단순한 식기가 아닌 부가가치가 높은 기프트가 될 수 있다는 점에 착안하여 명품 도자기 개발에 착수해 2003년 명품 도자기 '프라우나'를 개발하고 이를 시장에 성공적으로 안착시켜 한국도자기의 브랜드를 확고히 알렸다.

현재 한국도자기는 도자기 생산능력 월 350만개로 세계 1위의 생산능력을 보유하고 있으며, 연매출액 764억 원, 그 가운데 수출 비율은 3,400만 달러로 크게 증가하는 등 주목할 만한 성장을 하고 있다.

하나코비

주식회사 하나코비는 신개념 밀폐용기 'Lock & Lock'(이하 락앤락)을 생산하는 밀폐 용기 전문 기업이다. 1985년 설립 이후 주방, 욕실, 어린이용품 등 600여 가지의 다양한 생활용품을 생산해왔으나, IMF 당시 사장인 김준일 현 CEO의 결단에 따라 1997년부터 수요의 소득탄력성이 작은 생필품인 밀폐 용기 사업에 집중하기 위해 '락앤락'이라는 하나의 브랜드로 생산 제품을 통합하였다.

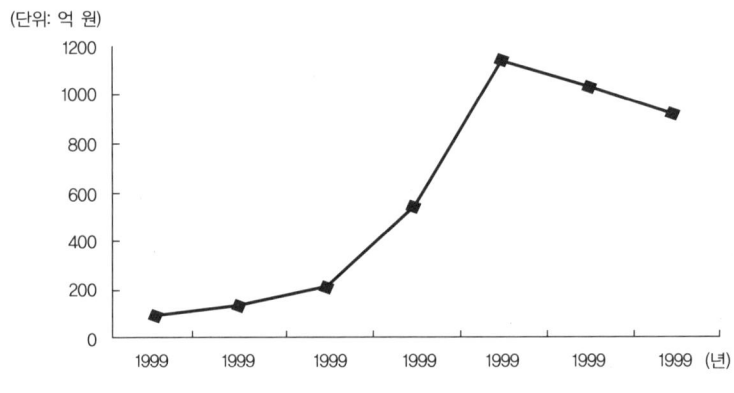

그림 3-1 하나코비 '락앤락' 매출액 추이

(단위: 억 원)

출처 : KBS 「신화창조의 비밀」 락앤락 편과 금융감독원 전자공시시스템

그 결과 브랜드를 개발한 지 5년 만에 락앤락은 국내 밀폐 용기 시장에서 시장점유율 1위, 브랜드 파워 1위 제품이 되었다. 또 하나코비는 2003년, 2004년, 2005년에 락앤락 밀폐 용기 하나만으로 각각 약 1,098억 원, 993억 원, 879억 원의 매출을 올려 OBM으로 '뛰어넘기'를 실현하였다.

하나코비는 현재 미국, 상해지사와 유럽·중앙, 라틴 아메리카·중동에 해외 에이전트를 갖추고 일본, 중국, 홍콩, 미국, 영국 등 주요 시장에서 15,000여 개의 주요 판매처를 두고 있다. 또한 중국 산동성에 해외생산기지를 설립하여 생산비용을 절감하고 있다.

각 기업의 기술능력 확보 과정

선발기업보다 우월하거나 선발기업과 동등한 기술력을 확보하는 것은 소비재 기업이 OBM으로 성공하기 위한 필수 전제 요건이다. OEM에서 OBM으로 성공한 위의 세 기업들은 OEM 과정에서 제품에 대한 기본적인 기술력을 축적하였고 이 과정에서 학습 효과나 시행착오를 통해 획득한 암묵적 지식을 이용하여 혁신에도 성공했다. 또한 자체적으로 기술력 확보를 위해 R&D에 집중 투자했으며, 기술력의 도약을 위해 선발기업 디자이너 초빙 등 선발기업 지식에의 접근이라는 방법을 이용하기도 했다.[17]

한편, 이들은 해외생산기지를 통해 원가절감을 실현하여 가격경쟁력을 유지하는 공통점도 가지고 있다. 오로라월드는 중국에 2개의 생산기지와 인도네시아 생산기지를 보유하고 있고, 한국도자기 역시 인도네시아에 생산기지를 보유하고 있으며, 하나코비는 중국 산둥성에 2개의 생산기지를 보유하고 있다.

오로라월드: 혁신적인 시장 지향적 디자인

오로라월드의 OBM을 위한 기술력 확보 과정은 소비재 중소기업이 OEM에서 OBM으로 발전하기 위한 기술 발전 전략을 가장 잘 보여 준다. 오로라월드는 OBM으로 발전하기 위해 캐릭터완구 시장 가운데 일부를 자신의 역량 집중을 위한 틈새시장으로 설정하고, 이 산업이 일종의 문화산업이자 유행에 민감한 트렌드 산업이라는 점에 착안해 시장의 기호에 부합하는 디자인 개발에 집중했다. 또한 인형의 디자인과 원단의 혁신을 통해 세계의 경쟁사보다 우수한 기술력 확보에 성공했다.

오로라월드는 1990년 시장 조사를 통해 세계 캐릭터완구산업의 40퍼센트를 차지하고 있는 미국시장에서 자체 브랜드로 성공할 수 있는 틈새시장을 찾았다. 이들이 찾은 틈새시장은 봉제완구시장의 한 부분을 차지하고 있던 플러시[18]인형 시장이었다. 오로라월드는 이 시장의 특성상 디자인이 핵심 기술임을 인식하고 경쟁력 있는 디자인 개발을 위해 회사를 개편하였다. 우선 서울 본사에 자체 디자인센터를 설립한 뒤 본사의 총 인력(128명) 40퍼센트를 디자인 연구원으로 구성했다.

더불어 캐릭터완구산업이라는 문화 상품의 특성상, 상품을 판매할 해당 시장의 정서와 기호, 감각에 맞는 디자인 개발이 성공의 관건이라는 점을 깨닫고 미국의 정서, 기호 및 감각에 맞는 디자인 개발을 위해 디자이너들을 직접 미국시장에 파견해 미국식 디자인 개발에 노력을 기울였다. 이러한 전략이 적중하자 이후 오로라월드는 주요 시장 및 해외법인별 디자인리서치개발센터를 미국, 일본, 홍콩, 영국, 이탈리아 등 세계 9개소에 설립하여 체계적인 R&D 네트워크를 보유하고 이를 통해 각국의 트렌드와 소비자의 니즈를 파악했다. 이러한 개별 시장 지향적 디자인 개발을 통해 오로라월드는 경쟁사보다 1~2년 앞선 디자인을 개발하고 있다.

이와 함께 오로라월드는 인형의 디자인과 원단의 혁신을 통해 독창적이고 경쟁력 있는 기술력을 갖게 되었다. 싫증나지 않고 생동감과 사실감을 가진 인형 개발을 위해 좌우대칭형이었던 기존의 디자인에서 인형의 고개를 옆으로 트는 등 좌우비대칭형으로 바꾸었고, 인형의 섬세한 근육과 표정을 표현하는 등 발상의 전환을 통해 디자인 혁신을 추구하였다. 또 감촉이 좋고 모양이 변형 가능한 인형 개발을 위해 플러시 등 다양한 원단을 이용하여 소재의 고급화라는 혁신도 이루어냈다.

이처럼 오로라월드는 자신의 틈새시장 특성에 부합하는 디자인과 원단을 개발하여 혁신을 이룬 결과, 경쟁사보다 우수한 기술력을 보유할 수 있게 되었다.

한국도자기: 선발기업 지식 접근과 합작투자 병행

1943년에 창립한 한국도자기는 해외 유수의 도자기 업체 제품을 OEM하는 방법으로 도자기에 대한 기본적인 기술력을 축적했다. 그러나 본차이나라는 도자기 산업의 핵심 제품을 생산하고 명품 제품인 '프라우나'를 생산할 때는 빠른 시간 안에 효율적이고 효과적인 제품 개발을 위해 선발기업의 지식에 대한 접근, 즉 외부 지식에의 접근을 과감히 시도했다.

한국도자기는 1943년부터 1968년까지 OEM을 통해 축적한 기술력을 바탕으로 1968년 한국 최초로 45만 달러의 해외 수출을 달성하였다. 기술력과 자본력이 어느 정도 쌓인 1971년에는 세계 시장에서 자리 잡은 본차이나 개발에 착수했다. 당시 본차이나의 생산지는 영국, 독일, 일본뿐이었다. 일본에서는 요업의 명문, 나고야 공업연구소에서 본차이나를 만들고 있었다. 한국도자기는 본차이나 생산을 위해 일본의 공업연구소 수석연구원을 초빙해 제조방법을 전수받았으나, 이것만으로는 개발할 수 없었다. 그 뒤 로열 덜튼과 웨지우드와도 접촉해 기술 이전을 꾀했으나 40만 달러의 기술 이전료로 인해 기술 이전에 회의적이었다. 이 후 2년 뒤인 1973년 말, 정부의 전폭적 지원과 로열 덜튼 그룹

산하 크레스콘사의 기술 제공으로 한국도자기는 말, 젖소 뼈를 태운 가루를 50퍼센트 이상 함유한 본차이나를 자체 개발하는데 성공했다.

한국도자기는 2003년 개발된 초고가 브랜드인 '프라우나'의 개발에도 이와 같은 기술력 확보 전략을 추구했다. 당시 한국 도자기는 향후 도자기가 기프트시장으로 성장할 가능성이 있다는 점에 집중, 세계적인 브랜드로 성장하기 위해서는 한국적이되 세계적인 수준의 디자인이 필요하다고 판단했다. 이에 따라 한국도자기는 아이린 인만, 앤드류 헨셀 등 웨지우드나 로열 덜튼과 같은 세계 유수의 도자기 업체 디자이너들을 초빙하여 '프라우나'의 디자인을 개발했다.[19]

한국도자기는 경쟁력 제고를 위해 경쟁사 제품과의 차별화에도 힘을 썼다. 위생성을 제고한 기능성 제품인 '은나노 식기', 제올라이트를 이용한 '원적외선 식기' 등이 대표적인 제품이다. 은나노 식기 개발을 위해서 한국도자기는 은나노 기술 전문 업체인 (주)미지테크와 함께 조인트 벤처기업을 설립하기도 했다.

이처럼 도자기 산업의 후발주자였던 한국도자기는 R&D에 집중 투자[20]하고 종합디자인센터 설립 등 기술력 개발을 위한 자체 노력을 기울임과 동시에, 기술력의 도약이 필요할 때는 단기간의 효과적이고 효율적인 기술력 획득을 위해 '선발기업의 지식 이용 전략'과 '합작회사 전략'을 함께 구사하였다.

아울러 성공적으로 선발주자가 된 90년대 이후에는 확보한 기술에 대해 적극적으로 특허 출원을 해 기업이 보유한 지식을 보호하는 전략도 취하고 있다. 현재 한국도자기는 패각을 이용한 도자기 제조공법, 제올라이트를 이용한 도자기 제조공법 등에 대해 특허를 보유하고 있다.

패각 이용 제조 공법이란 본차이나를 만드는 고가의 주재료인 젖소 뼈를 태운 가루를 값싼 패각, 즉 굴 껍데기로 대체하는 방법으로 폐기물을 이용해 수입대체 효과를 보면서 제조원가를 크게 내리게 한 방법이다. 제올라이트 공법 역시 인체에 유용한 원적외선 방출량이 많은 합성 제올라이트를 이용해 경량의 개선된 기능성 도자기를 제조하는 방법이다. 두 특허 모두 오랜 R&D 투자를 통해 제조기술의 혁신을 가져온 것으로, 행남자기 등 국내 경쟁 기업들이 현재 유효한 특허를 거의 갖고 있지 못한 상황과 비교하면 특이할 만한 점이다. 이는 한국도자기가 시장 점유율이 확고하게 높아진 90년대 중반 이후 적극적인 특허 전략으로 기업이 축적해 온 지식을 효과적으로 보호하면서 혁신의 효과를 시장지배력 강화의 방법으로 활용하는 모습을 보여주는 것이라 할 수 있다.

하나코비: 학습효과에 의한 암묵적 지식을 통한 제품 혁신

하나코비는 여러 취약점과 문제점을 안고 있던 기존의 타사 밀폐 용기를 집중 연구하여 기술혁신을 단행해 락앤락을 만들어냈다. 기존 경쟁사의 밀폐 용기는 본체에 뚜껑을 덮는 실링 밀착 방식이었다. 이 용기는 PE재질의 연질 뚜껑과 PP재질의 딱딱한 몸체를 결합해 뚜껑과 몸체를 밀착시킴으로써 용기의 내용물이 바깥으로 유출되거나 외부로부터 다른 물질이 유입되지 않도록 결합되어 있다.[21] 따라서 이 용기는 밀폐력을 강화하면 여닫기가 용이하지 않는 구조적인 문제점과 뚜껑과 몸체의 재질이 달라 오랫동안 사용하면 밀폐력이 현저하게 떨어지는 문제점을 가지고 있었다.

하나코비는 경쟁사 제품의 문제점을 개선하기 위해 기존의 실링 밀착 방식에서 벗어나 밀폐 용기 뚜껑에 날개를 다는 결착형 방식으로 바꿔 락앤락을 만들어냈다. 기존 제품이 가지고 있던 밀폐력과 여닫기의 용이성 문제를 동시에 해결하기 위해, 같은 재질로 뚜껑과 몸체를 만든 뒤 뚜껑의 4면에 달린 날개로 결착시키는 결착형 밀폐 용기를 만든 것이다. 또 뚜껑에는 실리콘이라는 탄력성 있는 소재를 사용하여 4면을 밀폐하는 방식을 이용했기 때문에 4면을 균일한 압력으로 눌러 주어 완벽한 밀폐력을 보장하는 제품 개발에 성공했다.

하나코비는 이러한 문제점을 해결하기 위해 과거 제품 개발 때 얻은, 학습효과에 의한 암묵적 지식을 이용하였다. 4면 결착식 밀폐 용기의 핵심은 뚜껑이 굽혀지는 힌지 부분의 두께에 달려 있다. 이 부분이 너무 두꺼우면 잘 닫히지 않고 너무 얇으면 내구성이 없기 때문이다. 하나코비는 과거 제품 개발 때 얻었던 학습효과에 의해, 잘 구부려지면서도 찢어지지 않고 내구성이 있는 최적의 힌지 두께가 0.4mm라는 점을 알아냈다. 락앤락의 100퍼센트 밀폐력을 가능하게 한 뚜껑 부분의 중공형 고무패킹 역시 자동차 창틀의 패킹 생산 과정에서 얻은 암묵적 지식의 산물이다.

그러나 이러한 혁신이 저절로 이뤄진 것은 아니다. 시장에서의 성공을 확보하기 위해 하나코비는 국내시장에 처음 진출한 1999년부터 설문 조사를 통해 밀폐 용기에 대한 소비자들의 니즈를 파악하고, 이 과정에서 소비자들이 가지고 있는 불만을 제품 개발에 반영하여 제품의 품질력을 제고하였다.

이렇듯 하나코비는 창립 초기 600여 가지의 플라스틱 생활용품을 제조하던 OEM단계에서 축적한 자체 기술력과 학습효과를 통한 암묵적

표 3-1 하나코비 '락앤락'의 국내외 출원 건수

	특허	상표	의장
출원(건)	30	74	28
등록(건)	19	41	25

출처 : www.locknlock.com

지식을 이용하여 기술혁신을 이룩하였다. 그 후 기술력의 확보를 통한 성공을 위하여 특허권, 의장권, 상표권 등의 지적재산권을 설정해 기술력을 보호했다는 점도 이 기업이 구사한 전략 가운데 하나였다.

시장 개척 과정: 마케팅 전략 분석

중소기업의 성장과 발전에 있어서 자체 기술력 개발 과정과 시장 개발 과정은 별개이다. 즉 기술력 개발과는 별도로 시장 개발을 위한 전략이 필요하다. 많은 우수한 중소기업들이 기술력 개발에는 성공했지만 끝내 도산하는 경우가 시장 개발을 위한 별도의 전략에 대한 필요성을 입증하고 있다.

하지만 OEM을 하던 중소기업이 자체 기술력을 확보하더라도 시장에서의 성공까지 이어지는 경우는 매우 드물다. 이미 시장을 장악한 선발기업의 압력과 방해가 도사리고 있기 때문이다. 이러한 점을 고려할 때 중소기업의 추격과 성공을 위해서는 그 기업만의 독특한 시장 확보 전략이 더욱 필요하다는 것을 알 수 있다.

따라서 이하에서는 오로라월드, 한국도자기 그리고 하나코비가 어떤 전략을 통해 시장에서의 성공까지 도달하였는지 살펴본다. 더불어 각 기업의 매출액 추이를 비교하여 OBM의 성공 정도도 살펴보겠다.

오로라월드: 현지 '세일즈 랩' 활용한 분업 마케팅 전략

1980년대 후반 OEM 기업 오로라월드는 외부주문업체들의 만성적인 저가 압력과 일방적인 거래 취소 통보 등 OEM의 종속적인 구조와 값싼 중국 노동시장의 개방으로 인해, 봉제인형산업의 사양화라는 환경 변화에 직면한다. 이런 OEM의 한계를 극복하기 위해 오로라월드는 1990년, OBM으로의 전환을 결심했다. 오로라월드가 틈새시장으로 삼은 캐릭터완구산업은 1인당 국민소득이 1만 달러 이상인 선진국을 중심으로 시장이 형성된다.[22] 오로라월드는 이 점에 착안하여 OBM으로 선회한 후, 처음부터 세계 캐릭터산업의 45퍼센트를 차지하고 있던 미국시장을 공략했다.

그러나 오로라월드가 OEM기업으로 남아 있기를 바라는 미국 업체들은 1993년 오로라월드의 OEM을 모두 끊어버리고 지적재산권 소송을 제기하며 압력을 행사했다. 그래서 실제로 OBM으로 전환 이후 매출액은 오히려 감소하는 위기 상황에 직면하였다. 그림 3-2에서 보듯 1991년을 정점으로 1992년, 1993년 연속 매출액이 하락하고, 이런 추세는 1996년까지 지속되었다.

또한 이 과정에서 오로라월드는 오랫동안 지적재산권 소송을 거쳐야 했다. 이는 OEM에서 벗어나 독립하는 것이 얼마나 어려운지 보여주고 있으며 'OEM 함정'이라는 말이 탄생한 이유를 설명해 준다. 오로라월드는 이런 지재권 소송에서 궁극적으로 승소하고 이후 직접 미국의장

그림 3-2 자체 브랜드 추진 전후 오로라월드의 매출액 추이

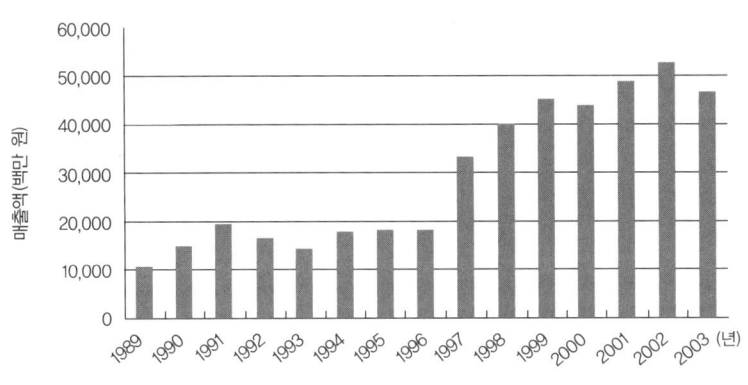

출처 : 「중진국함정과 2만불 전략」, 이근 외

을 획득했다. 나아가 자신의 디자인을 보호하면서 오히려 진입장벽을 구축해 시장 확보를 추구하고 있다.

시장 개척 면에서 오로라월드가 미국시장에서 성공할 수 있었던 주요한 이유는 세일즈 랩[22]이 장악하고 있는 미국 유통시장의 특수성을 파악해 현지의 유능한 세일즈 랩을 통한 현지시장 마케팅과 브랜드 인지도 제고 전략이 주효했기 때문이다. 즉 본사가 모든 것을 관리, 통제하기보다는 현지 시장에 정통한 현지 세일즈 랩을 적극 이용하는, 비교우위에 입각한 분업 마케팅 전략이 오로라월드의 성공의 열쇠였다.

이처럼 오로라월드는 현지 판매대행사 발굴과 자체적인 글로벌 유통망 확보라는 시장 개발 전략을 통해 OEM에서 OBM으로의 전환에 성공했다. 미국 내 인지도 4위, 미국 판매 4위라는 성과와 자체 브랜드의 안착기인 90년대 후반 이후 매출액 추이는 이러한 오로라월드의 성공을 보여 주고 있다.

한국도자기: 기존 사업 강점 보완과 제품군 확대

한국도자기는 기존의 OEM 생산과 OBM 생산을 병행하고 있다. 일반적으로 OEM에서 OBM으로 진출할 경우 기존 바이어들의 견제가 예상되는 경우가 많으나 한국도자기의 경우, OEM과 OBM의 균형을 잘 이루고 있다.

OEM 비중이 회사 수출액의 50퍼센트를 상회하는 한국도자기는 프랑크푸르트 전시회 참가 등 브랜드 위상을 높이는 한편, 경쟁사인 웨지우드의 위탁 생산 요청 시 OEM으로 웨지우드 제품을 생산하는 등 OEM과 OBM을 병행하는 전략을 취하고 있다. 그러나 한국도자기가 웨지우드 제품을 OEM 방식으로 생산하면 그만큼 생산기술이나 제품 품질을 국제적으로 인정받는 것이어서 단순한 OEM 생산만으로 보면 안 된다.[24]

현재 매출 700억 원으로 매출액 규모로는 세계 3위인[25] 한국도자기는 아직도 OEM 생산을 한다는 점에서 볼 때 추격의 유형으로는 경로추종형 성장을 하고 있다. 그러나 한국도자기는 국내 임금 상승 및 중국의 등장으로 인한 임금 경쟁력 상실이라는 중소기업의 공통된 약점을 극복하기 위해 은나노 식기 등 친환경 자기 개발과 신소재 개발을 통하여 시장의 신뢰를 얻었다.

또한 이러한 높은 기술 수준을 바탕으로 고급 브랜드의 OEM을 통해 캐시카우를 확보하면서 동시에 각종 도자기 쇼에 지속적으로 참가하여 자체 브랜드 인지도를 높이는 전략을 병행한다. 명품 브랜드 '프라우나'를 자체 개발해 세계시장 공략에 나서고 있는 것이 이러한 점을 반증한다. 이를 통해 확인할 수 있는 한국도자기의 시장 개발은 크게 두 가

그림 3-3 한국도자기의 매출 대비 수출액 비율 변화

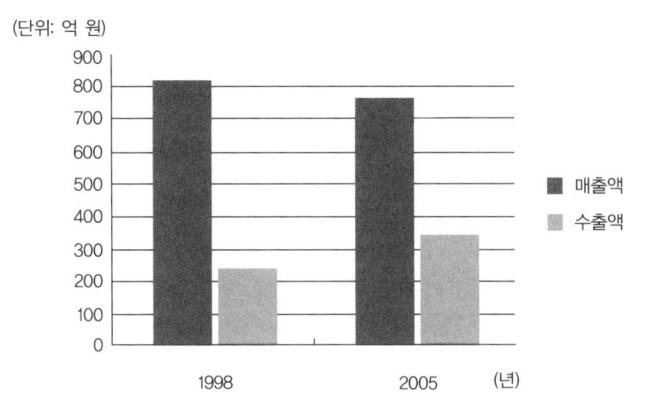

(단위: 억 원)

출처 : www.hankook.com

지로 나눌 수 있다. 우선, 기존 시장에서 일반적인 광고와 구전 효과를 통해 이미 확보한 시장을 보호하는 전략을 구사한다.

그러나 여기서 멈추지 않고 새 브랜드, 신상품을 개발하여 이 시장을 기반으로 하는 신상품 시장 개척을 추구한다. 이를 위해 신제품과 새 브랜드 제품을 직접 시장에 가져가기에 앞서 도자기 전시회 등을 통해 바이어의 품평을 먼저 소구하고, 교황청·노벨상 만찬장과 같이 일반인이 쉽게 접근하기 힘든 장소에 전략적으로 납품한 뒤 이를 시장에 알림으로써 제품의 이미지를 업그레이드시키는 전략을 사용하였다. 즉 기존 시장의 유지·보완과 신상품 시장 개척을 연결하는 전략을 구사한 것이다.

또한 회사 수익 구조에 있어서 수출 비중을 증가시킴으로써 회사의 성장 기회 폭을 넓히고 있다.

하나코비: 시장의 재정의와 TV홈쇼핑 광고

하나코비는 다른 기업들과 달리 OEM의 함정을 거치지 않고 OBM으로의 뛰어넘기를 통해 OBM에 완전히 성공한 독특한 사례이다. 하나코비는 고유의 틈새시장을 선정하고, 시장 개발을 위해 독자적인 유통망을 확보하는 전략을 구사함으로써 이를 가능하게 했다.

1997년 외환위기 당시 김준일 사장은 국내 밀폐 용기 시장이 고소득층은 값비싼 외국산을, 저소득층은 조악한 국내 제품을 소비하는 형태로 양분화 되어 있다는 점을 발견했다. 또 밀폐 용기는 생필품으로써 경기변동과 관련이 적다. 즉, 밀폐 용기 산업은 수요의 소득 탄력성이 낮으며 기술 발전의 기회가 크고 기술 진보의 누적성이 작아 후발기업인 하나코비가 쉽게 '추격'할 수 있는 산업이다. 따라서 이 시장을 자신의 틈새시장으로 설정하고 역량을 집중했다. 더 나아가 하나코비는 밀폐 용기는 단순히 '음식을 담는 그릇'이 아니라 집 안의 모든 것을 수납하고 정리할 수 있는 다기능성 제품임을 광고하여 밀폐 용기 시장을 재정의하고 확장했다.

하나코비의 시장 개발 전략 가운데 가장 독특하고 주효했던 전략은 바로 인포머셜과 TV홈쇼핑을 이용한 것이다. 하나코비는 밀폐 용기가 설명이 필요한 제품이라는 특징에 착안하여 제품의 특성에 대한 설명과 사용 방법을 보여 줄 수 있는 인포머셜과 TV홈쇼핑을 적극 이용했다. 특히 TV홈쇼핑이라는 유통채널은 홍보 효과와 세트 판매를 통한 다량 판매효과를 동시에 거둘 수 있는 장점을 가지고 있다.

구체적으로 하나코비는 브랜드 인지도를 높여 장기적 이익을 얻기 위해 락앤락의 시판 초기인 2001년 3월, 당시로써는 부담이 되는 금액

그림 3-4 하나코비 '락앤락' 미국 수출액 추이

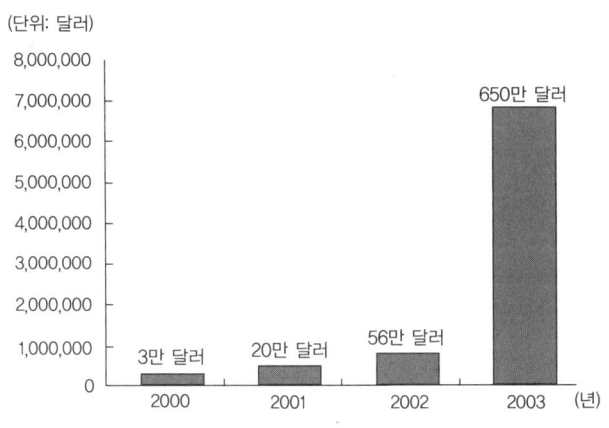

(단위: 달러)

출처 : KBS 「신화창조의 비밀」 락앤락 편

인 30만 달러의 제작비를 투자하여 인포머셜을 제작하였다. 락앤락 인포머셜은 락앤락의 선진국 시장 진출에 큰 도움이 되었으며 저작권도 하나코비가 가져 지금까지 큰 홍보 효과를 내고 있다.

제품의 기술력에 자신이 있었던 하나코비는 신제품에 보수적인 국내보다 미국시장에 먼저 진출했다. 미국시장을 공략할 때에도 홈쇼핑 이용 전략은 주효했다. 하나코비의 락앤락은 QVCQuality, Value and Convenience라는 48억 달러의 연매출액에 8천만 명의 가입자를 가진 미국 최대의 TV홈쇼핑이자, 독일 등 유럽에까지 진출한 세계 1위 홈쇼핑에 출연하여 2001년 6월 QVC 첫 방송에서 3,000세트 매진, 2002년 4월 미국 QVC 방송 8분 만에 8,000세트 매진 기록을 세웠다.

품질력과 시장성을 인정받은 락앤락은 2003년 3월에 한국 제품으로써는 최초로 미국 QVC에서 TSV(Today's Special Value : 하루 종일 특정 회사의 제품만을 방송, 판매하는 것으로 제조업체로서는 최고의 기회)에 선정되어 1일 70,000세트 판매 기록을 세웠다. 미국에서의 성공을 발판으로 2004년 5월, 독일 QVC에서 TSV에 선정되어 1일 40,000세트 이상 판매의 대기록을 세우기도 했다. QVC 진출은 미국시장 진출의 교두보가 되어 미국 최대의 유통업체와 독점계약을 체결하였으며 이후 대형할인점이나 백화점, 슈퍼마켓에도 원활히 진출할 수 있었다.

하나코비는 홈쇼핑이라는 독특한 유통망을 통해 국내 시장과 중국시장에서도 성공을 거두었다. 또 무료 사용 홍보 행사, 환경 캠페인, TV 광고 협찬, 주부 서포터즈 모집과 각종 사회사업을 실시함으로써 브랜드 인지도 제고를 위한 노력도 함께 기울이고 있다. 현재 국내시장에서는 추격에 완전히 성공하여 60퍼센트의 시장점유율을 차지하고 있다.

그림 3-5 하나코비 '락앤락' 국내시장 점유율 추이

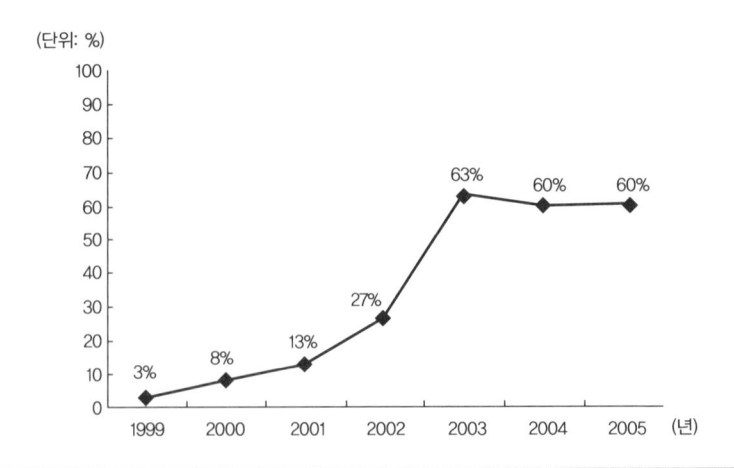

출처 : 하나코비와의 전화인터뷰 내용을 바탕으로 작성

추격의 성공과 시사점

중소기업 경쟁력 확보의 최종 지표는 OEM에서 벗어나 OBM으로의 이행을 달성했는지 여부이다. 본 장에서는 국내 중소기업이 OBM으로 성장하는 과정과 요건을 살펴보기 위해 오로라월드, 한국도자기 그리고 하나코비의 사례를 분석하였다. 이 세 기업은 모두 소비재 산업의 중소기업으로서 OBM에 성공했다는 공통점을 가지고 있지만, 오로라월드는 OEM에서 출발하여 OBM에 완전히 성공했고, 한국도자기는 현재 OEM과 OBM을 병행하여 OBM으로 넘어가는 과정 중에 있다. 하나코비는 바로 OBM으로 뛰어넘어 세 기업 모두 그 경로와 성공 정도에서는 차이를 보인다. 세 회사의 이런 차이와 주요 특징은 아래 표 3-2에 요약되어 있다.

표 3-2 3개 회사 OBM 이행 과정 요약

		오로라월드	한국도자기	하나코비
OBM 달성 유형		OEM→OBM	OEM→OEM+OBM	처음부터 OBM
일반요소	기술력 확보 과정과 지적재산권 전략	해외 디자인 개발센터 설립을 통한 해외 지식 접근; 특허 등 적극적 지적재산권 전략	해외 인력과 합작을 통한 해외 지식 접근; 특허출원을 통해 기업 내 지식 보호, 시장 지배력 강화	끊임없는 실험과 개발; 수요자와 반복적인 상호작용을 통해 암묵적 지식 축적, 지적재산권 설정으로 지식 보호
	글로벌 생산 체제 구축과 시장 개척 과정	중국, 인도네시아 해외 공장과 글로벌 생산 체제; 자체의 글로벌 유통망 확보	인도네시아 해외 공장과 글로벌 생산 체제; OEM을 통한 매출과 자기 브랜드 매출 병행	중국 해외 공장과 글로벌 생산 체제; 글로벌 유통망 확보; 홈쇼핑으로 단번에 OBM으로 도약

이 분석은 소비재 산업에서도 분야에 따라 OBM의 성공 정도가 다르며 따라서 각 분야의 특성에 따른 연구와 전략이 필요함을 시사한다. OBM에 성공한 세 소비재 기업들은 모두 특정 틈새시장에 집중한 카테고리 킬러로 시작했으며, 국내에서는 주로 연구 개발과 마케팅을 담당하고 해외에서는 생산기지를 보유하여 생산원가를 절감하는 글로벌 체제를 구축한 공통점을 가지고 있었다. 또한 이들은 각 상품이 가진 시장의 특성에 맞는 새롭고 차별적인 마케팅 전략을 수행해 독자적인 수요시장을 획득하는데 성공하였다. 그 외 암묵적 지식을 활용하며 이를 보호하기 위해 특허화 혹은 브랜드 등 적극적인 지적재산권 전략을 추구한 것도 성공 요인 가운데 하나이다. 이들의 사례는 중소기업이 해당 시장에서 자기 브랜드를 가진 카테고리 킬러로 안착하기 위해서는 연구개발 투자를 증가하여 기술력을 확보하고 이를 기반으로 독자 브랜드화를 추구하여 OEM 함정을 극복하는 것이 필요함을 시사하고 있다.

암묵적 지식을 통한 경쟁력 구축
심로악기, 쿠쿠홈시스, 홍진HJC

04

황지수 하버드대학교 박사과정
이혜진 서울대학교 경제학부
이 근 서울대학교 경제학부 교수

세계화의 진전과 함께 한국을 포함한 몇몇 신흥공업국들은 기적과 같은 경제성장률을 달성하며 OECD의 문턱에 다다랐다. 21세기를 맞이하면서는 진정한 선진국의 대열에 서기 위해 지속적이고 복합적인 변화를 꾀하고 있다. 그러나 대기업과 정부 주도 '선도추격'의 한계에서 벗어나는 것이 쉽지 않은 과제라는 것을 알게 되면서 '동반추격'을 위한 새로운 전략과 마인드 설정의 필요성을 절감하고 있다.[1]

'혁신형 중소기업'에 대한 정부의 관심과 적극적인 지원은 대기업과 중소기업이 모두 성장 동력이 될 탄탄한 기반을 갖추어야 한국 경제가 한 단계 더 도약할 수 있다는 문제의식에서 나온 것이다.

그러나 지금까지 우리나라는 중소기업의 활로로써 R&D 증가를 강조하였지만, 실제 R&D를 어떤 분야에 투자할 것인지에 대한 구체적인 가

이드라인 없이 그 양의 증가에만 주력하고 있다.

여기서 '혁신형 중소기업'이란 무엇일까? 한국의 중소기업은 크게 세 가지 유형으로 분류할 수 있다. 하나는 대기업의 납품업자로서 높은 수익은 꾀할 수 없지만 안정적인 매출을 누리는 중소기업, 두 번째 유형은 '카테고리 킬러', 마지막으로는 위 두 유형 중 어느 것에도 속하지 않고 그 생명 유지에만 집중하는 중소기업이다. 두 번째 유형이 가장 바람직한 형태인 '혁신형 중소기업'이다. 다만 카테고리 킬러가 되기 위한 전략은 쉽게 얻기 힘들다.

중소기업의 새로운 활로를 이해하기 위해 여기서 우리는 SSI이론 틀을 도입한다. 1장에서 소개된 SSI는 신슘페터학파의 '기술 체제'를 확장한 개념으로서 지식 기술 체제와 함께 해당 산업의 수요 체제, 관련 주체의 역할, 그리고 각종 규제와 제도가 산업에 미치는 영향을 분석 기준으로 사용한다.[2]

한국 소비재 산업에 대한 많은 연구는 존재하지만 어떻게 추격을 해야 하는지, 한국의 중소기업들이 어떤 분야에서 어떤 방식으로 카테고리 킬러가 되어야 하는지에 대한 연구는 부족하다. 본서 3장의 분석도 OEM에서 OBM으로 가는 과정을 설명하며 사례 기업들의 공통점을 얻는 데는 성공했지만, 지식 기술 체제의 관점에서 논리적으로 접근하지는 못했다.

본 장은 SSI를 분석의 틀로 사용하여 고급소비재산업 내 중소기업의 경제 추격 전략을 보다 체계적이고 구체적으로 다루고자 한다. 이는 막대한 R&D와 규모의 경제 효과를 바탕으로 하는 대기업이나, 끝없는 가격경쟁을 통해 세계시장에 발을 디디고 있는 중국 기업과는 다른 입장에서 경제추격을 살펴보는 것이며, 기타 여러 산업과는 다른 고급 소비재 산업의 특성을 중심으로 분석한다.

궁극적으로 본 장에서는 한국의 중소기업이 카테고리 킬러가 되기 위해서는 지식의 암묵성이 높은 분야에 뛰어들어 시행착오를 기반으로 전유성이 높은 지식과 기술을 획득하고, 자체 브랜드로써 안정적인 사업 기반을 마련해야 된다는 것을 밝히고자 한다. 지식의 암묵성과 전유성에 초점을 맞춘 본 장의 가설은 박규호와 이근[3]이 연구한 한국과 대만의 기업의 경제추격에 관한 회귀분석에서 대만 중소기업이 상대적으로 전유성이 높은 분야를 선호한다는 결과와 상응하는 것이다.

이러한 이론적 논의를 뒷받침하기 위해 세계시장 진출에 성공한 한국의 중소기업 세 개를 분석해 본다. 브랜드 명성과 전통이 주요한 요소로 작용하는 클래식 악기산업의 심로악기, 매우 기술집약적이고 일본제가 석권하고 있었던 전기밥솥 산업의 쿠쿠홈시스, 제품의 안전성에 대한 신뢰가 필수적인 헬멧 산업의 홍진HJC 헬멧이 그 대상이다. 공통점보다 차이점이 많은 제품을 취급하고 있지만, 이들 기업 사례들로부터 고급 소비재 산업 내 경제추격에 대해서 중요한 일반적인 시사점을 이끌어낼 수 있다. 아래 사례들을 분석하기 위해 사용한 자료는 언론 방송 매체를 통해 얻은 정보, 각 회사의 홈페이지, 각종 신문기사 등이다. 세 기업의 전반적인 자료는 KBS의 「신화창조의 비밀」 중 심로바이올린 편, 쿠쿠 편, 홍진HJC 헬멧 편에서 얻었고 특히, 심로악기의 경우 현재 마케팅 차장인 서한승 씨와의 인터뷰가 큰 도움이 되었다.

본 장은 다음과 같이 구성되어 있다. 우선 분석 대상인 세 기업에 대해서 소개한다. 다음 고급 소비재 산업에서 중소기업이 카테고리 킬러로 성공하기 위한 전략에 대해서 가설을 설정한다. 이어서 세 사례 기업의 추격 과정을 자세히 살펴보고 가설을 검증한다. 마지막으로는 이론과 사례 분석의 요약과 함께 이를 바탕으로 우리나라가 추진해야 할 정책 방향을 제시하며 마무리하고자 한다.

사례 기업에 대한 간략한 소개

심로악기

심로악기 주식회사는 현악기 제조 및 판매를 주 사업 목적으로 하여 1986년 12월 23일에 설립되었다. 강원도 원주시 문막농공단지와 궁촌리에 제1공장 및 제2공장을 운영하고 있으며, 생산 설비의 확충을 위하여 중국 천진시와 독일 게르페베 파크에 출자지분 100퍼센트 자회사인 천진심로악기유한공사와 SHIMRO GERMANY GmbH I. G Co., Ltd를 설립하여 운영하고 있다.[4]

심로악기라는 브랜드 확립 전에는 1978년, 동해통상이라는 악기 수입상이었다. 지난 1978년 서울 명동 7평 규모의 무역회사로 시작했던 동해통상은 1986년 법인화, 동해종합통상으로 승격되었다. 악기 수입을 주로 담당하면서 우리나라 실정에 맞는 바이올린을 직접 제작, 보급하기 위해 고품질의 바이올린을 기계로 양산화하는 프로젝트에 착수하게 되었다. 세계 최초로 정통 마이스터 공법을 도입한 바이올린의 대량 생산에 성공한 1989년부터 창업주 심재엽 사장의 성을 딴 '심沈'자와 근로자의 '노勞'자를 따 '심로Shimro'라는 브랜드가 세계시장에 모습을 드러내게 된 것이다.

이제 심로악기는 국내외 3개 공장에서 바이올린뿐 아니라 비올라, 첼로, 콘트라베이스를 생산하고 있으며 활, 케이스, 만도린 또한 자체 생산하고 있다. 경쟁 대상이었던 일본 스즈키의 국내시장 점유 비율을 1퍼센트대로 낮추어 국내시장의 독점적 위치를 확보하였고, 미국시장에서도 스즈키를 제치고 1위, 일본시장 점유율도 15퍼센트 정도 차지하고 있다. 심로악기의 세계시장 현악기 점유율은 30퍼센트이며 유럽과 미국, 호주를 주시장으로 35개국에 수출하고 있다. 30년간 꾸준히 흑자를 내고 있는 심로악기는 현재 미국이나 호주의 초중고등학교에서 단체 주문이 밀려들고, 세계 유명 연주자들의 세컨드 바이올린으로 사용될 정도로 그 품질을 신뢰받고 있다.

쿠쿠홈시스[5]

쿠쿠홈시스는 전기밥솥 분야에서 1998년 자사 브랜드 '쿠쿠'를 내걸고 판매를 시작한 지 불과 3년 만에 국내시장을 석권한 회사이다. 경남 양산시에 본사와 공장을 두고 있으며 중국에 '청도복고전자'라는 이름으로 생산공장과 생산법인을 운영하고 있다. 쿠쿠는 1978년 성광전자라는 이름으로 출발해 LG와 필립스 등 대기업에 OEM 방식으로 전기밥솥을 납품하는 하청업체였다. 하청업체로서는 드물게 꾸준한 연구개발을 통해 지식을 축적하였고 전기압력밥솥을 자체 개발하기에 이른다. 1998년 외환위기로 경기가 급속도로 얼어붙고 대기업의 주문이 급속히 줄어들어 공장 가동이 중단되었을 때, '쿠쿠'라는 자사 브랜드로 시장에 진입하는 승부수를 띄웠다.

쿠쿠는 뛰어난 품질을 소비자들에게 인정 받아 자사 브랜드 런칭 이후 3년여 만에 시장 점유율 1위를 기록했다. 지금은 '쿠쿠하세요'라는 유행어를 남기며 연간 2,700억 원의 매출을 기록, 국내 전기밥솥 시장 점유율의 70퍼센트를 차지하고 있다. 쿠쿠는 2002년 전기밥솥의 본고장인 일본 진출을 시작으로 하여 수출시장을 개척하기 시작했다. 2006년부터는 전략시장인 중국을 비롯해 아프리카를 제외한 전 세계 지역에 전기밥솥을 판매하고 있으며 '글로벌 쿠쿠'로의 도약을 꿈꾸고 있다. 현재는 밥솥 업계의 대표기업으로 인정받고 있으며 일품석, 황금동 밥솥, 탑컨트롤에디션 등 프리미엄 제품의 지속적인 개발을 통해 브랜드 파워를 구축해가고 있다.

홍진HJC [6]

홍진HJC는 오토바이 헬멧이라는 한 제품에 대한 꾸준한 제품 개발과 기술력 향상을 통해 16년째 미국시장 1위 기업의 자리를 지키고 있는 헬멧시장의 중견기업이다. 경기도 용인시에 본사와 공장이 있으며 '홍진 연구소'를 운영하고 있다. 1971년 오토바이용 가죽의류 봉제공장으로 출발한 홍진HJC는 1974년 서울헬멧을 인수하면서 헬멧과 인연을 맺었다. '크라운'이라는 상표를 단 자체 제작 헬멧을 생산하기 시작한 뒤 꾸준한 품질 개발과 적극적인 마케팅으로 헬멧사업에 뛰어든 지 6년 만에 헬멧 업계에서 연간 매출 30억 원을 올리며 국내 1위로 부상했다.

1984년에는 안정적으로 확보된 국내시장을 뒤로 하고 해외시장에 뛰어들었다. 미국 진출을 통해 수많은 경쟁사와의 경쟁을 경험하고 판매 돌파구를 마련하기 위해 기술추격과 경영추격을 동시에 시도한다.

업계 최초로 플라스틱 헬멧으로 미국의 '스넬' 규격에 합격했으며 잠금
장치와 턱 보호대 구동장치를 갖춘 기능성 헬멧을 개발했다. 2001년에
는 세계 시장 점유율 1위를 달성했고 2006년에는 세계시장 점유율 20퍼
센트에 이른다. 지난해에는 310명의 직원으로 1,221억 원의 매출을 올
렸다. 2007년에는 중국공장, 미국법인, 유럽법인 등을 운영할 정도로 높
은 수출 경쟁력과 넓은 시장을 가지고 있다. 홍진HJC는 세계시장에서
압도적인 우위를 점하고 있는 지금도 여전히 매출액의 10퍼센트를 연구
개발비로 쓴다는 원칙을 고수하며 꾸준한 연구 개발을 하고 있다.

기업별 성장전략 가설: 암묵지의 중요성

『동아시아와 기술추격의 경제학』 11장에서는 1980년과 1995년 사이
한국과 대만 그리고 가상 추격 국가의 특허 점유율을 이용하여 기술추
격 속도가 분석되어 있다. 분석 결과 전유성이 높고 외부지식에 대한 접
근이 쉬운 기술 분야에서 후발주자들이 가장 빠르게 추격할 수 있음이
관찰되었다. 전유성이 높은 산업에서 추격이 용이하다는 지적은 한국
의 중소기업 전략에도 그대로 적용된다. 전유성이 높다는 것은 다른 기
업의 지식에 의존해야 할 필요가 적음을 의미하기 때문에 후발기업에
게 유리한 환경이라는 해석이 가능하다. 즉, 후발기업은 제한된 R&D
자원만을 가지고 있기 때문에 혁신의 열매를 더 쉽고 안전하게 즐길 수
있는 부문, 즉 전유성이 높은 부문을 특화하려는 경향을 보인다는 것이
다.[7] 그러나 외부지식에 대한 접근이 쉽다면 추격 자체는 용이할 수 있

으나 다른 개발도상국 역시 쉽게 진입할 수 있다는 점에서 추격 이후의 장기적인 선두 유지는 어려울 것으로 보인다. 과거에는 매우 낮은 수준의 기술력을 가지고 있는 개발도상국이 실제 혁신을 수행하기보다는 기존에 있는 기술을 모방하는데 그쳤기에 한국 중소기업의 추격이 유지될 수 있었다. 그러나 오늘날에는 중국, 베트남과 같이 기술혁신의 의지가 있는 신흥경제강국들이 부상함에 따라 외부지식에 대한 접근이 쉬운 산업에서는 한국 중소기업의 선두 유지가 점점 어려워지고 있다.

따라서 한국의 중소기업에게는 전유성이 높고 지식 기반의 접근성이 낮은 산업에 특화하여 추격 이후의 선두 유지까지 고려한 전략이 필요하다. 지식 기반의 접근성이 낮은 산업에는 높은 과학기술 수준이 필요한 산업과 지식의 암묵성이 높은 산업 크게 두 종류가 있다. 전자는 관련 지식기술을 얻기 위해 질 높은 인적자본이나 최신의 연구 시설을 확보해야 하는데 이것은 중소기업의 제한된 자본으로는 얻기 힘든 것이다. 또한 과학적으로 계산되는 최적 기술의 개발은 성공 시에는 큰 성과를 얻겠지만 성공하지 못할 경우, 아무것도 얻을 수 없는 위험성이 있다. 중소기업으로서는 현장 지식도 중요하고 암묵성이 높은 후자의 분야에서 시행착오를 통한 지식 획득과 전유성 확보도 상대적으로 실현 가능하고 안전한 전략이다. 중소기업에게 적정한 수준의 연구 개발비를 요구하지 않으면서 특정 산업의 오랜 노하우 축적만으로도 얻을 수 있기 때문이다. 암묵적 지식을 요구하는 산업 중에서도 자동차 산업과 같이 규모의 경제가 큰 산업보다는 규모의 경제가 비교적 작은 산업이 중소기업의 장점을 살릴 수 있는 분야이다.

그리고 이렇게 얻은 암묵적 지식은 기업의 핵심 기술인 동시에 기업의 특색을 만드는 역할을 한다. 암묵적 지식을 내부 비밀로 가지고 있을 때 그 기업의 명성과 특정 산업에서의 입지가 굳건하게 유지되는 것이다. 만약 지식이 특허와 같이 가격 지불에 의해 접근 가능한 형식으로 관리된다면 내부 비밀로 존재할 때보다 그 가치가 유지되기 어렵다. 또한 암묵성이 높은 개발 과정을 통해 최종적으로 획득한 지식 자체는 숫자나 문서로 표시되는 명시적인 지식일 경우가 있다(최적의 치수라든지 강도 혹은 온도). 이를 특허로 낼 수는 있지만 특허로 내는 순간 모방의 위협을 받으므로 특허보다는 사내 기밀로 즉, 자체 브랜드로써 지키는 것이 더 현명한 방법일 수도 있다.

고급소비재에 있어서 소비자들은 조금 더 높은 가격을 지불하더라도 이름 있는 기업의 제품을 선호하는 경향이 있다. 제품의 사용주기가 길거나 안전과 관련된 제품은 그러한 경향이 더 강하다. 때문에 중소기업은 소비자에게 대표성과 안전한 느낌을 주어야 하며 카테고리 킬러로서의 제품 차별화와 자체 브랜드 구축을 요구한다. 중소기업은 기존 대기업 브랜드의 장벽이 높은 고급 제품보다는 새로운 소재나 기능을 지닌 제품을 통해 소비자에게 자사 브랜드를 인지시키는 것이 더 쉬울 것이다. 한 번 대표성을 획득하면 명성을 바탕으로 하는 가격 이원화 전략 등을 비교적 유연하게 구사할 수 있다. 앞서 언급한 암묵적 지식을 특허가 아닌 사내 노하우로 지켜야 한다는 점도 자체 브랜드 구축의 또 다른 이유가 되며, 사내에서 외부화된 암묵적 지식은 해당 브랜드에 전문성을 부여하여 대표성을 높인다는 점에서 서로 상호 보완적이다.

한편, 정부의 정책이나 산학협동 프로그램과 같은 기업 외부 주체의 역할은 소비재산업의 중소기업에게는 크게 적용되지 않기 때문에 기업 내부 경제 주체들의 역할이 보다 중요하다. 고급 소비재 제품은 소비자들이 까다로운 모범 기준을 갖고 있기 때문에 각종 규제와 제도 역시 충분히 고려하여야 한다.

결론적으로 SSI 이론을 바탕으로 하여 고급소비재산업에서 중소기업이 카테고리 킬러로 성공할 수 있는 조건은 다음과 같은 가설을 세울 수 있다. 고급소비재산업에서 중소기업은 기술의 전유 가능성이 높고, 지식 기반이 암묵적인 성격을 지닌 산업 분야에 특화하여야 한다. 사내적으로 외부화시킨 암묵적 지식은 특허보다는 자체 브랜드를 통해 보호해야 하며 카테고리 킬러로서 브랜드의 대표성을 획득하는 것이 중요하다. 고급소비재산업에서 중소기업은 최고급 제품보다는 차별화가 가능한 제품으로 시장에 진입하는 것이 대표성을 획득하기에 용이하며 저가 제품만으로 시장 진입은 지양해야 한다. 차별화는 안전규격이나 모범 수치와 같이 명시적인 기준이 있는 산업에서 비교적 쉽다. 추격 이후에는 중소기업의 장점을 살려 생산기지와 가격 정책 결정에 있어서 유연하게 대처해야 한다. 이제 이 가설을 심로악기, 쿠쿠홈시스, 홍진 HJC 헬멧의 실제 추격 사례를 통해 검증해 보자.

심로악기

지식과 기술 체제 및 제품 개발 과정
클래식 악기 산업은 제작이나 소리에 있어서 무척이나 보수적인 산업 분야이다. 17세기에 악기를 일일이 손으로 깎았던 기술을 최고로 여기기 때문에 IT 분야와 같이 혁신적인 신상품이 자주 출시되어 시장의 판도가 바뀌기보다는 명기 스트라디바리의 치수와 모양, 음색을 최대한 재현하여 대중화시킬 수 있는 신공법이 연구 대상이 된다.

바이올린은 활로 현을 마찰시켜 소리를 만들고, 그 소리가 몸체의 전후 판에 진동을 일으켜 음을 내는 악기이다. 따라서 몸체를 얼마나 제대로 만드느냐에 바이올린의 생명이 달려 있다 해도 과언이 아니다. 바이올린의 제조 방법에는 크게 두 가지가 있다. 하나는 전통적인 마이스터 공법으로써 오랜 시간 건조시킨 나무를 하나하나 손으로 깎아 만드는 공법이다. 악기 한 개를 완성시키는데 오랜 시간이 걸리지만 모양이 거의 변하지 않고 우수한 소리를 낸다는 장점을 가지고 있다. 그에 비해 프레스 공법은 쇠판의 열을 이용해 나무를 눌러서 몸체의 모양을 만드는 방식이다. 기계로 눌러서 찍는 것이기 때문에 대량생산에 용이하여 학생용 바이올린 제조업체 대부분이 채택한 방식이다. 80, 90년대 초까지 보급형 바이올린 시장의 절대 강자였던 일본의 스즈키도 프레스 공법을 사용한다. 그러나 나무는 원래 상태로 돌아가려는 성질이 있기 때문에 눌러서 생산하면 아무래도 소리에 차이가 나고 모양이 변할 수 있다는 문제점을 지니고 있다.

여기서 심로악기가 생각한 것은 마이스터 공법을 도입한 대량생산이었다. 전문가시장보다는 학생용 바이올린 틈새시장을 공략하고자 한 것이며 똑같은 프레스 공법으로는 선발주자와의 경쟁에서 성공할 수 없다는 판단으로 경로개척형 추격을 선택한 것이다. 따라서 심로는 세상 어디에도 존재하지 않았던 기계 개발에 착수했다. 복잡한 굴곡을 가진 바이올린 몸 판을 깎을 수 있는 기계 개발을 시작한 것이다.

제조업 분야에서는 기계 개발에 필요한 지식과 노하우를 어떻게 구하는가가 늘 혁신의 관건일 수밖에 없다. 심로의 경우 동해통상 당시 10년 가까이 기계 설비 수입을 해온 경험과 창업 이전 심재엽 사장이 대우의 독일의 지사에서 근무하며 얻은 암묵적 지식을 기본으로 개발을 시작할 수 있었다. 가구의 명성지로 알려져 있는 이태리의 가구 공장에서 카빙하는 기계에서 아이디어를 얻어 심로는 기계의 모양을 갖추었다.

국내에서는 자문을 구할 곳이 없었으므로 독일의 마이스터[8] 윌퍼를 초청하여 제조와 생산에 관한 자문을 구해가며 기계 개조에 나섰는데, 윌퍼는 그 당시 마이스터로서 가리키거나 제작하는 일은 중단한, 독일의 마이스터 자격을 심사하는 원로였다. 창업자가 독일에 있을 당시 친분이 있었고 심로에서 이미 기계의 기본 골격을 갖추고 있었으며 윌퍼는 심로와 경쟁적인 위치에 있는 사람이 아니었으므로, 심로는 막대한 기술 수입 비용을 들이지 않고도 자문을 구할 수 있었다. 일본 첨단 기술 사업 분야에서 은퇴한 기술자들을 한국이 고용하고, 요즘에는 중국에 우리나라의 원로 기술자들이 지식을 이전해 주는 것과 유사한 형태의 지식 확산이라 할 수 있다.

기계 모양을 갖춘 이후에도 여러 번 시행착오를 겪어야 했고 마이스터 공법의 바이올린이 탄생하기까지의 기술추격 과정은 결코 쉽지 않았다. 우선 똑같은 제품을 찍어내기 위해 모델이 될 수 있는 몰드[9]가 필요했다. 미세한 몸 판의 굴곡을 표현하고 스트라디바리의 도안대로 정확한 수치가 나와야 했으나 나무로 제작한 몰드는 기계의 열과 압력을 견디지 못하고 파손되었고 철판 몰드는 반대로 기계의 롤러를 마모시켰다. 마침내 고안한 것이 반지를 만드는 공정에서 착안한, '에복시 수지'[10] 혼합의 단단하면서도 연성이 있는 우레탄이다. 우레탄 몰드의 개발로 심로는 기계 개발과 R&D 착수 2년여 만에 세계 최초로 스트라디바리의 설계에 가장 가까운 몸 판을 대량 생산할 수 있게 되었다.

또한 바이올린 제작에 필요한 또 하나의 기술 즉, 도색에 대해서도 심로는 나름대로 연구 개발하였다. 현악기에 있어서 도색은 바이올린의 색을 칠한다는 것 이상의 중요한 의미를 갖는다. 바이올린의 자재로 쓰이는 나무는 기공이 있어서 그 기공을 메워야 소리가 난다. 전통적으로는 송진과 같은 자연산을 쓰지만 그럴 경우 건조에 너무 오랜 시간이 걸려 대량생산을 할 수 없다. 심로는 정통 마이스터들의 것보다는 '하드'하지만 다른 경쟁 업체들보다는 경질인 도색 공정을 거쳐 소리가 새어나가지 않도록 품질 유지에 신경을 쓴다고 한다.

이와 같이 심로는 외국 유수 기업의 OEM으로 활동하는 가운데, 해당 기계를 개조 및 악기 판매와 관련되는 노하우를 축적하였다. 즉, 심로는 OEM 함정에 빠지기보다는 OEM 생산 기간을 경험을 쌓는 기회로 이용하였다.

심로와 같은 수준으로 보급용 현악기를 제조하기 위해서는 기계의 특수성이 50퍼센트, 나머지 도색 등의 공정이 50퍼센트의 중요도를 갖는다고 한다. 따라서 기계만 모방해서는 전통적인 치수와 도색을 따라올 수가 없을 뿐만 아니라 심로는 네크 양산 기계, 칼날 제조 등을 모두 자체적으로 하며 악기의 특성상 여전히 손이 가는 공정이 많기 때문에 쉽게 카테고리 킬러로서의 위치를 위협받지 않는다. 오히려 특허를 출원하지 않음으로써 지식의 암묵성이 높은 분야에서 심로악기가 획득하게 된 지식 기술 우위를 자체 브랜드로 보호하고 있는 셈이다. 지식 기술 체제의 기준으로 보면 지식의 암묵성이 높은 카테고리에서 지식의 전유성을 효과적으로 활용하고 있는 것이다.

심로악기는 기술 전유성이 높고 점차 마이스터 공법의 기계 양산 분야에서 자체적 '누적성'을 더해 가고 있기 때문에 혁신의 빈도가 낮은 클래식 악기산업에서 기술추격을 통한 성공을 확고히 할 수 있다. 이제 심로는 학생용 바이올린에서의 성공 경험을 토대로 다양한 악기를 다양한 수준의 소비자들에게 맞추기 위해 독일 공장에서는 전통 마이스터들과 공동 연구 개발하고 있다.

제품 규격의 역할

클래식 현악기를 제조하는 데에 있어서 반드시 지켜야 하는 안전규격이나 국제 표준 목록이 있는 것은 아니다. 그러나 최적의 기준은 앞서 언급한 스트라디바리의 치수와 모양, 음색이다. 이를 모방하지 않는다고 해서 현악기시장에서 생존할 수 없는 것은 아니지만 이 명시적 제도를 실현시키는 기업은 확실한 경쟁우위를 점할 수 있게 되는 것이다. 이는 현악기뿐만 아니라 다른 클래식 악기 산업에서도 유사하게 적용되는 상황일 것이다.

심로악기는 연구 개발을 하고 새로운 기술을 터득하게 되기까지 자신이 속한 산업에서의 모범이자 제도라 할 수 있는 스트라디바리의 외적, 내적 특성들을 모두 지향했다. 스트라디바리의 모양을 갖추면서 대량생산하는 것이 물론 쉽지 않지만, 산업 내에 이렇게 바람직한 규격이 존재할 경우에는 후발기업이 낮은 브랜드 인지도 등의 장애 요인을 뛰어넘어 우뚝 설 수 있는 기회가 마련되기도 한다. 심로는 '스트라디바리를 가장 닮은, 기계로 만든 바이올린'이라는 점을 인정 받으면서 한국에서 미국으로 뻗어나갈 수 있었다.

수요 체제와 시장 개척

중소기업의 성장과 발전에 있어서 자체 시장 개척과 확보는 자체 기술 개발과는 또 다른 전략을 필요로 하며 마케팅에서도 성공하는 기업만이 추격을 완성할 수 있다. 클래식 현악기시장에서는 본 적이 없는 'Made in Korea' 상표의 바이올린 구매 소비자층을 어떻게 확보할 것인가? 고급 악기는 독일이, 중급 악기에서는 백 년이 넘는 전통을 자랑하는 일본의 스즈키 사가 시장을 점유하고 있는 상태에서 심로는 시장을 개척해야 했다.

세계 3대 악기쇼인 '미국 남쇼' 악기 박람회에서 김원정 사장은 심로 바이올린을 처음 선보였다. 심로는 낯선 브랜드였지만 마이스터 공법의 기계 양산화를 통해 적절한 가격을 제시할 수 있었기 때문에 미국 최대 악기 유통업체인 UMI의 관심을 끌 수 있었다. 1992년 UMI사장 무스칸토는 직접 원주 공장을 방문하였고 심로와 첫 계약을 맺어 5,000대를 주문하였다. 이렇게 시작된 심로의 수출은 미국의 대표적인 악기상들을 찾아다니며 1:1로 판촉을 벌인 결과, 8,000대라는 실적으로 이어졌다. 프레스 공법 제품에 불만을 가졌던 고객들이 심로의 바이올린을 선택하기 시작한 것이다.

경험이 부족하여 실수가 있을 경우 후발기업은 시장에 안정적으로 정착한 선발기업보다도 훨씬 더 큰 타격을 입게 되므로 큰 비용을 감수하더라도 하나의 작은 클레임조차 세심한 신경을 써야 한다. 지판 제작

그림 4-1 심로악기 미국시장 성장률(1992~1996)

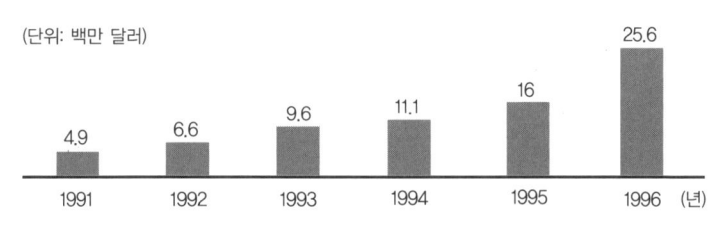

의 실수로 납품 바이올린을 모두 반품하겠다는 통보를 UMI로부터 받았을 때 김원정 사장은 수리팀을 편성하여 직접 미국으로 파견하였고 2달 간 5,000대의 바이올린을 현지에서 수리하게 하였다. 후발기업으로서 초기 시장 개척과 신용 쌓기의 중요성을 인지하였기 때문이다. 심로는 마이스터 공법의 보급용 악기로서는 경쟁 우위의 원천인 비용우위를 갖춘 채 이러한 브랜드 이미지 만들기에 투자한 결과, 선발기업을 추격할 수 있었다.

신상품 출시 후 초기 시장 개척에 성공하였다 하더라도 신생 후발기업은 여러 가지 난관에 부딪치게 된다. 산업 분야와 무관하게 90년대 중반 이후 한국 기업의 가장 대표적인 위기는 중국의 저가 물량 공세일 것이다. 악기 제조업도 예외는 아니다. 유례없는 가격의 저가 바이올린들이 시장에 쏟아져 나왔고 나날이 치솟는 한국의 인건비로는 중국과 경쟁할 수가 없었다.

심로는 중국의 저렴한 인건비를 위협이 아닌 기회로 삼아 1995년, 중국에 천진심로악기유한공사를 설립하여 심로악기의 제2의 생산기지로 이용했다. 한국의 생산 설비 대부분을 중국으로 옮기고 숙련공을 파견하여 1:1 마스터 교육을 시켰다. 처음에는 불량품이 80퍼센트에 이를 정도로 생산성이 떨어졌으나 부품마다 자신의 이름을 새겨 넣는 부품 실명제까지 도입하자 정상 가동이 가능해졌다.

또한 중국 공장에서 생산하는 악기를 한국의 심로 브랜드와 차별화시켜 저가 바이올린 시장에서 중국과 맞설 새로운 브랜드 '세인트 안토니오'를 출시하였다. 즉 심로는 부분적인 공정별 분업에 더해 제품별 분업까지 함으로써 한국과 중국의 경쟁우위를 살리는 방향으로 전략을 세운 것이다. 공정별 분업이란 중국을 가공기지로 활용하고 한국에서는 연구 개발, 마케팅을 주로 하는 분업 형태이고, 제품별 분업은 고부가가치 제품은 한국에서 생산하고 중국은 저부가가치 제품의 생산기지로 활용하는 분업 전략을 일컫는다.[11]

이렇게 한중 간 신분업 체계를 형성하고 중국기업의 약점이 허술한 A/S와 저급 원자재라는 것을 간파하여 심로는 위기를 넘길 수 있었다. '세인트 안토니오'는 여전히 중국 저가 바이올린들보다는 비싸지만 심

그림 4-2 심로악기 매출 변화(1996~2001)

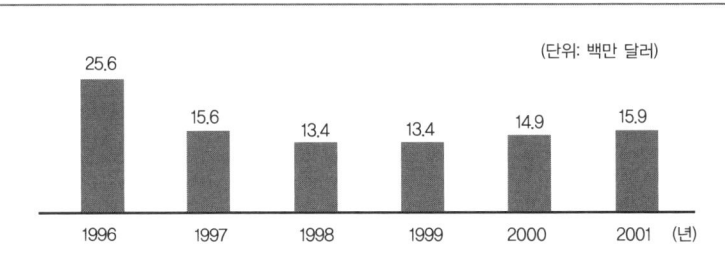

(단위: 백만 달러)

1996	1997	1998	1999	2000	2001 (년)
25.6	15.6	13.4	13.4	14.9	15.9

출처 : KBS 「신화창조의 비밀」 심로바이올린 편

그림 4-3 심로악기 중국 생산량

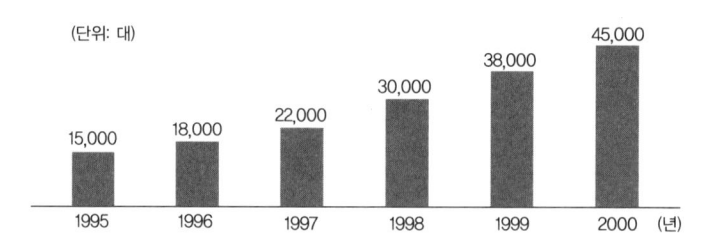

(단위: 대)

15,000 (1995)
18,000 (1996)
22,000 (1997)
30,000 (1998)
38,000 (1999)
45,000 (2000) (년)

출처 : KBS「신화창조의 비밀」심로바이올린 편

로의 경영 철학이 품질의 균일성인만큼 고급 흑단, 잘 풀리지 않는 펙의 개발 등으로 소비자들의 신뢰를 잃지 않아 중국산을 제치고 호주에서 크게 성공할 수 있었다.

기업이 성장하기 위해서는 끊임없이 브랜드에 투자해야 하고 크고 작은 혁신이 지속되어야 한다. 이때 브랜드는 반드시 '돈'에 의해서 결정되는 것이 아니라 끊임없는 기술 개발, 품질 향상, 틈새시장의 공략 등을 통해 자체 브랜드가 개발, 구축되므로 CEO의 확고한 비전과 의지가 필요하다.[12] 이런 맥락에서 2002년, 심로가 고급 브랜드로의 업그레이드를 위해 독일 현지공장을 세우고 '칼 하인리히'를 탄생시킨 것은 중요한 의의를 갖는다. 뮤직밸리라고도 불리는 '마르크 노이키르헨'에서 심로의 기술을 거친 'Made in Germany'의 고급 브랜드가 출시하였고, 현지의 전통 마이스터들과 심로의 대량생산 기술이 합작하여 얻은 시너지 효과, 핸드바니싱 기법[13] 등을 도입한 고가 제품을 생산하게 되었다. 이로써 심로는 학생용에서 전문가용까지 수요층을 넓혀나가며 브랜드의 현지화를 통해 틈새시장 공략을 하고 있다.

관련 주체로서 중요한 CEO의 역할

중소기업의 생존과 추격능력을 좌우하는 것은 주체들 중에 가장 작은 단위인 개인들, 즉 창업자, CEO, 발명가, 기업 내 연구원일 경우가 대부분이라고 했다. 심로악기의 경우에도 경제 추격에 주요한 역할을 한 개인들이 물론 여럿 있었지만, 그 중에서도 꼽는다면 우선 심로 '심' 자의 주인인 창업주 심재엽 사장, 10년째 CEO직을 맡고 있는 김원정 대표이사, 그리고 독일에서 초청된 마이스터 윌퍼와 밤샘 연구에 몰입했던 기술팀일 것이다.

기업 소개 부분에서 창업주의 기발한 틈새시장 공략 아이디어를 들었고, 기술 체제 절에서 윌퍼와 심로의 연구팀이 세계 유일한 기술을 개발하기까지 들인 노력을 엿볼 수 있었다. 그렇다면 여기에서는 CEO 자리에 오른 이후 외환위기에도 불구하고 지속적인 흑자 양산의 김원정 대표이사에게 초점을 맞추기로 한다.

김원정 대표이사의 경영 철학은 품질 유지와 고객과의 약속이라고 할 수 있다. 「CEO 경영어록」 뉴스 인터뷰에서 김원정 대표이사는 "저희는 굉장히 많은 바이올린과 첼로를 만들지만, 그것을 사는 고객은 자신을 위한 단 하나의 악기를 산다는 점이 중요합니다"라고 말했다.

가격경쟁은 끝이 없고, 중국 저가 물량 공세나 선발기업의 덤핑 공세로부터 자유로울 수 없다. 그러나 심로는 한결같은 품질을 자랑으로 꾸준히 성장해 왔다. 또한 심로악기는 가족 경영 중심이며 이는 심로 경영의 대원칙과 일맥상통한다. 대량생산을 하지만 마지막 손 마무리 작업은 악기 품질의 관건으로 직원을 믿지 못하면 품질을 유지하기 어렵다. 그래서 심로악기에는 수십 년째 함께 일하는 직원이 유독 많다.[14]

쿠쿠홈시스

지식과 기술체제

전기밥솥은 작고 단순해 보이지만 매우 기술집약적인 제품이다. 전기밥솥을 만드는 데는 400여 가지의 부품과 지속적인 기술 연구가 필요하다. 엄지 손가락만한 마이콤칩(안전 및 요리 기능을 작동시키는 밥솥의 두뇌에 해당하는 부품)이 온도는 물론 뚜껑의 개폐, 안전제어장치까지 모든 기능을 조절해야 하기 때문에 전문적인 기술이 요구된다. 따라서 독자적인 브랜드로 시장에서 성공하기 위해서는 전기밥솥 산업의 기술체제를 파악하고 그에 맞는 기술력 확보가 필수적이다.

쿠쿠는 전기밥솥 생산 기술을 바탕으로 한 전기압력밥솥이라는 새로운 상품에 도전하면서 기술추격을 시작하였다. 그 당시 전기밥솥은 취사 버튼만 누르면 밥이 됐지만 밥맛이 떨어진다는 문제점을 가지고 있었다. 이에 쿠쿠는 가스압력밥솥에 주목하여 압력밥솥에 자동으로 밥이 지어지는 전기밥솥을 결합하는 새로운 제품을 만들어내기로 한다. 전기압력밥솥은 일본에서도 개발된 적이 없는 전혀 새로운 제품이었다. 보통 전기밥솥은 최고 130도까지 온도를 올린 후 70도 이상 유지해 보온을 한다. 하지만 고압력을 이용하면 온도를 155도까지 끌어올릴 수 있어 밥이 골고루 익고 밥맛이 좋아진다.

쿠쿠는 전기압력밥솥의 지식 기반이 책이나 과학적 지식에 있기보다는 현장에서의 경험을 통해 축적되는 암묵성을 갖고 있다고 판단하고 이를 바탕으로 추격을 시작했다. 전기압력밥솥을 만들 때 중요한 기술은 밥의 차진 정도를 결정하는 적절한 압력을 찾는 것이었다. 쿠쿠가 연구에 착수할 당시, 압력밥솥 연구는 전무한 상황이라 외부지식 기반에 대한 접근성이 무척 낮았다. 따라서 쿠쿠는 학습효과와 시행착오를 통해 암묵적 지식을 쌓아 나갔다.

적정 압력을 찾기 위해 압력을 0.5에서 1.5까지 미세하게 바꿔가며 밥을 짓고 어떤 압력에서 밥이 맛있는지 일일이 확인하였다. 압력이 너무 낮으면 찰기가 떨어지고 너무 높으면 밥알이 뭉개지므로 중간 정도의 적정 압력을 알아야 했다. 쿠쿠 연구팀은 50가마니에 달하는 밥을 지어내고 나서야 취사 시 적정한 압력을 찾아낼 수 있었다. 본격적인 전기압력밥솥 연구를 시작한 지 2년만의 일이다.

적정 압력 연구는 맛있는 밥의 최적 조건을 찾게 해줌으로써 전기압력밥솥 시장에서 쿠쿠 브랜드가 단시간에 대표성을 지니도록 해주었다. 쿠쿠는 암묵적 지식을 특허가 아닌 브랜드로 보호함으로써 획득한 지식을 온전히 자신의 것으로 만들었으며 이는 밥맛이 좋은 밥솥이라는 쿠쿠의 브랜드를 더 강화시켜 주었다.

전기압력밥솥의 내솥에는 높은 압력이 가해지기 때문에 일반 전기밥솥에 들어가는 것보다 두꺼운 것이 설치되어야 한다. 기존 내솥은 높은 압력을 견디지 못해 찌그러졌고 두꺼운 내솥으로는 수분과 아밀로스가 미달되어 밥맛이 만족스럽지 못했다.

쿠쿠는 해답의 실마리를 가마솥에서 얻었다. 예로부터 가마솥 밥은 맛있기로 정평이 나 있는데 그 비결은 가마솥의 뚜껑과 둥근 바닥이다. 가마솥 뚜껑은 무거워 적당한 압력을 유지할 수 있고 둥근 밑바닥은 찬물이 위아래로 빠르게 순환하는 대류현상을 만들어 쌀을 골고루 익힐 수 있기 때문이다. 쿠쿠는 이러한 원리를 내솥에 적용시켰다. 기존 내솥을 가마솥처럼 볼록한 모양의 내솥으로 교체하여 바닥만 가열하는 것이 아니라 내솥 전체가 데워지도록 했다. 예상대로 열전도율은 1.5배 높아지고 좋은 밥맛을 찾을 수 있었다. 이후 쿠쿠의 제품은 시장에서 좋은 반응을 보였으며 단기간에 시장점유율 1위를 달성할 수 있었다.

안전 문제 해결에 있어서도 시행착오를 통해 지식을 확보해 나갔다. 전기압력밥솥에는 무려 270kg의 강한 힘이 작용한다. 만에 하나 증기 배출구가 막히면 밥솥 내부는 270kg의 고압력이 되어 폭발하게 된다. 이에 쿠쿠는 공장에서 끊임없이 밥을 지어가며 시행착오를 거쳐 막히기 쉬운 자동증기배출구 장치의 단점을 보완하였다. 그 결과 기본적인 안전장치인 압력기와 자동증기배출기가 제대로 작동하지 않을 경우의 안전장치를 보강하였다.

쿠쿠는 밥솥 내부의 압력이 이상적으로 치솟을 경우 뚜껑의 패킹이 한쪽으로 밀려서 증기를 배출하는 사이드 패킹, 그리고 압력기가 작동하지 않을 때 실리콘 마개가 열리면서 증기를 배출하는 솔레노이드 밸브를 개발하기에 이른다. 암묵성이 높은 지식을 사내적으로 외부화시키는데 성공하자 쿠쿠의 경쟁력은 급속히 상승하였고 제품 출시 후 단기간에 시장 점유율을 높일 수 있었다. 전기압력밥솥에 대한 지식은 외부적 접근성이 떨어지고 경험에 의한 지식 축적이 크기 때문에 한 번 추격에 성공한 쿠쿠는 6여 년간 시장 점유율 1위를 달성할 수 있었다.

안전규격의 역할

전기밥솥은 안전이 중요시되기 때문에 시장에 진입하기 위해서는 안전규격 획득이 필수적이다. 압력밥솥 도입 초기에 제품이 화재를 일으키거나 폭발하는 사고가 있었고 이로 인해 전기압력밥솥의 안전규격이 더욱 중요해졌다. 쿠쿠홈시스는 OEM 기업으로 있을 당시 대기업에 납품한 물품이 화재를 일으켰다는 혐의를 받아 공장 가동이 중단된 적이 있다. 이 일을 계기로 쿠쿠는 안전 문제를 최우선으로 생각하기 시작하였고 안전성과 관련한 국내의 제도들을 모두 만족시키려고 노력했으며 이는 제품의 연구 개발로 이어졌다. 쿠쿠는 이 과정을 단순히 주어진 규제만을 통과하는 것이 아니라 제품의 질을 차별화할 수 있는 기회로 이용하였다. 안전규격을 획득하는 과정에서 집중적인 제품 개발이 이루어진다. 때문에 명시적인 안전규격뿐만 아니라 추가적인 안전장치를 만듦으로써 적극적으로 제품의 질을 높였다. 이때의 안전 문제 연구는 쿠쿠의 기술력을 축적시켰고 이후 쿠쿠가 신제품을 개발하고 보강할 때 큰 도움이 되었다.

2000년, 쿠쿠는 해외시장으로 눈을 돌리기 시작했다. 밥솥 종주국인 일본을 시작으로 해외시장 공략에 들어갔다. 전기밥솥을 일본에 수출하기 위해서는 일본문화용품 안전테스트를 거쳐야 했고, 실질적으로 바이어들과 계약을 하기 위해서는 통상산업청에서 인정하는 S마크를 획득하여야 수출을 시작할 수 있었다. 쿠쿠는 이러한 제도적 요인을 고려하여 일본에 진출하였고, 새로운 시장에서 빠르게 자리 잡을 수 있었다. 1998년에는 유럽 CE규격을 획득하여 유럽 진출의 활로를 뚫었다.

시장 체제와 시장 개척

쿠쿠는 30여 년 전, 직원 수 100여 명에 불구한 하청업체에서 시작했다. 경남 양산의 공장에서 월출고량 20만 여대와 5개의 컨베이어 벨트가 전부였다. 1981년, 성광전자가 납품한 전기밥솥이 화재를 일으켰다고 하여 대기업의 주문이 끊기고 공장 가동이 중단되어 큰 타격을 받게 된다. 이에 OEM 방식은 주도기업의 그늘을 벗어날 수 없다는 것을 깨닫고 1990년, 자체 브랜드 개발에 착수했다. OEM 방식보다 2배 더 높은 수익을 낼 수 있고 더 이상 하청업체로 머물지 않아도 되기 때문이다. 그러나 자체 브랜드 준비를 주도기업이 알게 되면 하청을 끊거나 덤핑 판매 등으로 시장 진입을 방해할 위험이 존재한다. 때문에 쿠쿠는 비밀리에 자체 브랜드 개발을 진행시켰고 신제품 개발 역시 한밤중에 몰래 하였다. 1998년, 생산라인을 새롭게 만들고 그동안 감춰왔던 자사 브랜드를 선보였다.

자사 브랜드를 개발했다고 해서 기술력을 바탕으로 한 시장 확보가 용이해졌다는 것은 아니다. 시장 개척의 초기 단계는 어려움이 많았다. OEM 기업이었기 때문에 영업에 대한 경험이 전무하고 인지도가 낮은 제품을 팔아야 했기 때문이다. 밥솥회사로서는 후발주자에 해당하여 기술력이나 자금력 등에서 선발기업들에게 뒤떨어졌다. 성광전자 시절부터 경남에 연고를 두고 있어 쿠쿠가 밥솥 전문회사라는 인식이 있었기에 부산부터 공략에 들어갔다. 그러나 낯선 중소기업 제품인데다 현금 거래의 원칙 때문에 2~3개월 동안은 물건을 하나도 팔지 못했다. 하지만 판매상을 계속 찾아가는 끊임없는 노력 끝에 3개월 만에 첫 번째 거래가 성사되었고, 쿠쿠와 거래를 하면 현금 거래를 하지만 마진율이 높다는 것이 알려지면서 거래처도 늘어나기 시작했다.

전기밥솥은 한 번 사면 좀처럼 바꾸지 않는 소비재이기 때문에 소비자들은 무조건 싼 제품보다는 안전하고 믿음이 가는 브랜드 제품을 선호한다. 밥솥시장의 경우 과거 내수시장의 대부분을 차지했던 일본 조지루시의 '코끼리 밥솥'이 기술력이나 시장 점유율에서 월등히 앞선 모습을 보였다. 하지만 이런 기술 격차를 줄이면서 동시에 마케팅과 차별화 전략, 가격 혁신과 같은 전략을 통해 '쿠쿠' 출시 이후 1년 3개월 만에 업계 1위로 올라섰으며, 2007년에는 70퍼센트에 이르는 시장 점유율을 보이고 있다. 내수시장에서는 이미 외국계 선도 업체와의 경쟁에서 살아남아 시장을 넓히기 위해 일본을 목표로 삼고 수출량을 늘리고 있다. 내수시장에서의 시장 확보를 우선적으로 하고 국내 시장 점유율 1위를 바탕으로 새로운 외국 시장을 탐색했다. 쿠쿠 홈시스는 밥솥의 수요가 많은 일본을 첫 공략 대상으로 삼고 시장 점유와 수출 경쟁력 강화를 모색한다. 외국 시장의 규격과 문화에 맞는 맞춤형 제품 등의 연구를 통해 경쟁력을 구비하였다.

'쿠쿠'라는 브랜드 이름은 요리와 뻐꾸기시계 소리를 합성한 것이다. 요리에 대한 기대와 정확한 시간에 밥이 된다는 의미를 함축하고 있 다. 대기업 제품과의 경쟁 속에서 쿠쿠라는 이름을 소비자에게 각인시킴으로써 마케팅에 성공할 수 있었다. 대표성을 가진 제품이 무조건 좋다는 심리를 철저하게 자극하는 전략을 사용했다. 쿠쿠를 대표화시켜 오직 밥맛하면 쿠쿠, 밥솥하면 쿠쿠로 밖에 생각할 수 없도록 쿠쿠를 대명사화시키기로 했다. 테이프를 살 때 스카치테이프, 조미료를 살 때 미원이 바로 연상되듯 맛있는 밥, 전기밥솥 하면 쿠쿠를 바로 연상할 수 있도록 하는 것이다. 이러한 전략 하에 '쿠쿠하세요'라는 키워드가 나왔으며, 캠페인 슬로건 또한 '쿠쿠하세요~ 쿠쿠'를 사용하게 되었다. 본격적인 영업과 광고를 시작한 지 6개월 후 입소문을 타게 되었고 매출

그림 4-4 쿠쿠홈시스 매출액 변화

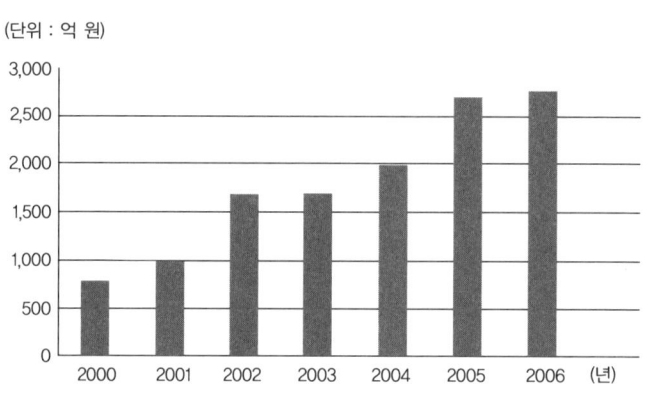

(단위 : 억 원)

은 빠른 속도로 증가하였다. 1999년부터 매출이 급성장하였고 2000년에는 곧바로 36.2퍼센트로 국내시장 점유율 1위를 달성했다. 시장 점유율은 꾸준히 성장해 2007년에는 70퍼센트로, 1위 자리를 굳건히 지키고 있다. 카테고리 킬러로서의 쿠쿠 전략이 성공한 것이다.

쿠쿠는 국내시장이 곧 포화될 것이라고 판단하고 2000년부터 해외시장으로 눈을 돌리기 시작했다. 밥솥은 10년에 한번쯤 바꾸는 제품이기 때문에 더 넓은 시장이 필요했다. 해외에 진출할 경우 잠재 수요까지 5,000만 대의 수요가 있을 것이라고 판단하였다. 쿠쿠는 첫 수출대상국으로 일본을 선정하였다. 우리보다 20여 년 앞선 기술을 가지고 있는 종주국 일본이기에 일본에서 성공하면 세계 어디를 가든 최고가될 수 있을 것이라고 생각했다. 중소기업의 동경과 오사카를, 동시에 공략하기 좋은 나고야를 거점으로 하여 수출시장을 개척하기 시작했다.

일본의 전기밥솥 수입업체 바이어들은 전기압력밥솥에 관심을 보였으나 막상 밥을 해서 맛을 보니 된밥을 좋아하는 일본인들에겐 한국의 찰진 밥이 맞지 않았다. 더군다나 일본에서는 밥짓는 쌀이 한국과 다르고 밥을 먹는 형태도 달랐다. 압력기는 고기나 생선의 찜 요리에만 사용하고 있었다. 그래서 단순한 밥솥이 아니라 다양한 요리가 가능한 다기능 조리기 쪽으로 연구의 초점을 돌렸다. 가스압력밥솥에 100여 가지가 넘는 일본요리를 반복해 만들어 본 지 6개월이 지난 후 전기압력밥솥에 맞는 조리 방법을 찾아낼 수 있었고, 20가지 요리가 가능한 전기압력밥솥을 만들었다. 일본인의 식성을 고려한 취사 기능도 추가시켰다. 된밥을 좋아하기 때문에 한국제품보다 100cc 정도 물이 적게 들어가는 제품을 만들었다. 이렇게 일본인에게 차별화된 제품 개발을 통해 쿠쿠는일본시장에서 거대 대기업들과 어깨를 나란히 하며 경쟁할수 있었다.

그림 4-5 쿠쿠홈시스 국내시장 점유율 변화

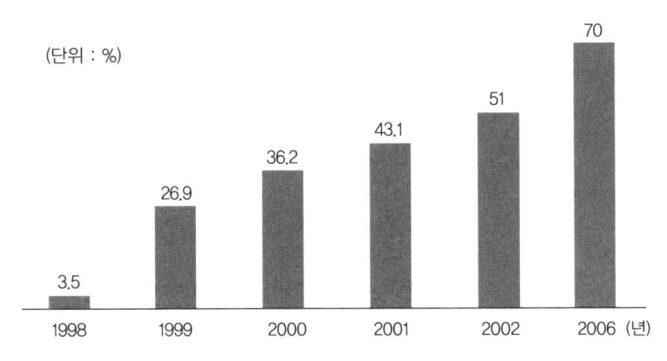

(단위 : %)

출처 : MBN TV, 전자신문

최고 경영자의 역할

쿠쿠의 추격 성공에는 산업의 기술 체제를 잘 이해하고 제품 개발에 매진한 연구팀과 수요 체제를 파악해 승부수를 띄운 창업자 구자신 회장이 있다.

전기밥솥 산업은 시행착오를 통한 기술 누적이 중요하다. 쿠쿠의 연구팀은 전기압력밥솥을 개발하기 위해 쌀 50가마니의 밥을 지어내면서 적정 압력을 찾아냈고 전국의 맛집을 방문하면서 맛있는 밥의 비결을 연구하기 시작했다. 그 과정에서 가마솥의 원리를 이용한 내솥 개발이 이루어진다. 끈기 있게 노하우를 축적해가며 기술 개발에 매진한 연구진들이야말로 쿠쿠가 누적성 높은 전기밥솥 산업에서 성공할 수 있게 해준 주역이다.

구자신 회장은 OEM 방식의 한계를 알고 하청업체 때부터 노하우와 기술을 축적, 자체 브랜드를 준비하는 등 수요 체제에 대해 일찍부터 고민해 왔다. 그리고 외환위기 당시 대기업의 주문이 끊겨 공장 가동이 중단된 상태에서 자사 브랜드로 시장에 진입하는 결단을 내렸다. 하지만 초기 시장의 반응은 싸늘했다.

이 때 구자신 회장은 중소기업으로는 드물게 100억 원에 가까운 돈을 광고에 쏟아부으며 파격적인 마케팅을 펼쳤고 이는 소비자들에게 쿠쿠를 전기밥솥 산업의 대표적인 제품으로 각인시켰다. 구자신 회장의 과감한 결단력과 성공 사례는 중소기업의 생존과 추격에 있어서 CEO의 역할이 매우 중요하다는 것을 보여준다.

홍진HJC

지식과 기술 체제 및 제품 개발 과정

사람의 신체 중 머리가 가장 중요하고 복잡하듯, 헬멧 생산은 내구성, 착용감, 기능성 등을 섬세하게 신경 써야 하는 공정이다. 홍진HJC가 플라스틱 헬멧을 만들기로 결심했을 때 사내에서는 반대 여론이 거세게 일었다. 외부 지식에 대한 접근이 어려운 상황에서 내구성, 착용감, 기능성 등을 만족시키는 플라스틱 소재의 상품을 만들기란 불가능해 보였기 때문이다. 그러나 홍진HJC는 시행착오를 통한 기업 내부의 지속적인 기술 축적으로 헬멧의 용도에 맞는 신소재 얼로이 합성 플라스틱을 개발한다. 플라스틱 헬멧은 일본의 독주를 따라잡기 위한 전략 제품이었다. 홍진HJC는 중간대 가격 제품을 플라스틱으로 전환함으로써 차별화를 시도한다.

얼로이 합성 플라스틱은 기존의 ABS와 PC 소재 플라스틱을 적절히 섞음으로써 얻을 수 있다. 이 두 소재는 상충성을 갖고 있는데 어느 하나가 많으면 단단해지나 충격 흡수를 못하고 제품이 무거워지며, 다른 하나가 많으면 충격 흡수력이 높아지고 가벼워지나 내구성이 떨어지는 성격을 가지고 있었다. 때문에 오토바이용 헬멧에 적절한 혼합비율을 찾는 것이 관건인데 이것은 책이나 과학 실험실에서 얻을 수 있는 지식이 아니다. 홍진HJC는 개발 과정에서 끊임없이 두 소재의 비율을 달리하며 새 제품을 만들었고 이것을 가지고 충격 실험을 하여 적절한 혼합비율을 찾아나갔다. 이 플라스틱 헬멧이 DOT와 스넬 규격을 동시에 취득하면서 홍진HJC의 기술은 인정 받게 되었다. 플라스틱 제품을 스넬 규격으로 상품화한 것은 업계에서도 최초였다. 플라스틱 헬멧은 홍진 HJC가 세계 헬멧시장에서 하나의 대표성을 지닌 기업으로 자리매김하는 데 큰 역할을 하였다. 헬멧산업에서 기술 궤적은 예측하기 어렵지 않으나 오랜 경험과 노하우 축적을 통한 지식의 암묵성 획득이 중요함을 알 수 있다.

안전규격을 획득하는 과정에서도 실질적 경험을 통해 얻어지는 기술을 축적해갔다. DOT 규격을 획득할 때에는 2년 넘게 세계 유명 제품을 구입해 분해, 조립하기를 반복하여 튜플락이라는 강도 보완 소재를 개발하였다. 튜플락 소재를 통해 DOT 규격을 획득하게 되었다. DOT 규격보다 좀 더 까다로운 스넬 테스트에서는 충격가속도 지속 시간을 늘리는 것이 관건이었다. 이때에는 충격완화제의 적정 밀도를 찾기 위해 밀도 비율을 조금씩 변화시켜가며 실험한 결과 적정 비율을 찾을 수 있었다.

또한, 김 서림을 방지하는 제품을 만들 때는 연구원들이 헬멧을 직접 착용하고 눈밭에서 활동함으로써 적절한 제품의 온도를 찾아나갔다. 이렇게 해서 탄생한 제품이 헬멧 통풍구 안에 열선을 장착해 헬멧 유리에 입김이 서리지 않도록 한 '스노 모빌'이다. 이처럼 시행착오에 기반해 탄생한 제품은 시장에서 좋은 반응을 얻었다. 경험을 통한 지식 축적은 추격할 당시에는 불확실성이 크고 끝이 보이지 않는 힘든 과정이지만 추격에 성공한 이후에는 후발주자의 접근성이 떨어지기 때문에 홍진HJC가 꾸준히 시장에서 선두를 달릴 수 있게 해주었다. 실제로 홍진 HJC는 1992년 이후 17년이라는 오랜 기간 동안 지속적으로 미국시장 점유율 1위를 달리고 있다.

수요 조건과 시장 개척

1970년대에 비교적 일찍 헬멧 산업을 시작한 홍진HJC는 비교적 쉽게 내수시장에서의 시장 확보를 거둔 뒤 오토바이와 헬멧 수요가 가장 많은 미국시장을 첫 공략 대상으로 삼고 뛰어들어 추격의 속도를 증가시켰다. 하지만 미국에서 문화의 차이와 시장 경쟁 방식 등의 차이가 커 미국시장에서의 시장 확보에는 많은 어려움이 있었다.

홍진HJC 헬멧은 시장 점유율을 높이기 위한 돌파구로 중간대 가격 제품을 플라스틱으로 만드는 모험을 감행했다. 기존 시장에서 실현 가능성이 없다고 판단했던 플라스틱 헬멧 제작을 해외 브랜드와의 확실한 차별성 확보 수단으로 판단하여 제작에 착수하였다. 헬멧은 안전성 확보를 위해 '셀'이라고 부르는 외피의 강도를 높이는 것이 핵심 기술이다. 단단하되 가벼운 신소재를 개발해야 하는 것이다. 즉 새 경로 창출을 통한 시장 확보와 수출경쟁력 강화를 노린 결정이었다. 처음에는 안전성과 규격 테스트 통과 가능성이 너무 낮은 상황에서 기존에 구축되어 있던 제품이 아닌 새로운 도전이었기에 제품 개발에도 많은 시행착오가 있었다. 그 결과 기존의 ABS와 PC 소재 플라스틱의 단점을 보완한 얼로이 합성 플라스틱의 개발에 성공하였다. 1992년 12월, 홍진 HJC는 마침내 일본의 쇼에이를 제치고 미국 모터사이클 인더스트리 지 선정 북미지역 헬멧 Best Selling 부문 1위를 차지하게 되었으며, 현재까지 계속 부동의 1위 자리를 고수하고 있다. 이에 만족하지 않고 신제품 개발로 고가시장을 장악하기 위하여 기능성 셀 헬멧인 '사이맥스'를 출시하였다. 턱 보호대를 위로 올렸을 때 목에 주는 중량감을 최소화한 기능성 헬멧 '사이맥스'의 잠금장치와 턱 보호대 구동장치는 한국과 미국, 캐나다로부터 특허까지 획득하였다.

경쟁사들이 고수익이 나는 품목만을 중점적으로 다루는데 반해 다양한 종류와 사이즈의 헬멧을 출시했다. 헬멧의 종류에는 머리 윗부분만 보호하는 하프사이즈, 얼굴이 노출되는 오픈페이스, 비포장 도로용 오프로드, 가장 큰 시장을 차지하는 풀페이스 등이 있는데 홍진HJC는 이 네 가지를 모두 취급했다. 크기도 경쟁 업체들이 5종류(XS, S, M, L, XL)만 내놓은 데에 비해 3가지 사이즈(XXS, XXL, XXXL)를 추가해 소비자들의 선택의 폭을 넓혔다. 디자인에도 도자기에 무늬를 입히는 전사기법을 적용하여 헬멧용 전사지를 개발해냈다. 이 외부 그래픽은 멋에 민감한 헬멧 소비자들의 시선을 잡는데 성공했다.[15] 이어서 2000년, 홍진HJC는 그 동안 세계시장 1위를 차지하고 있던 이탈리아의 비아페를 제치고 세계시장 1위로 등극하였다.

한편 홍진HJC가 북미에서 Best Selling 헬멧으로 선두를 차지하자 유럽의 업체들도 거래를 하자고 제의를 해왔다. 홍진HJC는 유럽에서 요구하는 각종 규격을 획득하면서 유럽에서도 판매를 시작하게 되었다. 그러나 유럽시장은 미국과는 상당히 달랐다. 미국은 헬멧 수요나 선호도의 지역 차이가 그리 크지 않다. 그러나 유럽은 날씨 등 환경적 요소와 국민적 기질이 나라마다 다르기 때문에 시장이 균일하지 않고 국가별 선호도가 매우 다르다. 홍진 HJC는 미국 판매법인과의 차별성을 두고 미국시장에서 먼저 확실한 입지를 구축하기 위해서 섣부르게 유럽 판매법인을 설립하지 않았다. 대신 유럽에서 각종 모터사이클 대회 등을 후원하면서 인지도를 높이고 입지를 넓히는데 주력하였다. 또한 유럽시장에 대한 시장조사를 통해 얻은 자료를 바탕으로 유럽인들

그림 4-6 홍진HJC 매출액 변화

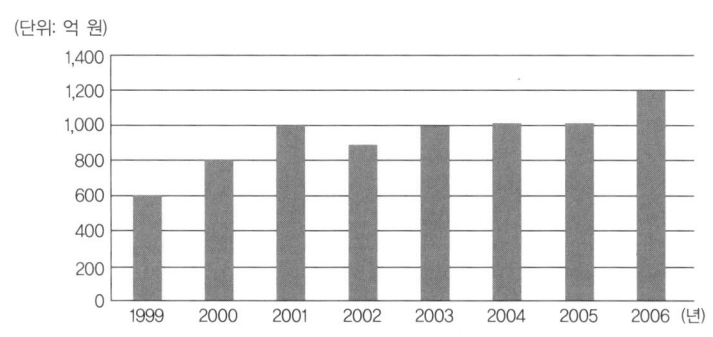

(단위: 억 원)

출처 : KBS 「신화창조의 비밀」 홍진HJC 편, 월간조선

의 기호가 차별화된 제품 개발에 매진하였다. 그리고 2001년에서야 유럽 판매법인을 프랑스에 설립하였다. 아울러 홍진HJC는 유럽시장에서는 현지 도매상이 아닌 직판 체제를 택했다. 이를 위해 프랑스와 독일, 이탈리아에 현지 법인과 물류창고를 설립했고, 나라 별로 세일즈 그룹을 두었다. 이러한 노력의 결과 2004년, 홍진HJC는 196만여 개의 헬멧을 수출하며 세계 헬멧시장의 22퍼센트 정도를 점유하는 세계 제1의 기업으로 자리 잡았다.

홍진HJC는 홍진연구소라는 연구 시설을 두고 끊임없는 제품, 디자인, 신소재 개발을 이어가고 있다. 이러한 노력을 바탕으로 현재 홍진HJC는 바이어가 한 군데에서 모든 형태의 제품을 구해 갈 수 있도록 할 만큼 다양한 제품군을 갖추게 되었다. 고객의 욕구를 채워줄 수 있는 가장 좋은 방법인 다품종소량생산을 P.O.P 시스템 등 효율적인 생산 시스템 도입을 통해 구현하고 있는 것이다. 홍진HJC는 현재 한국 공장에서는 중, 고가 제품을 중국 공장에서는 저가 제품을 생산, 판매하는 전략을 택하고 있다. 또한 미국, 유럽 등지에서는 중, 고가 제품을 그리고 중국 등지에서는 저가 제품을 판매하는 등 가격 이원화 전략을 사용하고 있으며 각 시장에 판매가 적합한 시기를 택하여 제품을 출시하는 전략을 택하고 있다.

안전규격의 역할

제품에 따라서는, 안전성에 대한 명시적인 안전규격을 요구하는 경우가 있는가 하면 명시적 규격은 없지만 특정 규격을 획득하지 못하면 시장에서 좋은 평판을 얻지 못해 실질적으로 시장 진입이 불가능한 경우도 있다. 홍진HJC는 한국에서 시장 점유율 1위를 달성하면서 곧바로 미국시장으로의 진출을 시도하였다. 미국은 헬멧 착용을 의무화하고 있어 그 수요가 연간 200만개에 달하는 최대 시장이기 때문이다. 그러나 첫 바이어의 방문에서 제품의 안정성에 대한 혹독한 평가를 받았다. 헬멧 규격 검증 테스트인 DOT에서 형편없는 안전성 평가를 받아 계약이 무산된 것이다.

미국 헬멧시장의 바이어들은 안전규격 획득을 요구했다. 이에 홍진HJC는 2년여에 걸쳐 세계 유명 제품을 구입해 분해하고 조립하기를 반복, 더불어 일본에서 고가의 충격 시험기를 구입하여 자체 테스트를 실행한 끝에 1984년 DOT규격을 획득하게 되었다. 하지만 DOT규격 획득에도 불구하고 이후 제품 판매에 지속적인 어려움을 겪었다. 보다 까다로운 규격 인증인 스넬 규격 표시가 홍진HJC 제품에는 없었던 것이다. 스넬은 오토바이 경기 도중 헬멧이 깨져 사망한 스넬이라는 선수를 추모하기 위해 '스넬기념재단'이 만든 미국 최고의 헬멧 품질보증서다. 홍진HJC 헬멧은 고급 브랜드화를 위해서 스넬 규격 획득을 위한 제품의 기술 개발에 박차를 가하게 된다. 1987년 FG4라는 모델로 국내 최초로 스넬 규격을 획득하였고 홍진HJC 제품은 미국 헬멧시장 10퍼센트 점유율 달성, 미국 시장에서의 추격에 박차를 가했다.

최고 경영진의 역할

홍진HJC의 홍완기 회장은 환갑을 넘긴 지금도 오토바이를 타며 헬멧을 직접 테스트한다. 홍완기 회장의 철저한 제품 관리와 기업가적 전략이 홍진HJC의 성공에 큰 역할을 했다. 홍진HJC가 우여곡절 끝에 DOT와 스넬 규격 심사를 통과하자 당시 미국의 가장 큰 판매업체였던 로키 사이클에서 자신들의 상표인 스파르탄을 부착하는 OEM 방식으로 50만 달러어치의 제품을 제작해 달라는 제의를 해왔다. 자본력도, 안정적인 유통망도 확보되지 않은 상황에서 OEM은 큰 유혹이었다. 하지만 자사 브랜드 없이 자체 판매망을 갖추지 않으면 계속해서 외국 업체들에게 끌려다닐 것이고 결국엔 가격경쟁이 치열해지는 미래 시장에서 외면당하게 될 것이라는 판단에서 홍원기 회장은 OEM 제의를 거절하고 독자적 판매 전략을 수립하였다.

그는 미국시장에서 도매상의 역할이 매우 중요하다는 것을 간파하였고 미국시장을 서부, 중부, 동부의 세 곳으로 나누어 캐나다를 포함한 각 지역에서 유망하다고 판단되는 하나의 도매상만을 선택해 그들에게만 독점 판매권을 부여하였다. 시간이 지나면서 홍진HJC 헬멧의 품질과 디자인의 우수성이 알려지면서 소비자들에게 좋은 반응을 얻기 시작하자 많은 바이어들이 접근해왔지만 홍진HJC는 기존 도매상들과의 거래 관계를 계속 유지하였다. 이러한 시도는 장기적으로 좋은 결과를 가져왔다. 도매상들은 초기에는 일본이나 미국의 다른 헬멧 제조업체의 제품도 취급하였지만, 홍진HJC 제품의 우수성이 인정되면서 점차 타 업체와의 모든 관계를 끊고 홍진HJC와의 거래만 유지하게 되었다. 홍진HJC는 이런 방식으로 현재까지 40개국에서 '1국 1바이어' 원칙을 고수하고 있다.

세 기업 사례의 요약과 시사점

산업별 기술 체제, 수요 체제, 여러 주체들의 역할, 그리고 제도라는 측면으로 나누어 경제 추격을 설명하는 SSI는 복잡한 현실을 잘 반영하면서도 체계적인 이론 틀이다. 본 장에서는 SSI의 네 기둥을 살펴보고 중소기업이 카테고리 킬러가 되기 위해서 지식의 암묵성과 전유성이 높은 안전규격과 같이 공인된 규격이 존재하는 산업 분야에서, CEO의 리더십과 R&D팀의 연구를 바탕으로 기술력 확보, 제품 차별화를 통해 시장추격을 해야 한다는 가설을 설정했다. 나아가 그 접근 방법을 토대로 한국 고급소비재산업에 속하는 세 개의 중소기업 심로악기, 쿠쿠홈시스, 홍진HJC를 분석하여 가설을 하나씩 검증할 수 있었다. 세 기업이 취급하는 제품은 물론 큰 차이가 있지만 모두 OEM에서부터 OBM으로 정착하는 과정에서 자신이 속한 산업적 특성들로 인해 직면하게 된 어려움들과 그것을 뛰어넘기 위한 전략들을 제시해 주었다.

공통적으로 사례 기업들은 전유성과 암묵성이 높으며 너무 큰 규모를 요구하지 않는 분야를 적절히 선택함으로써 자신만의 기술력을 경쟁의 원천으로 하여 선두를 유지할 수 있었다. 클래식 악기, 전기밥솥, 그리고 헬멧 산업은 소비재 산업 중 상대적으로 기술의 전유성과 누적성이 높아서 추격이 힘들지만 한 번 추격에 성공하면 선두 자리를 지키는 것은 비교적 쉬운 분야들이다. 기술 궤적이 예측 가능한 편이므로, 외부 지식에의 접근이 가능하고 자체 연구가 성공한다면 추격이 이뤄질 수 있다는 생각에 이 기업들은 자체 연구 개발에 집중 투자했다.

수요 측면에서는 소비재 중 한 번 사면 오래 쓰며 저렴하지 않은 가격의 제품이라고 무작정 시장에 뛰어들기보다는 초기에 특정 분야에 집중한 카테고리 킬러가 되어 제품을 차별화하고 해당 지역이나 계층의 기호에 민감하게 반응하여 변모할 줄 알아야 한다는 것이다. 심로악기는 학생용 악기로 시작하여 중국과 독일에 기지를 두어 새로운 모델을 출시하였다. 쿠쿠홈시스도 전기밥솥을 발명하여 한국뿐만 아니라 일본의 입맛에도 맞는 밥을 만들 수 있도록 변형을 주고 있다. 홍진HJC는 신소재를 투입한 이후, 미국과 유럽과 같이 다른 기후와 환경에 적합한 헬멧을 추가로 판매하고 있다.

세 번째로는 중소기업에서는 특히 비전 있는 창업자와 CEO, 그리고 끈질긴 연구진이 무척 중요하다. 작은 기업일수록 가장 큰 역할을 하는 것은 바로 개개인들이다. 미래지향적인 경영 마인드와 추진력, 그리고 몇 년에 걸치는 시행착오에도 불구하고 신기술을 갖게 되기까지 노력하는 연구진이 없다면, 중소기업들은 'OEM 함정'에서 빠져나오기 힘들다.

마지막으로 산업 내 제도에 귀 기울이고 최대한 자신의 브랜드 이미지를 높이는 데에 그것을 이용할 줄 알아야 한다. 안전규격과 같은 것이든 스트라디바리의 규격 같은 것이든, 산업마다 모범이 되는 기준이 있기 마련이다. 이름 없는 중소기업이 OBM으로 뻗어나가는데 필요한 것 중 하나가 바로 국제적으로 품질을 인정 받을 수 있는 규격의 획득이다.

이렇듯 심로악기, 쿠쿠홈시스, 홍진HJC는 해당 산업의 여러 특성과 한계를 간파하여 추격에 성공할 수 있었다. 여기서 다른 한국 중소기업들이 취해야 할 전략뿐만 아니라 우리나라 정부가 중소기업 육성 방안을 논할 때 고려해야 할 정책 시사점을 우리는 이끌어 낼 필요성이 있다. 참여정부가 들어서면서 중소기업에 대한 관심이 증폭되고 R&D의 중요성이 강조된 것은 환영할 일이다. 그러나 많은 중소기업들은 여전히 서론에서 말했던 세 번째 유형에 머무른 채 업종 전환을 구체적으로 계획하는 데에 실패하고 있고, 지식 접근성이 높고 암묵성은 낮은 전통 분야는 점점 중국기업들의 영역이 되어 가고 있다. 한국 경제가 샌드위치 효과로 자리를 잃지 않으려면 단순한 R&D의 양적 증가 이상의 해결책이 요구된다.

본 장의 이론 분석과 사례는 한국의 중소기업이 나아가야 할 방향, 그리고 정부가 어떤 유형의 중소기업을 지원해야 할지에 대한 밑그림을 제시하고 있다. 중소기업이 카테고리 킬러, '혁신형 중소기업'으로 성공하려면 암묵적인 지식을 전유성이 높은 기술로 전환할 수 있어야 하는데 이때 충분한 시행착오를 행할 여유가 생기도록 정부는 도와줄 필요가 있다. 즉, 정부는 무조건 연구 개발비를 늘리기보다 이러한 지식 기술 체제의 특성이 보이는 산업 분야에서 어느 정도 R&D 기반이 있는 중소기업을 집중 육성할 필요가 있다. 높은 암묵성과 전유성은 해당 기업을 다른 개발도상국들의 가격경쟁이나 선발주자의 견제로부터 보호해주는 역할을 한다. CEO의 리더십과 R&D팀의 노력을 기반으로 지식과 기술을 생산하고, 후에 제품 차별화를 적절히 한다면 중소기업들은 한국 경제의 튼튼한 성장 동력으로 거듭날 수 있을 것이다.

화장품 산업에서의 추격과 반전
아모레퍼시픽, 미샤, 더페이스샵

김민정 서울대학교 경제학부
한나라 사법연수원
이 근 서울대학교 경제학부 교수

전 세계 화장품 산업의 규모는 2,967억 달러(2006년 기준)이며, 2001년부터 현재까지 연평균 9.1퍼센트의 높은 성장률로 꾸준히 성장하고 있다. 한국의 경우, 화장품 산업의 규모가 4조 2천억 원으로 추산되며 이는 정밀화학 분야 중 의약품을 제외하고 가장 큰 규모이다. 이처럼 화장품 산업은 꾸준히 성장하고 있으며 앞으로 그 규모는 더욱 확대될 것이다. 화장품 산업은 미적 욕구와 결부된 고부가가치 산업이며 기초과학과 응용과학을 두루 적용하는 지식 기술 집약적 산업이기도 하다.[1] 따라서 부존자원이 부족하고 인적자원이 풍부한 우리나라에서 기간산업으로 성장시킬 가치가 있는 산업이며 프랑스, 미국 등의 선진국에서는 이미 국가 성장 산업으로 자리 잡고 있다.

세계적으로 화장품시장은 선진국의 명품 업체들이 장악하고 있으며 한국도 마찬가지다. 그러나 한국 시장의 경우, 90년대 말 이후 아모레퍼시픽이 한방 화장품을 무기로 고가 화장품시장에 성공적으로 진입했고 뒤를 이어 LG생활건강이 진입하여 이제는 외국 제품과 대등한 관계에서 공존 및 경쟁 관계를 형성하여 후발기업의 시장 추격 성공 사례로 볼 수 있다. 이러한 일차 추격에 이어 이후 보다 최근에는 대기업 주도 시장의 틈새를 뚫고 중저가 시장에서 미샤 및 더페이스샵 등 중소기업의 추격 성공 또한 흥미로운 현상이다. 한편, 후발 신생 기업으로서 브랜드샵 체제라는 유통혁명을 무기로 화장품시장에 진입한 미샤(에이블C&C)는 금방 후퇴하고 더페이스샵에게 추격당한 것도 재미있다.

미샤의 경우 브랜드샵 체제라는 새 블루오션을 개척했음에도 불구하고 왜 후발 주자에게 추격을 당했는지에 대한 이유를 중점적으로 다룰 것이다. 이 기업들의 사례를 분석하고 그로부터 공통점을 도출하여 화장품 산업에 있어 추격의 핵심적 요인을 밝히는 것이 이번 장의 주요 내용이다.

이들 추격 사례를 분석하기 위해 이론적 틀로 말레르바[2]와 김윤지와 이근[3]의 연구에서 사용한 SSI 개념을 사용할 것이다. SSI는 개별 산업 부문들은 각기 그 부문의 특수성을 가지고 있으며 특히, 기술 체제나 수요 체제 등이 그 산업에서의 혁신 내용과 시장 경쟁의 성격을 규정짓는다고 보는 신슘페터학파의 경제 이론이다. SSI는 기본적으로 네 가지 측면에서 기업 추격 과정과 역량, 그리고 직면할 한계에 대해 분석한다. 첫째로는 브레스치, 말레르바, 오르세니고[4]가 강조한 기술 체제의 측면, 둘째로는 해당 산업의 수요 체제, 셋째로는 여러 주체들의 역할 마지막으로 제도적 요인이다. 이근과 마니, 모청의 논문[5]에서는 SSI를 토대로 한국, 중국, 브라질, 인도의 이동 통신 산업의 발전 과정을 비교했고 본서의 4장에서는 소비재 분야의 추격 전략을 분석했다. 본 장에서는 SSI의 네 측면을 중심으로 기존 기업과 신생 기업의 경쟁과 추격 전략을 분석할 것이다.

부문 혹은 'Sector'란 동일한 지식 체제와 시장 수요 체제 하에 있는 특정 상품 집합들과 관련된 각종 경제활동의 묶음으로 정의되는데[6] 쉽게 '산업' 혹은 부문이라고 이해하면 된다. 특정 산업에 속한 기업들은 학습 전략이나 역량 획득의 과정에서 일정한 공통적 환경에 영향을 받는 반면, 개별적으로는 다른 경쟁 및 혁신전략을 택할 가능성도 존재한다. 이런 공통점과 차이점을 해당 기업이 속한 산업의 특성을 바탕으로 분석하는 것이 SSI다. 기술 및 시장 체제의 관점에서 보면 화장품 산업은 경험재의 성격을 가지고 있기 때문에 '명성'이 없는 신생 기업은 살아남기 어렵다. 그러나 제품의 배합 제조 방법의 상당 부분이 특허출원 시 공개되고 많은 OEM, ODM 등 위탁 제조 전문 기업이 존재해 진입 자체가 어려운 산업은 아니다. 분석에서는 이런 기술 체제의 특성이 추격 가능성에 어떠한 영향을 미쳤는지 분석한다.

화장품 산업의 특징

기술 체제

화장품 산업의 기술은 화장품 배합, 원료 소재 개발, 용기 개발로 나눌 수 있다. 화장품 배합이란 화학반응을 고려하여 원료를 어떤 비율로 어떻게 섞을지 결정하는 기술이다. 원료 소재 개발은 새로운 원료 소재를 개발하는 기술이며, 용기 개발은 화장품을 담을 용기 디자인에 관한 기술이다. 기본 배합기술의 골격은 변함없지만 세부적인 기술과 소재 개발에 관해서는 많은 혁신이 발생한다(그림 5-1참조). 최근엔 리포좀이나 큐보좀과 같은 나노 구조체 입자들의 융합이나 미백, 주름 개선, 자외선 차단과 같은 기능성 화장품 배합기술 개발이 활발하다. 특히, 나노기술과 같은 분자과학이 발달함에 따라 화장품의 원료소재 분야 등 응용분야에서의 기술 개발이 활발하며 최근에는 한방 약재, 식물 추출물 등 다양한 원료가 화장품 소재로 사용되고 있다. 용기개발의 혁신 빈도는 높지 않으며 주로 펌프식 밀폐 용기, 에어분사기, 붓 형 용기 등 이

그림 5-1 기능성 화장품 관련 특허출원 건수

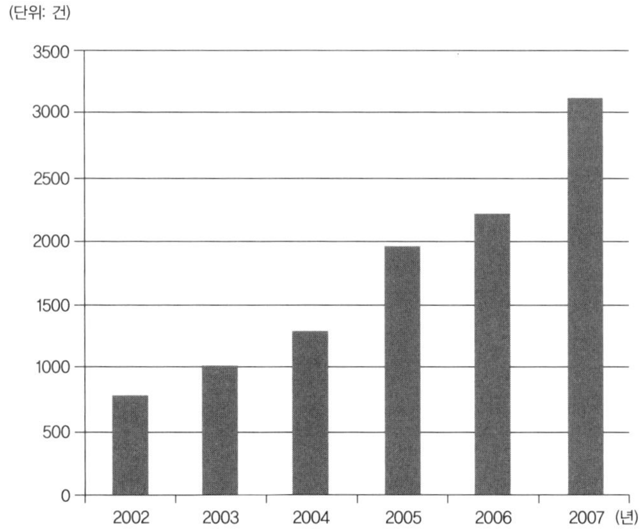

(단위: 건)

출처 : 일간일보, 「기능성 화장품 심사 폭주 여전」, 정부재, 2008.06.16

물질의 침입을 최대한 막고 사용하기 편한 형태로 발달했다.

화장품 산업은 지식, 기술에 대한 접근성이 높은 편이다. 업체들은 새로운 기술을 개발하면 대부분 특허 등록을 통해 이에 대한 재산권과 신뢰성을 확보하려 한다. 특히 미국, 유럽, 일본의 경우 화장품의 전 성분을 고시해야 하는 '전 성분 고시 제도'를 실시하고 있어 제품에 어떤 소재를 사용했는지에 대한 접근이 용이하다.[7] 따라서 후발자에 의한 기술 모방 가능성이 열려 있으며 외부의 대학이나 업체와의 공동 연구를 통한 기술이전도 자주 발생한다. 제품 제작을 OEM이나 ODM 전문기업에 외주로 맡길 경우, 기술적인 부담 없이 시장에 진입할 수 있다. 우리나라의 경우 배합기술의 핵심이 되는 원료에 대해서는 기밀로 붙이는 것이 일반적이기 때문에 일정 수준의 암묵성이 존재한다고 볼 수 있으며 여기서 품질의 차이가 존재한다. 그러나 기본적으로 시장에 진입하는데 있어 기술적 진입장벽이 높진 않다.

시장 수요 체제

화장품 산업은 기술 체제 측면에서의 진입장벽에 비해서 소비자가 구매를 결정하게 하는 수요적 측면에서의 진입장벽이 높은 편이다. 화장품 산업은 대표적인 경험재로 사용해보지 않고서는 그 품질을 신뢰하기 어렵다. 따라서 브랜드 명성이나 입소문이 구매에 큰 영향을 미친다.[8] '명성'을 쌓는 것은 대체적으로 오랜 기간이 걸리기 때문에 후발자가 성공하기에는 힘든 요인이다.

화장품 소비는 가격이 비쌀수록 수요량이 증가하는 과시성 소비의 성격을 갖고 있다. 화장품을 과시의 목적으로 구입하는 경우가 적지 않으며 가격이 품질의 척도가 되는 경우가 많다. 즉, 화장품 기술에 대한 정보 부족으로 가격이 비싸면 어느 정도 좋은 품질일 것이라는 막연한 믿음이 존재하는 것이다. 쓰리랩 화장품 사건과 같은 고가 화장품 관련 사기가 성행했던 것도 이러한 소비자의 성향에서 비롯된다. 그러나 외환위기 이후에는 합리적인 가격과 그에 상응하는 제품의 질을 추구하는 가치 소비자도 늘어나는 추세이다.

화장품은 대표적인 이미지 상품이다. 20~30대를 대상으로 한 설문 조사 결과 이미지 요인, 품질 요인 중 이미지 요인이 더욱 중요하게 나타났으며 이미지 요인이 브랜드 요인보다 더 중요하게 나타났다. 즉, 소비자가 제품을 선택할 때 브랜드 가치보다 브랜드가 갖는 이미지를 더욱 중요하게 여기는 것이다.[9]

국내 화장품 산업의 추격 역사 및 현황

국내 화장품 산업은 태평양(현 아모레퍼시픽)의 탄생과 함께 시작되었다. 1945년 설립된 태평양은 다양한 제품을 시장에 내놓으며 국내 화장품시장을 이끌었으며 80년대 LG생활건강, 코리아나, 한불 등 후발주자들이 시장에 뛰어들면서 화장품시장은 활기를 띠었다. 1945년 9월 5일 탄생한 아모레퍼시픽(구 태평양)은 국내 최초의 화장품 기업이다.[10] 메로디크림, ABC포마드, 코티백분과 같은 많은 히트 상품을 생산하였으며 1964년 국내 최초로 화장품을 수출하기도 했다. 오랜 역사를 가진 만큼 국내에서는 큰 명성을 얻은 화장품 기업이지만 90년대까지도 고급 브랜드 분야에서나 해외시장에서는 두각을 나타내지 못했다. 특히, 1996년 수입자유화 조치로 외국 기업이 국내 화장품시장에 자유롭게 진출하기 시작했으며 고가 제품 위주로 국내시장을 잠식해 갔다. 국내 업체들은 중저가에서 힘을 발휘하고 있었을 뿐 고급 브랜드는 시도조차 하지 못하여 순순히 시장을 내줄 수밖에 없었다. 90년대 초반까지 백화점 1층 매장을 점유하고 있었던 국내 브랜드는 90년대 후반 물밀 듯이 들어온 수입 브랜드에게 그 자리를 빼앗겼고 이후 재입점은 이루어지지 않았다. 고급 브랜드 개발을 통해 이 상황을 타개해 나가야 했지만 소비자들이 수입 브랜드의 품질이 좋고 국산은 좋지 않다는 막연한 믿음을 가지고 있었기 때문에 선뜻 고급화에 나서지 못했다.

이때 아모레퍼시픽은 1997년 고급 한방 화장품 설화수를 런칭하는 모험을 감행, 모두의 예상과 다르게 대성공을 거두었다. 설화수의 성공에 자극을 받은 LG생활건강에서 오휘, 더후를 런칭, 현재 다양한 한국 브랜드가 고급 브랜드 부문에서 명성을 얻고 있다. 수입 브랜드를 막연히 좋다고 생각했던 소비자들의 인식도 크게 변해 현재는 국산 브랜드도 고급 브랜드로 인정받고 있으며 백화점 1층의 국산 브랜드 입점 수와 매출 증가세를 보면 알 수 있다. 롯데백화점의 조사에 따르면 국산 화장품의 점유율은 2005년 14.1퍼센트에서 지난해 15.7퍼센트, 2007년 17퍼센트로 매년 꾸준히 증가하고 있으며 브랜드별로는 아모레퍼시픽의 고가 라인인 '설화수·헤라'가 롯데백화점 본점과 신세계백화점 강남점에서 매출 1위를 차지하며 국산의 힘을 보여 준다.[11]

2000년대 들어서 재미있는 현상은 신생 중소기업들의 진입과 약진이다. 90년대까지만 해도 국내 화장품시장은 대기업들의 독과점 체제였다. 태평양(현 아모레퍼시픽), LG생활건강, 한불, 코리아나 등 매출액 기준 상위 5개 기업이 시장 점유율 80퍼센트 이상을 장악하고 있었으며, 소위 빅5체제는 10년간 유지되었다. 중소기업은 자기 브랜드를 만들기보다 OEM이나 ODM기업으로 활동하면서 제품 제작에 힘쓸 뿐이었다. 그러나 브랜드샵 체제라는 유통혁명으로 시장에 진입한 중소기업 미샤와 더페이스샵에 의해 이 체제는 붕괴되었다.

미샤는 국내에서는 최초로 인터넷에서 화장품을 판매하기 시작했으며, 유통 마진을 대폭 없앤 3,300원이라는 저렴한 가격 판매로 큰 성공을 거두었다. 인터넷에서의 성공을 바탕으로 2002년 4월 제조업과 소비자를 직접 연결해주는 브랜드샵 체제를 통해 오프라인 무대에 진출하였다. 그러나 값싼 화장품, 브랜드샵이라는 혁명을 통해 승승장구하던 미샤는 2005년부터 시련의 길을 걸었다. 2003년 시장에 진입한 더페이스샵에게 브랜드샵 부분 시장 점유율 1위를 내주었다. 현재 더페이스샵은 2006년 화장품시장에서 매출액 기준 4위로, 3위인 애경과의 격차

그림 5-2 주요 화장품 기업 매출액 추이

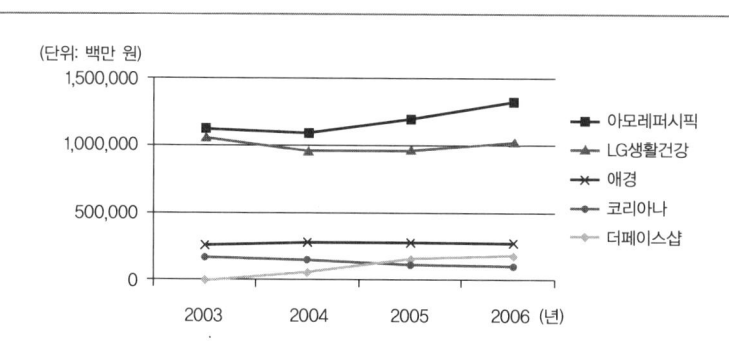

출처 : 「2008 화장품 기업 현황」, 한국보건산업진흥원

는 지속적으로 좁혀지고 있으며 추월의 가능성도 충분하다(그림 5-2참조). 1, 2위가 여러 계열사를 거느리고 있는 대기업이며, 3위가 오랜 역사를 자랑하는 애경이라고 보았을 때 중소기업에 불과했던 더페이스샵의 약진은 매우 놀랍다. 더페이스샵과 미샤의 성공에 자극을 받아 미투 전략으로 시장에 진입하는 중소기업들 또한 증가하고 있다.

아모레퍼시픽의 외국 기업 추격

아모레퍼시픽은 1996년의 수입 개방, 1997년 외환위기를 기점으로 고급 브랜드의 런칭, 해외사업 성공으로 크게 성장했다. 과거 수입 화장품이 독점하고 있었던 고급 브랜드 분야에 진출하여 크게 성공함으로써 국내 기업도 명품 화장품을 만들 수 있다는 것을 보여 준다. 미국, 프랑스, 중국 등 해외시장 개척에도 힘써 미국에서는 아모레퍼시픽, 프랑스에서는 롤리타 램피카 향수, 중국에서는 설화수, 라네즈, 마몽드, 에뛰드 하우스를 각각 런칭해 큰 인기를 끌고 있다.

특히 롤리타 램피카의 성장에 힘입어 서경배 회장은 프랑스 정부로부터 최고 훈장인 레종 드뇌르를 수상하기도 했다. 현재 아모레퍼시픽은 국내 화장품시장 점유율 32퍼센트[12]로 국내에서는 독보적인 1위이며, 프랑스에서 롤리타 램피카로 향수 시장 점유율 4위의 기업이다. 아모레퍼시픽의 추격을 시장 수요 체제와 기술 체제, 기업의 주체적 측면에서 살펴보자.

시장 수요 체제

아모레퍼시픽은 1998년 외환위기 이후 세계 1위 화장품 기업인 로레알 그룹을 철저히 벤치마킹했다.[13] 로레알 그룹은 고가 명품 브랜드, 중가 브랜드, 저가 브랜드로 가격대별, 유통망별로 브랜드 다각화를 이루었다. 아모레퍼시픽은 이를 벤치마킹해 고가 명품 브랜드에는 설화수, 아모레퍼시픽, 베리떼, 중가 브랜드로는 라네즈, 마몽드, 아이오페, 한율, 미로, 저가 브랜드로는 에뛰드 하우스, 이니스프리 허브스테이션을 런칭했다. 이 브랜드들은 방문판매, 시중판매, 브랜드샵 등 브랜드 이미지에 맞게 다양한 유통망을 통해 판매된다. 설화수와 베리떼의 경우 방문판매로, 설화수와 아모레퍼시픽의 경우 백화점 시판을 통해, 라네즈, 마몽드, 아이오페, 한율, 미로는 마트, 대리점 시판을 통해, 에뛰드 하우스, 이니스프리 허브스테이션은 브랜드샵을 통해 유통되고 있다.

아모레퍼시픽은 유통망, 브랜드 다각화와 함께 명품화에 주력했다. 특히, 설화수의 개발은 아모레퍼시픽을 명품 브랜드로 한 단계 올라가는데 있어 중요한 역할을 했다. 설화수를 개발할 당시만 해도 국내 기업의 경우 비싼 가격을 받고 화장품을 판매하는 것은 모험에 가까웠다. 그만큼 소비자는 국내 화장품을 신뢰하지 않았던 것이다. 명품 화장품을 런칭하는 것도 문제였지만 어떤 컨셉으로 런칭하느냐도 문제였다. 로레알 등 다른 그룹 명품 브랜드의 경우 화장품 자체에 별다른 특징이 없어도 브랜드 자체의 명품 이미지가 화장품에 그대로 전이된 경우가 많다(샤넬, 디올 등). 또 화장품 브랜드로서 오랜 역사를 갖고 있기 때문에 소비자에게 명품으로 인식되고 있는 브랜드도 있었다(에스티 로더 등). 그러나 고급 브랜드로 처음 진출하는 아모레퍼시픽에게 앞에서 언급했던 두 가지 특성을 갖는 것은 불가능하다.

따라서 아모레퍼시픽은 화장품에 한방을 도입하여 '차별화'를 시도했다. 즉, 화장품 소재의 특성을 이용해 고급 이미지 확보를 꾀한 것이다. 한방을 화장품에 도입한 것은 화장품에 '천연', '보양'의 이미지를 부여하기 위해서였다. 동양 문화권에서 한방은 서구 의약품과 달리 천연, 보양의 이미지가 있다. 서양 의약품은 화학약품을 통해 만들지만 한방은 인삼, 당귀 등 우리가 주변에서 볼 수 있는 약재를 통해 만들기 때문이다. 또, 한국 사람들의 경우 피로할 경우, 서양 의약품보다 한약을 섭취하여 원기를 회복한다. 아모레퍼시픽은 이렇게 한방을 도입하여 이미지 차별화에 성공을 거두었고 입소문을 통해 많은 소비자를 확보했다. 한방 이미지로 인해 외국산 명품 화장품을 선호하던 소비자들도 서서히 설화수로 눈을 돌려 현재 백화점에서 매출 1위를 기록하고 있다.

해외시장도 명품화와 현지화를 통한 브랜드 이미지 구축이 성장에 중요한 역할을 했다. 아모레퍼시픽은 미국, 프랑스 등 선진 화장품시장에서는 메이드 인 코리아의 부정적인 이미지를 없애기 위해 국적을 철저히 숨겼다. 미국에서는 뉴욕에 위치한 'beauty gallery and spa'에 플래그십 스토어[14] 형태로 입점했다. 'beauty gallery and spa'는 할리우드 스타나 고소득층이 주로 이용하는 고급 스파이며 체험 가능한 형태로 입점했기 때문에 아모레퍼시픽은 입소문을 통해 고급 이미지를 획득할 수 있었다. 또 할리우드 패션 아이콘 시에나 밀러가 이 스파에서 아모레퍼시픽을 구입하고 나오는데 그 쇼핑백이 파파라치 사진에 찍혀, 인지도를 높이는 기회가 되었다. 현재 아모레퍼시픽은 미국의 34개 고급 백화점에 입점되어 있다.[15] 프랑스에서는 현지법인을 세워 철저한 현지화를 통해 고급 이미지를 구축했다. 향수의 경우 기능성보다 감성이나 이미지가 중요한 산업이다. 따라서 메이드 인 코리아를 철저히 숨겼으며 현지 경영인과 현지 조향사, 현지 디자이너를 고용해 고급 프랑스 브랜드 이미지를 획득했다. 한편, 한국의 이미지가 긍정적인 중국과 아시아 지역에서는 한국 제품임을 전면으로 내세우는 마케팅을 폈다. 한류 스타인 전지현 씨를 모델로 고용해 공격적인 마케팅을 폈으며, 고급 백화점에만 입점했다. 한 예로 설화수의 경우 홍콩 세이부, 하비니콜스 등 최고급 백화점에 4개의 매장을 운영 중이다.[16] 이러한 고급화 전략에 따라 아시아 지역에 진출한 라네즈나 마몽드, 에뛰드 하우스는 우리나라에서의 인식과 달리 아시아 지역에서는 고급 제품으로 인식되고 있다.

기술 체제

이와 같이 아모레퍼시픽이 외국산 브랜드의 품질을 따라 잡을 수 있었던 것은 지속적인 R&D를 실시했기 때문이다. 아모레퍼시픽은 창립 초기 선진 국가와의 기술적 제휴를 통해 기술력을 획득했다. 프랑스 코티와의 제휴를 통한 코티백분이나 일본 시세이도와의 기술제휴가 그것이다. 그러나 기술제휴를 통한 기술 개발은 한계가 있었고 1978년 용인에 기술연구소를 설립하여 지속적인 R&D를 통해 독자적인 기술 개발에 힘썼다. 아모레퍼시픽은 매출액에서 R&D 투자 비중을 지속적으로 증가시켜 현재 국내에서 최고 수준인 3.2퍼센트를 기록하고 있다. 국내 400건, 국외 100건의 특허 실용신안을 획득하는 등 가시적인 성과도 거두었다.[17]

적극적인 산학협력 또한 기술추격에 힘을 실어 주었다. 용인 기술연구소의 한방 연구팀은 경희대 한의대로부터 지속적인 자문을 통해 한방 약재를 화장품에 도입하는 시도를 했다.

경희대 한의대 김호철 교수팀은 피부에 좋은 다섯 가지 한방 재료를 추려냈고, 용인 한방 연구팀은 이들을 화장품 원료로 사용할 수 있도록 18시간의 추출 기술을 개발했다.[18] 이러한 산학협력은 설화수 라인의 핵심 성분인 '자음단'을 탄생시켰고, 설화수 탄생의 밑거름이 되었다. 2006년에는 경희대에 한방미용연구소를 설립하여 차별적 기술력을 확보하기 위해 노력하고 있다.

관련 주체 및 제도의 역할

외환위기를 기점으로 아모레퍼시픽이 도약할 수 있었던 또 하나의 요인은 CEO 서경배의 추진력과 위험을 무릅쓴 결단의 역할이 컸다. 그는 1997년 취임하여 설화수를 개발했으며 조직문화, 인사제도, 기업 이미지 재고에 힘썼다. 특히, 설화수의 개발은 모두가 만류했지만 서경배의 리더십과 추진력에 의해 진행될 수 있었다.

롤리타 램피카 향수의 성공도 서경배의 역할이 컸다. 서경배는 한국식을 고집하지 않고 과감히 현지 경영을 실시하는 결단을 내렸으며, 투자자로서 현지 경영진과 대등한 관계를 이루며 원활한 의사소통이 이루어질 수 있도록 노력했다.

또한 상하관계가 없는 조직문화를 만들기 위해 모든 직원들이 이름을 부를 때 직급을 빼고 이름 뒤에 '님'자를 붙이도록 했다.[19] 시그마 6 제도를 적극적으로 도입하여 제품 하자 제로에 도전했으며 책임경영,

환경경영, 윤리경영을 실천하여 2007년 한국윤리경영 종합대상 수상의 영광을 안기도 했다.[20]

미샤의 추격 진입과 쇠퇴

미샤 브랜드의 (주)에이블 C&C는 여성 전문 인터넷 커뮤니티 '뷰티넷'에서 유통되는 온라인 브랜드로 탄생했다.[21] 미샤를 런칭한 에이블 C&C의 모태는 OEM기업인 엘트리이다. 엘트리는 주문 제품 제조 공급뿐 아니라 미샤의 모체가 되는 IPSE라는 브랜드를 런칭하여 판매했다. 이때 얻은 노하우를 바탕으로 2000년 에이블 커뮤니케이션즈로 회사명을 변경하여 미샤를 런칭했다. 국내에서는 최초로 인터넷에서 화장품을 판매하기 시작했으며, 유통 마진을 대폭 없앤 3,300원이라는 저렴한 가격으로 판매하여 큰 성공을 거두었다. 인터넷에서의 성공을 바탕으로 2002년 4월 제조업과 소비자를 직접 연결해 주는 브랜드샵 체제를 통해 오프라인 무대에 진출하였다.

미샤는 국내 성공을 발판으로 시드니, 싱가폴, 홍콩 등 해외시장에 진출하였고 2005년 2월 코스닥에 상장되었다. 값싼 화장품, 브랜드샵이라는 혁명을 통해 승승장구하던 미샤는 2005년부터 시련의 길을 걸었다. 2003년 시장에 진입한 더페이스샵에게 브랜드샵 부분 시장 점유율 1위를 내주었으며 가맹점 이탈, 상표권 분쟁 등의 잇단 악재로 2007년에는 매각설까지 돌았다. 현재는 홈페이지 새 단장과 새로운 제품 출시를 통해 위기를 극복하고 있다.

유통망 혁신의 후발 진입 전략

미샤가 중견기업과 대기업, 그리고 외국산 화장품 기업의 독과점을 유지하고 있던 화장품시장에 뛰어들어 성공할 수 있었던 것은 '유통망 혁신' 때문이다. 유통망 혁신이란 미샤가 발굴한 새로운 유통망인 '인터넷 쇼핑몰'과 '브랜드샵 체제'를 말한다. 화장품 산업에서 지식 기술의 획득은 비교적 쉽기 때문에 시장 진입은 용이하지만 뛰어든 이후 수요의 진입장벽이 높기 때문에 실패하는 경우가 많다. 즉, '명성'이라는 것은 오랜 시간이 지나고 사용자가 많아져야 축적되는 것이기 때문에 설립초기에는 큰 어려움을 겪는다. 기존의 유통망은 기존 업체가 독점하는 경우가 많기 때문에 유통망을 뚫는 일 또한 보통 일이 아니다.

미샤는 이러한 어려움을 '싼 가격'과 '인터넷'이라는 새로운 유통망을 통해 해결했다. 미샤는 창립 초기, 인터넷을 통해 무료로 화장품을 나눠줘서 인지도를 획득했다. 무료로 제공한 화장품의 반응이 좋자, 뷰티넷 홈페이지를 통해 3,300원이라는 가격으로 화장품을 판매하기 시작했다. 미샤는 화장품 가격에서 유통 마진이 70퍼센트 이상이며 유통비용을 절감하여 가격 거품을 뺐다고 홍보했다. 워낙 저렴한 가격이었기 때문에 사람들은 품질에 관계없이 호기심에 사보는 경우도 많았고 특히, 비싼 가격 때문에 화장품에 접하기 어려웠던 청소년들을 소비자로 끌어들였다. 인터넷 쇼핑몰이 크게 성공하자 미샤는 오프라인으로 진출했지만 여러 가지 문제점이 있었다. 당시 오프라인의 기존 유통망은 마트 시판과 백화점 시판이었다. 그러나 일부 대기업과 중견기업의 견제와 유통비용 때문에 오프라인 매장에서 3,300원의 가격으로 제품을 공급하는 것은 불가능했다. 따라서 이러한 문제점을 개선하기 위해 미샤가 개발해낸 것은 '브랜드샵' 체제이다. 브랜드샵 체제란 제조사→총판→도매상→소매상→소비자로의 유통 단계에서 제조사→브랜드샵→소비자로 유통 단계를 확 줄인 것이다. 즉, 제조사가 제품을 제작하여 미샤 매장에 직접 배달하면 소비자가 매장에 가서 구입하는 형태로 중간 유통비용이 발생하지 않는다. 일종의 플래그십 스토어 형태로 매장을 구성하여 모든 제품을 체험 가능하게 만들었고 체험자의 숫자가 적어 신뢰하기 어려운 신생기업의 한계를 보완했다. 가맹점 공급 관리는 모두 인터넷을 통해 이루어졌기 때문에 비용 절감 효과가 컸다.

미샤의 이러한 성공에는 CEO 서영호의 리더십이 컸다. 서영호는 일본의 의류 업체인 유니클로를 보고 미샤에 대한 영감을 얻었다고 한다.[22] 화장품이 이미지 상품이 아닌 샴푸나 비누와 같이 생활용품이 되고자 하는 신념으로 유통 마진을 뺀 값싼 화장품을 만들게 된 것이다. 인터넷을 통해 무료로 화장품을 나눠주는 것과 브랜드샵 체제도 서 씨의 아이디어였으며 결과는 대성공이었다.

미샤는 제품의 70퍼센트 이상을 전문 OEM, ODM 기업에 외주 제작을 맡겨 생산했다. 생산을 ODM기업에 맡길 경우 별도의 기술 획득 없이 제품 생산이 가능하기 때문에 기술추격에 있어 용이했다. 미샤 자체의 경우 원래 OEM전문 기업에서 출발하였기 때문에 당시 축적한 기술력도 제품 개발에 도움을 주었다. 이후 R&D센터 건립을 통해 자체적 기술 개발에 힘썼으나 매출액에서 R&D 투자는 매우 미미했으며, 실용신안이나 특허 등록이 단 한 건도 없는 등 성과 또한 미미했다. 따라서 미샤는 높은 수준의 기술력을 획득했다고 보기 어려우며 성공 요인 또한 기술적 측면에서 찾기 어렵다.

미샤의 후퇴와 더페이스샵의 후발 진입

2000년 탄생하여 2004년 코스닥에도 등록되며 승승장구하던 미샤는 2005년 더페이스샵에게 브랜드샵 체제 시장 점유율 1위를 빼앗긴 이후 내리막길을 걷기 시작한다. 가맹 계약 기간이 끝나자 가맹점주들은 재계약을 하기보다는 다른 브랜드샵과 계약하는 등 가맹을 포기하는 경우가 많아졌다.[23] 이에 대응하기 위해 미샤는 직영점 수를 늘렸는데 이로 인해 수익 구조가 악화되는 악순환이 벌어졌다.

이후 수많은 문제점을 안고 있었던 미샤는 2007년 매각설, 부도설에 시달리기도 했다. 미샤의 쇠락에는 다른 브랜드의 추격전략이 유효했던 것도 있었지만 미샤 자체의 많은 문제점을 빠르게 시정하지 못했다는 점도 있다(그림5-3참조).

미샤의 쇠락에 가장 중요한 역할을 했던 것은 미샤가 '이미지 상품'으로의 화장품을 무시했다는 것이다. 다른 후발 업체들과 달리 미샤만의 브랜드 이미지가 없다. 미샤는 '싼 가격'을 강조하기 위해 매장 인테리어나 화장품 용기에 공을 들이지 않았다. 튼튼하지 않은 값싼 플라스틱 용기에 미샤의 로고를 부착하는 것이 용기 디자인의 전부였고 미샤의 이미지를 '싸구려'로 만들었다. 후발 업체들이 자신만의 브랜드 이미지를 갖고 진입하고 있는 상황에서 '값이 싸다'만을 내세워서는 경쟁이 되지 않았다. 그러나 미샤는 이미지 변신을 시도하지 않았고 소비자들에게 싸구려 화장품이라는 부정적인 이미지를 주었다.

기술혁신 전략 면에서 R&D 비중이 너무 작았다는 것도 미샤의 추락을 부채질했다. 미샤는 R&D 공장을 설립하는 등 기술 개발을 위해 노력했지만 특허 및 실용신안 등록이 단 한 건도 없는 것에서 보듯 별다른

그림 5-3 미샤 매출, 영업이익, 당기순이익 변화 추이

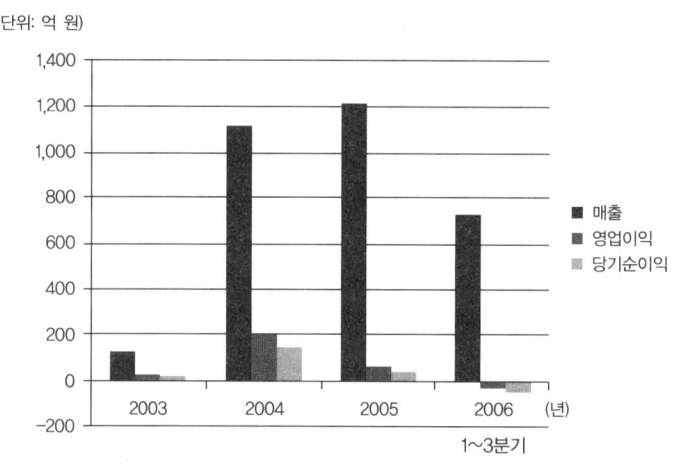

(단위: 억 원)

출처 : 한국경제신문, 「저가화장품 원조 미샤 팔린다」, 임도원, 차기현, 2007.02.15

성과가 없다. 매출액에서 기술 개발에 투자하는 비중이 다른 업체와 비교해서 지나치게 낮았고, 제품 생산을 외주 제작에 지나치게 의존한 면도 몰락의 원인이었다.

마리퀸트와의 상표권 분쟁 또한 미샤 쇠퇴의 주요인이다. 미샤는 특별한 컨셉은 없었지만 미샤하면 떠오르는 꽃무늬 로고가 있다. 그러나 이 로고는 마리퀸트라는 일본 업체의 로고를 표절했다고 밝혀졌고, 결국 2006년 상표권 분쟁에서 패소함에 따라 더 이상 로고를 사용하지 못하게 되었다.[24] 따라서 로고가 들어간 제품 생산을 전면 중단했고 그동안의 재고 또한 전량 처분해야 했다. 이것만으로도 미샤는 큰 손실을 입었지만 소비자에게 새로운 로고를 알리는 것도 큰 문제였다. 사람들은 바뀐 미샤의 로고를 알아보지 못해 미샤 로드샵을 신생 업체로 착각하

는 경우가 많았다. 미샤는 미약했던 미샤만의 특징을 잃어버린 것이다.

미샤가 자신이 쌓았던 브랜드 이미지와 맞지 않는 고기능 화장품 미사美思를 출시한 것도 미샤 몰락의 한 원인이다. 미사는 한방 화장품으로 노화 방지, 미백이 주 기능인 고기능성 화장품이다. 가격은 1만원에서 3만원 대로 기능성 화장품으로 오랜 기간 명성을 쌓은 중가 브랜드 아이오페나 이자녹스와 가격 차이가 없다. 그동안 미샤가 쌓아온 이미지는 '값싼 제품'이었으며 저가 화장품에 대해 소비자들은 높은 질의 제품을 기대하지 않는다. 소비자들은 고기능성 화장품을 높은 가격을 지불하고 미샤에서 사느니 높은 명성을 쌓은 다른 고가 브랜드 또는 중가 브랜드에서 사는 것이 낫다고 생각하는 것이다. 결국 비슷한 가격대의 다른 기능성 화장품과 경쟁이 되지 못했고, 미사 라인은 큰 실패로 끝났다.

느슨한 프랜차이즈 관리도 미샤의 몰락을 부채질했다. 미샤는 일관적이지 못한 가맹점 관리로 소비자에게 지저분하고 싸구려 이미지를 주었다. 인테리어 리뉴얼 비용 등 각종 비용을 모두 가맹점주에게 부담시켜 가맹점주의 부담이 더페이스샵 등 다른 기업보다 컸다. 따라서 계약이 끝나자 마자 가맹점 이탈이 이루어진 것이다.[25]

더페이스샵의 미샤 추격

2003년 12월 런칭한 더페이스샵은 1962년 탄생한 OEM기업 쿠지 인터네셔널을 모태로 한다. 2002년 회사 명을 더페이스샵으로 변경하고,

그림 5-4 미샤와 더페이스샵의 매출액 추이

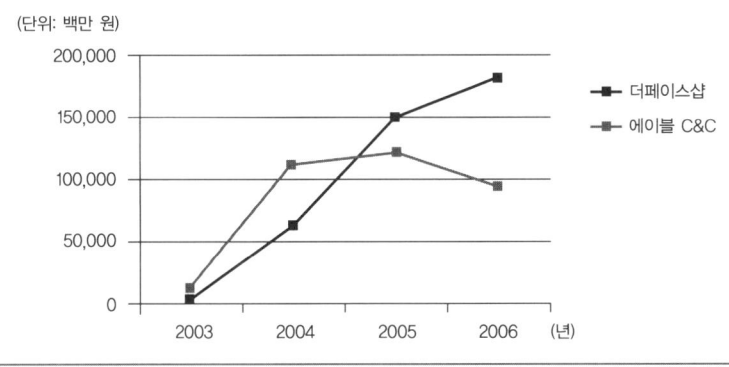

(단위: 백만 원)

출처 : 한국보건산업진흥원, 「2008 화장품 기업 현황」

저가 브랜드인 더페이스샵을 런칭하여 시장 진입 2년 만에 전체 화장품 시장에서 매출액 기준 업계 4위 기업으로 성장했다.[26] 2005년, 미샤를 제치고 브랜드샵 부분에서 시장 점유율 1위를 유지하고 있으며 중국, 일본 등 해외 진출에도 박차를 가하고 있다. 그림 5-4에서보듯이 미샤의 매출액은 2005년을 정점으로 하향한 반면, 더페이스샵은 계속 증가하여 현재는 양사 간의 매출이 2배 이상 차이를 보인다. 미샤는 브랜드 샵이라는 블루오션을 개척하고 저가 화장품의 문을 열었지만 많은 실수를 통해 그 지위를 잃어버렸다. 그렇다면 후발 업체로 등장한 더페이스샵은 어떻게 미샤를 따라잡았으며 높은 성장을 이룩한 것일까?

시장전략

모방과 이미지 차별화, 더페이스샵은 초기에 철저히 미샤를 벤치마킹하여 후발자의 이득을 얻었다. 미샤의 브랜드 체제를 모방하여 유통

비용을 절감했고 홈페이지 구성이나 신제품의 종류까지 모방했다.

더페이스샵은 미샤를 철저히 모방하면서 차별화를 시도하여 고유의 브랜드 이미지 개발을 위해 노력했다. 미샤가 싼 가격에만 초점을 맞췄다면 더페이스샵은 가격을 철저히 배제하고 자신들이 내세우는 '자연주의' 이미지를 강조했다. 'Natural story'라는 문구를 전면 내세운 광고를 통해 소비자에게 '자연주의' 콘셉트를 심어 주었고 매장 인테리어나 화장품 용기에 세심하게 신경 썼다. 결과적으로 자연주의가 주는 '천연', '순함'의 이미지를 획득했고 미샤의 실패 요인이었던 싸구려 이미지를 멀리 할 수 있었다.

차별화된 가맹점 관리도 추격에 있어 중요한 요인이 되었다. 미샤가 일관성 없는 가맹점 관리로 소비자와 가맹점주의 신뢰를 잃었다면, 더페이스샵은 차별화된 시스템을 도입하여 운영했다. '다이렉트 프랜차이즈 관리 시스템'을 통해 1지점당 본사 직원 네 명이 관리했고 한 달에 3~4번 가맹점주를 교육시켜 노하우를 전수했다.

인테리어 리뉴얼 비용이나 반품 클레임 건에 대해서는 본사가 100퍼센트 부담했으며, 매월 60만 원 상당의 샘플도 무료 제공했다. 가맹점

표 5-1 미샤와 더페이스샵 유통망당 매장수 비교

	미샤	더페이스샵
로드샵	190	279
지하철	15	39
백화점	27	66
마트	59	215
합계	291	594

출처 : 미샤 홈페이지, 더페이스샵 홈페이지 자료에 근거하여 작성

에 대한 물심양면의 지원을 통해 서로가 이득을 얻는 원-윈전략을 실행한 것이다.[27] 상권이 겹쳐 제 살 깎아 먹기식의 경쟁을 방지하기 위해 로드샵 가맹점 수가 300개가 넘어서자 로드샵 출점을 중단했다. 대신 지하철, 면세점, 백화점, 마트 등으로 유통망을 다각화 하여 점포를 늘려갔다. 표 5-1을 보면 미샤의 경우 로드샵 비중이 60퍼센트가 넘는다.

기술혁신 투자

더페이스샵의 경우 미샤와 마찬가지로 생산은 전문 OEM, ODM기업에게 맡기고 유통 전문 기업으로 시작했다. 신뢰받는 ODM전문 기업인 코스맥스와 한국콜마에 생산을 맡겨 품질을 인정받았다. 미샤와는 달리, 더페이스샵은 R&D 투자에도 소홀하지 않고 특허를 8건이나 획득하는 등 가시적인 성과를 이루었다.[28] 또한 일본이나 프랑스와 같은 선진 국가와의 기술제휴를 통해 신제품을 개발하여 기술추격에 박차를 가했다. '제이슨 오리진 마스크팩'은 일본 제이슨과 '아르쌩트 에코 테라피 익스트림'은 프랑스 아미, 향수 '오드람므'는 프랑스의 오드람므와 공동 개발했다.

CEO 요소

더페이스샵 성공의 일등 공신은 정운호 사장이다. 정운호 사장은 미국의 의류업체인 GAP과 H&M을 보고 더페이스샵에 대한 아이디어를 얻었다고 한다. 쿠지 인터네셔널을 정리하고 더페이스샵을 설립한 이후, 정운호 사장은 인사 개혁과 성과 관리를 통해 효율성을 제고했다. 8단계였던 직급을 4단계(사원→매니져→팀장→임원)로 단순화하여 의사

소통을 원활하게 했다.[29] 또 모든 직원에게 1년에 다섯 번 교육을 의무화하여 인력 양성에 힘썼다. 성과 관리를 도입하여 연 2회의 업적 평가와 연 1회의 능력 평가를 실시하고 그 결과를 연봉에 반영했다.[30]

명품으로의 변신 성공이 주는 시사점

이 장에서는 화장품 산업에서 한국 기업의 추격 사례를 살펴보았다. 먼저 한국의 대표적 화장품 기업인 아모레퍼시픽은 90년대까지의 외국산 명품 화장품의 독주를 저지하고 성공적으로 고급 화장품시장으로 진입한 성공 사례이다. 미샤의 경우는 기존 국내외 대기업 주도 시장에서 유통혁명과 브랜드샵 체제를 통해 진입에 성공했지만 그 진입을 성공적으로 유지하지 못했고 후발 신생 기업인 더페이스샵에게 추격당해 현재 많은 어려움을 겪고 있다. 마지막으로 더페이스샵은 일종의 빠른 추종자 즉, 차별화된 전략으로 미샤를 모방하여 진입한 후 오히려 미샤를 따돌리고 시장 진입 4년 만에 전체 화장품시장에서 4위로 안착한 기업이다. 이 세 기업의 추격과 진입 사례가 화장품 산업에서 일반적인 기업 간 추격에 던지는 의미는 다음과 같다.

첫째, 아모레퍼시픽이 보여 주는 '경로창출형' 추격전략[31]의 유용성이다. 외국 명품 브랜드의 시장 지배에서 후발주자인 아모레퍼시픽이 고급 화장품시장에 진입하는 것은 매우 어려웠다. 이런 상황에서 아모레퍼시픽은 마케팅 전략, 브랜드 전략 등 모든 전략에서 로레알을 벤치마킹하고 제품 혁신 면에서는 외국 화장품과는 차별성을 지닌 한방에 기초한, 새로운 제품 혁신 경로를 택하여 외국 화장품과의 단순 비교를 피하며 차별성을 확보할 수 있었다. 시장 체제 면에서 접근하면 비용우위가 제품 차별화 우위전략을 택한 셈이다. 이런 경로창출형 추격 전략은 『동아시아와 기술추격의 경제학』에서 분석한 CDMA 이동전화, 디지털 TV등에서도 나타난 것으로, 후발자가 선발자의 경로를 착실히 따라가는 것만으로는 역전이 일어나기 힘들기 때문에 후발자가 과감히 택할 수 있는 그러나 위험이 따르는 추격전략이다.

둘째, 패러다임 변화가 열어 주는 추격 기회의 창을 적절히 활용하는 것도 중요하다. 위에서 정리한 경로창출형 추격이 후발자가 기업 차원에서 선택한 전략이라면 외부 환경의 변화나 새로운 기술·시장 패러다임의 외생적 출현이 후발자에게 기회의 창이 될 수도 있다. 『동아시아와 기술추격의 경제학』에서 설명했듯이 아날로그에서 디지털 패러다임으로의 변화는 후발 한국 가전 기업이 일본 기업을 따라잡는 결정적 계기기 되었다. 비슷한 패러다임 변화는 후발자에게 기회의 창이 된다. 이 화장품 산업의 경우는 인터넷이라는 새로운 유통 마케팅 환경의 출현이 미샤라는 후발 진입자에게 저비용으로 소비자에게 다가갈 수 있는 기회로 작용했다. 미샤는 인터넷 판매 및 판촉을 통해 진입한 후 이를 브랜드 샵이라는 유통망 체계를 단순화하여 오프라인 판매망 구축으로 연결했다.

셋째, 지속적인 학습과 혁신의 노력이 중요하다. 후발 중소기업의 사례에서 보면 초기나 한번의 성공이 지속되지 못하고 결국 경쟁에서 도태되는 경우가 많다. 상당수의 경우 그 원인은 지속적인 혁신과 학습 메커니즘을 사내에 정착하지 못해 새로운 제품·공정 혁신을 이루지 못한 것이 원인이다. 이 장에서 다룬 미샤의 사례가 여기에 해당되며 미샤는 자체 연구 개발을 통한 혁신능력 보강에 소홀히 해 시장 경쟁성을 유지하는데 실패했다. 반면에 모방적 후발 진입자인 더페이스샵은 상대적으로 많은 연구 개발 성과를 내었고 지속적으로 외부의 신지식을 흡수 연계하는 메커니즘을 구축했다. 고급 화장품시장에서 외국 명품과 경쟁하는 아모레의 경우도 한방 화장품 등을 개발할 수 있었던 것에는 연구 개발에 많은 자원을 투입하고 대학 등 외부 지식 원천과의 연계를 적극 활용한 것이 성공 요인이다.

마지막으로 시장에서의 성공을 지속하기 위해서는 남과 다른 차별성을 구축해야 하고 이것은 곧, 후발 추격자에 대한 방어막이 된다. 이런 방어막의 예가 화장품 산업에서는 브랜드 이미지이다. 화장품은 이미지 산업이다. 화장품의 이미지가 화장품 값을 결정하고 소비자의 마음을 움직이기도 한다. 따라서 적절한 이미지 구축은 시급한 당면 과제이다. 아모레퍼시픽의 경우 한방 화장품을 명품화하여 고급 이미지 획득에 성공했고, 더페이스샵의 경우 중저가 상품임에도 불구하고 자연주의 컨셉을 통해 순한 화장품이라는 이미지 획득에 성공했다. 그러나 가격 우위에만 의존하여 진입한 미샤는 자신만의 브랜드 이미지 개발에 소홀하여 저가시장으로 선두 진입한 것 외에는 차별성을 구축하지 못해 비슷한 저가 업체의 추격에 대한 방어막을 구축하지 못했다.

3부

IT와 인터넷 기업

NHN의 추격과 M&A전략*

06

박창규 한신정평가 PF평가본부 선임연구원
최준연 경북대학교 경제학부
이 근 서울대학교 경제학부 교수

세계 검색시장의 70퍼센트는 구글이 점유했고 한국의 검색시장 70
퍼센트는 NHN의 네이버가 주도한다. 지식iN 서비스를 필두로 한 네이
버는 2004년 한국 검색시장 점유율 70퍼센트의 독보적 강자로 자리 잡
았다. 네이버의 시장 점유율은 2002년 10월, 지식 검색 서비스 '지식
iN'을 시작한 때부터 급속히 증가하기 시작해 다음 해 1월 지식iN의 데
이터베이스(DB)는 7,500만을 돌파했다. 새로운 개념의 검색엔진인 '지
식iN'은 축적된 검색 DB가 빈약해 양질의 검색 결과를 제공할 수 없었
던 국내 검색엔진의 한계를 깰 수 있는 계기를 마련했다. 이외에도
NHN은 1,000만 페이지 분량의 도서 본문 검색 서비스, 90여 개 매체로
부터 제공되는 종합 뉴스, 실시간 검색 순위, 모바일 검색 등 검색 서비
스뿐만 아니라 블로그, 카페, 포토 갤러리 등의 콘텐츠까지 제공함으로

써 시장의 요구에 부합하는 새로운 서비스 개발을 통해 빠르게 시장 점유율을 높였다.

또한 NHN의 다른 사업 영역인 게임 포탈 서비스 한게임은 다양한 장르의 게임을 원하는 소비자 취향에 부응하기 위해 노력한 결과 캐쥬얼게임 전문 업체에서 종합 게임 포탈로 거듭나는데 성공했다. 한게임은 2006년 게임 개발사 ㈜네오플을 인수하여 게임 개발 및 퍼블리싱에 집중하고 있으며 특히, 향후 모바일 게임시장이 성장할 것으로 예측하고 모바일 기반기술 개발사 인수를 통해 모바일 게임 서비스 기술 향상에도 박차를 가하고 있다. 이러한 노력의 결과 한게임은 국내 3대 온라인 게임 포털 및 최대 온라인 게임 업체로 성장하였으며, 일본시장 1위, 중국시장에서는 10대 게임 포탈 업체로 자리 잡았다. 그리고 2005년, 미국법인을 출범하여 미국시장에 뛰어들 준비를 하고 있다.

글로벌 인터넷 업체의 적극적인 한국시장 공략에도 네이버와 한게임의 모회사인 NHN의 성장세는 멈추지 않았으며, 거대 글로벌 기업의 공격에도 여전히 국내시장을 주도하고 오히려 글로벌 회사로서 더 크

그림 6-1 접속자 수 기준으로 본 국내 검색시장 점유율

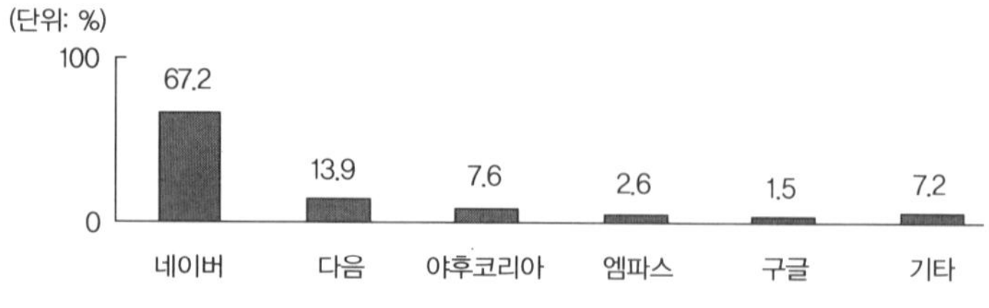

(단위: %)

네이버	다음	야후코리아	엠파스	구글	기타
67.2	13.9	7.6	2.6	1.5	7.2

출처 : 통계청 자료, 2006. 11.

그림 6-2 국내 게임 포털 시장 점유율

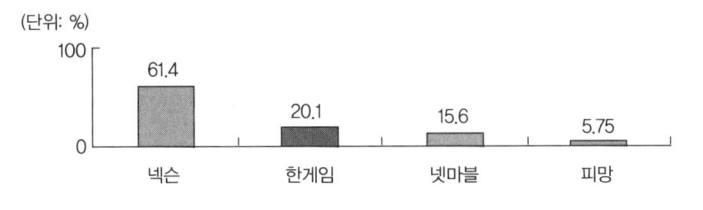

출처 : 통계청 자료, 2006. 11.

게 도약하고 있다. NHN은 2002년 10월 코스닥 상장 이후 2003년 5월 시가총액 1조 원을 돌파했고, 2005년 8월 2조 원, 11월 3조 원, 그 한 달 뒤인 12월 다시 4조 원대를 연속 돌파하였다. 2007년 1월에는 6조 원을 넘어선 뒤 2007년 5월, 7조 원대에 돌입했다.

1996년 6월 삼성SDS의 사내 벤처 '네이버컴'으로 출발해 설립 초기 자본금이 5억 원이었던 작은 인터넷 기업 NHN의 급속한 성장 원인은 빠르고 다양하게 변화하는 소비자의 요구에 부응하는 새롭고 창의적인 인터넷 서비스의 지속적인 개발 및 제공에 있다. 그리고 이는 적극적인 기술 지향적 M&A와 이를 뒷받침하는 제품 개발 R&D를 통한 끊임없는 기술혁신이 있었기에 가능했다. 따라서 인터넷 기업의 성장에 있어 지속적인 기술혁신이 갖는 의미는 무엇이며, 새로운 기술의 개발 방법으로 NHN이 선택한 기술 M&A와 제품 개발 R&D의 효과를 살펴보고 향후 다른 인터넷 기업의 성장에 유용한 시사점을 파악해 보자.

본 장은 첫째, 말레르바가 제시한 SSI의 틀[1]로 인터넷 기업의 성장에 지속적인 기술혁신과 지식 기반이 매우 중요함을 밝히고 둘째, 인터넷 산업의 기술 체제 특성상 새로운 기술 획득이 매우 중요하며 이

그림 6-3 NHN의 매출액 변화 추이

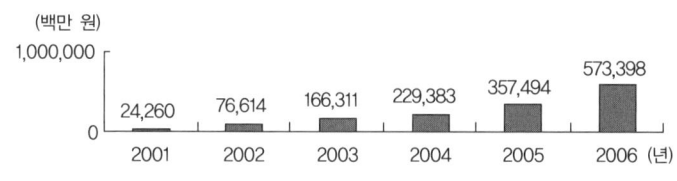

러한 신기술 획득 방법 중 기술 M&A와 적극적인 R&D 투자가 유의한
영향을 미쳤음을 한국 NHN을 중심으로 구글과 엠파스의 비교를 통해
살펴본다.

인터넷 산업의 기술체제와 기술혁신

인터넷 산업 기술추격의 결정 요인

인터넷 산업은 대다수 이용자들이 10대에서 20대 사이의 청소년이
라는 특징이 있다. 이들은 새로운 기술에 대한 관심이 매우 높으며 기
술의 발전에 대해서 긍정적인 반응과 빠른 적응력을 보이고 있다.[2] 또
한 LG경제연구원은 인터넷 산업이 다른 어느 산업보다 급속한 정보통
신 기술의 개발과 통합 환경으로의 변화에 직접적으로 노출되어 있다
고 밝혔다.[3]

이처럼 빠르게 변화하는 시장 요구에 대응하기 위해 인터넷 산업은
각종 새로운 영역으로 사업을 넓혀 왔으며, 과거 정보 제공 및 공유의

채널로 인식되었던 인터넷은 점차 오락적이고 실용적인 기능으로 그 범위가 확대되었다. 그 결과 인터넷은 현대 실생활에서 없어서는 안 될 필수적인 도구가 되었다. 규모가 커진 인터넷 산업은 진입장벽이 낮은 특성 때문에 누구나 쉽게 시장에 진·출입할 수 있으며, 새로운 서비스를 개발해 시장 요구 창출에 성공한 인터넷 기업은 수익을 올리고 새로운 요구 창출에 실패한 기업들은 즉시 도태되는 구조를 갖는다.

말레르바[4]가 제시한 SSI의 구성 요소인 지식과 기술, 주체와 네트워크, 수요 체제, 제도 중 지식과 기술적 특성이 인터넷 산업의 발전에 중요한 이유는 여기에 있다. 항상 새로운 것을 원하고 매일매일 새로운 기술이 개발되며 다른 산업의 통합이 증폭되는 수요 체제에 대응하기 위해서는 지속적인 새로운 서비스 제공이 필수적이다. 그리고 이를 위해서는 새로운 지식과 기술을 확보하는 것이 인터넷 기업의 생존에 매우 중요한 의미를 지니게 되었다.[5] 그런 경우, 종종 '경로창출형 기술추격'이 가능하게 된다.

신슘페터주의가 제시한 기술 체제에 따라 인터넷 산업의 특성을 다시 정리하면 인터넷 산업은 빠르게 새로운 기술이 탄생하고 진화하며, 다른 산업 및 기술과 쉽게 통합되어 새로운 비즈니스 모델이 탄생된다. 따라서 '기술 발전의 기회성'이 높고 '기술 진보의 누적성'은 낮다. 그리고 많은 사람들이 서비스를 이용할수록 상품의 가치가 높아지는 네트워크의 외부성[6]이 존재하고, 복제 가능성 때문에 '혁신의 전유 가능성'은 낮지만 혁신적 서비스를 위해서는 고도의 정보통신 기술이 필요한, '과학기술의 외생적 진보'에 의존하는 지식 기반 산업이다.

인터넷 기업의 새로운 서비스 개발을 위한 기술혁신에 있어 기술 발전의 높은 기회성과 기술 진보의 누적성, 낮은 혁신의 전유 가능성은 유리한 측면으로 작용할 것이다. 반면에 과학에의 의존도가 높다는 점은 같은 인터넷 기업일지라도 이미 기술을 확보한 선발 업체에게는 유리하게, 기반 기술이 없는 후발 업체에게는 불리하게 작용할 수 있다. 다시 말하면 인터넷 산업 내의 모든 기업이 똑같은 기술 체제에 있어도 개별 기업의 새로운 기술 확보에 대한 인식과 노력이 기업 성패의 중요한 요인이다.

지속적인 신기술 획득의 경로: 기술 M&A와 제품 개발 R&D

지속적인 기술 획득을 위한 경로로 기술 M&A의 중요성은 종종 많은 사람들로부터 간과되지만 M&A를 통한 기술 획득은 R&D만큼이나 효과적이다.[7] 또한 M&A로부터 획득된 기술은 새로운 제품 또는 서비스로의 확장에 중요한 동기로써 작용한다.[8] 따라서 인터넷 기업은 신기술 확보와 제품 개발을 위해 상황에 맞는 적합한 전략을 통한 기술 M&A와 제품 개발 R&D가 요구된다.

인터넷 기업에 있어 기술 M&A가 신기술 획득 과정에서 매력적인 이유는 쉽고 빠르게 새로운 기술을 습득하고 시장화할 수 있기 때문이다. 일반적으로 R&D 투자를 통한 기술 개발은 시간이 많이 걸리고 실패 가능성이 큰 반면, M&A를 통한 기술 획득은 R&D 과정에 필요한 시간과 노력을 덜어 주고 기술의 상품화 가능성에 대한 리스크를 줄일 수 있다. 이러한 이유로 국내 코스닥 기업 간 합병은 합병기업이 기술력을 가지고 있는 피합병기업을 흡수합병함으로써 합병에 의한 시너지를 창출하며 연구 개발이 큰 기술 집약적 기업의 인수 합병은 합병 성과가 높게 나타나는 경향이 있다.[9] 즉, 기술 M&A를 통해 인터넷 업체는 피합병 업체가 보유하고 있는 새로운 기술을 습득하여 자신의 사업에 적용시 킴으로써 새로운 서비스 개발을 빠르게 이룩할 수 있다. 이 같은 기술 M&A를 통한 신기술 획득은 종종 기술 1장에서 제시한 '단계 생략형 추격'을 가능케 한다. 반면 제품 개발 R&D 투자를 통해서도 신기술을 획득할 수 있다. R&D는 크게 공정 개발형 R&D와 제품 개발형 R&D로 나뉘는데, 다양하고 새로운 서비스 및 제품 제공을 위해서는 후자인 제품 개발형 R&D가 필요하다.[10]

기술 개발을 위한 R&D 투자는 오랜 시간이 걸리고 상품화 가능성이 불확실하다는 단점이 있다. 이런 특성 때문에 기술 진보가 빠르고 예측하기 힘든 인터넷 산업에서는 새로운 기술 개발에 긴 시간이 소요되는 R&D 투자는 상당한 리스크를 동반한다. 하지만 R&D가 장기적으로는 기업의 산출과 생산성에 유의한 영향을 미치며, 그 효과는 일반기업보다 기술 집약적인 기업에서 더 크게 나타난다.[11]

더욱이 완전히 새로운 개념의 서비스를 창출하기 위한 '경로창출형 기술혁신'은 제품 개발형 R&D를 통해서만 가능하다. 따라서 기술 M&A를 통해 새로운 기술에 대한 획득이 일단락된 기업에서는 확보된 기술을 기반으로 새로운 수요를 창출하기 위한 지속적인 사내 R&D 투자가 필수적이다.

:: 사례 분석

지금까지 인터넷 산업에 있어 지속적인 신기술 확보가 기업의 성장에 매우 중요한 요소이며, 신기술 획득의 경로로서 기술 M&A와 획득된 신기술을 지속적으로 뒷받침하기 위한 제품 개발 R&D 투자가 필요함을 알게 되었다. 앞으로는 이론적으로 뒷받침된 인터넷 산업의 꾸준한 기술혁신의 중요성과 유의한 확보 방법을 실제 사례를 통해 검증해본다. NHN의 성공 사례를 중심으로 구글의 도약과 엠파스의 실패 사례를 비교해 새로운 기술 획득 방법인 기술 M&A와 제품 개발형 R&D 투자가 기업의 성과에 어떠한 영향을 미치는지 알아본다.

NHN의 지속적인 기술혁신

기술 M&A

NHN은 시작부터 현재에 이르기까지 소비자가 원하는 새로운 서비스 개발을 통해 성장했다. 그리고 새로운 서비스 개발을 위해 다양한 기술 M&A로 신기술을 획득했다. NHN의 M&A 연혁(표 6-1참조)을 통해 NHN의 역사에 M&A가 얼마나 큰 비중을 차지하고 있는가를 알 수 있다. NHN의 인수 합병 역사는 2000년 7월 검색의 네이버와 게임의 한

표 6-1 NHN M&A 연혁

2000. 07	한게임 커뮤니케이션, 원큐, 서치솔루션 3개사 합병
2003. 03	소프트웨어 개발업체 ㈜솔루션홀딩스 인수
2003. 10	모바일 멀티미디어 기술 개발 전문업체 ㈜IVN테크놀로지 인수
2003. 12	디지털 콘텐츠 전송기술 개발업체 ㈜퓨처밸리 인수
2006. 04	게임개발사 ㈜네오플 지분 60% 인수
2006. 06	검색전문회사 ㈜첫눈 인수
2006. 10	스토리지 전문업체 데이터코러스 인수

출처 : IT 전문 뉴스 블로터닷넷

표 6-2 M&A를 통한 경쟁력 강화 경로

게임이라는 두 가지 인터넷 핵심 콘텐츠 통합으로부터 시작된다. ㈜네이버컴과 한게임 커뮤니케이션의 통합 당시 포탈과 게임은 서로 다른 서비스 영역이라는 생각이 지배적이었다. 하지만 네이버는 제공 컨텐츠를 늘려 회원의 요구를 충족하고, 한게임은 포탈의 회원을 공유할 수 있다는 점에서 둘의 합병은 많은 시너지 효과를 불러왔다. 네이버와 한게임의 합병 사례는 현재 우수 M&A 사례 중 하나로 꼽히고 있으며, 2000년 당시 '닷컴 버블'이 꺼지면서 많은 인터넷 벤처 업체들이 도산하는 가운데 양 거인의 합병이라는 과감한 결정이 결과적으로 현재의 NHN이 될 수 있는 기반이었다는 점은 의심할 여지가 없다.

NHN의 M&A는 두 가지 관점에서 경쟁력을 가져다준다. 첫째, 기존 사업의 서비스 질 향상을 위해 관련 기술 보유 기업을 인수 합병하여 기존 사업에 시너지 효과를 불러일으키고 고객 만족도를 향상할 수 있었다. NHN은 2006년 6월 새로운 개념의 검색 알고리즘인 '스노우랭크' 랭킹 알고리즘[12]을 개발한 ㈜첫눈[13] 인수를 통해 그동안 네이버 검색엔진의 최대 약점이던 검색엔진의 기술적 완성도를 보강하고 향후 일본 시장 진출을 위한 검색엔진 개발의 초석을 마련했다. 또한 게임 개발사인 ㈜네오플의 인수로 기존 NHN의 게임 개발 자회사였던 'NHN게임스'의 기술 및 업무 영역을 보강할 수 있었다.

M&A를 통한 NHN의 또 다른 경쟁력 강화 경로는 전혀 다른 신기술을 보유하고 있는 기업 인수를 통해 사업 서비스 및 콘텐츠를 다양화한 것이다. 네이버와 한게임의 합병은 검색과 게임이라는 상이한 사업 영역이 만나 콘텐츠 확대를 모색했다는 점에서 여기에 해당된다. 그 밖에 모바일 기술 개발 업체인 ㈜IVN 테크놀로지와 ㈜솔루션홀딩스의 인수는 NHN이 네이버 및 한게임의 모바일화를 통한 서비스 영역 확장에 기여했다.

이처럼 NHN은 잇따른 기술 M&A를 통해 지속적으로 새로운 기술을 확보했으며 이를 새로운 서비스와 콘텐츠 개발에 적극 활용하여 시가 총액 기준 코스닥 최대 기업으로 성장한 힘을 얻었다.

제품 개발형 R&D

기술 M&A를 통해 획득된 새로운 기술을 상업적으로 성공시키기 위해서는 추가적인 제품 개발형 R&D 투자가 필요하다. NHN은 현재 보유하고 있는 한국과 미국 2개의 검색기술 연구소에서 새로운 검색엔진에 대한 꾸준한 연구를 계속하고 있다. 이를 통해 동영상 스트리밍을 위한 멀티캐스팅 서비스 솔루션 'TMS'와 모바일 멀티미디어 제작기술 '매직캣' 등의 개발에 성공했다.

NHN의 새로운 기술 개발에 대한 노력은 최휘영 대표의 경영 신념에서도 드러난다. 최휘영 대표는 향후 네이버의 새로운 검색 서비스로 '개인화 검색 서비스' '멀티미디어 검색' '웹문서 검색' '신기술 접목 검색' 등을 준비하고 있으며 제품 개발형 R&D 강화를 통한 다양한 서비스를 기반으로 이용자들에게 더욱 정확한 지식 정보를 제공하는 역할에 충실할 방침이라고 밝혔다.[14] NHN은 M&A를 통해 확보된 기술을 기반으로 꾸준히 R&D 투자를 지속해 검색엔진 및 3D 게임 그래픽 전용 엔진(그란3D) 등 핵심 서비스에 대한 자체 기술력을 가지고 있다. 게다가 NHN에서 서비스 되는 검색, 커뮤니티, 메일, 포토 등 한게임의 각종 게임까지 새로 선보이는 모든 제공 콘텐츠는 NHN이 자체 개발한 솔루션을 바탕으로 개발되었다. 이는 NHN의 제품 개발형 R&D에 대한 노력을 잘 보여 준다. 자체 개발된 솔루션은 고객의 요구에 보다 빠르고 정확하게 대응하는 원동력으로 작용하며 NHN의 핵심 경쟁력의 기반이 되었다.

NHN은 M&A를 통해 확보된 새로운 기술 기반을 활용하기 위해 M&A 과정에서 충원되는 신규 인력 중 기술 개발 직원에 한하여 100퍼센트 고용을 보장하고 있다. 총 인력 중 기술 개발 인력은 60퍼센트 이상 보유하고 있으며, 매년 채용 과정에서 60퍼센트를 연구 개발직에서

표 6-3 NHN과 경쟁사의 자회사 비교

NHN의 국내 자회사 현황		경쟁 D사의 국내 자회사 현황	
서치솔루션	검색엔진 연구 및 개발	자회사 D	온라인 보험서비스
퓨처벨리	음성인식 기술 개발	자회사 N	검색 광고 대행
NHN게임스	게임 개발	자회사 T	온라인 여행사
네오플	게임 개발	자회사 F	보험 대리점
데이터 코러스	저장장치 전문 업체		
쿠쿠커뮤니케이션	콘텐츠 개발		
IVN테크놀로지	멀티미디어 기술		
첫눈	검색엔진 개발		

충당하고 있다. 검색 엔지니어 현황을 보면 현재 NHN의 검색 인력 수
는 약 400여 명으로 알려져 있다. 이는 국내의 다른 메이저 검색 업체의
검색 인력 수가 약 100여 명 안팎인 점에 비해 매우 높은 수준이다. 또
한 국내 인터넷 업계의 검색 인력이 1,000여 명이라는 점을 감안하면
총 검색 인력의 약 40퍼센트를 NHN이 보유하고 있다.[15]

NHN의 기술 개발에 대한 신념은 NHN이 보유한 자회사 현황에서도
드러난다. NHN의 총 14개 자회사 중 8개가 국내 회사이며, 8곳 모두
기술 개발 업체라는 특징이 있다. 반면 국내 인터넷 업계 1위 자리를 놓
고 경쟁하는 D사의 경우 국내 자회사 5개 중에서 1개[16]를 제외한 나머
지 4개가 기술 개발과 거리가 먼 영업 및 서비스 회사이다.

NHN의 매출액 대비 R&D 투자 비율은 매년 10퍼센트를 넘으며 이
는 인터넷 업계 평균인 약 6퍼센트[17]를 크게 상회하는 수준이다. 2006
년 NHN의 R&D 투자액은 매출액의 12퍼센트인 723억 원으로 코스닥
상장 법인 중 가장 많은 금액일뿐만 아니라 인터넷 업계의 평균 투자액
인 71억 5,000만 원의 약 10배에 달하는 금액이다. 경쟁 D사의 경우
2005년 R&D 투자가 매출액 대비 1.23퍼센트에 그쳤으며, 2006년에는
5.40퍼센트로 크게 늘었지만 여전히 NHN 투자 비율의 절반 수준에 그
친다.

지속적인 신기술 확보의 성과

적극적인 기술 M&A와 제품 개발형 R&D 투자로 지속적인 신기술
확보 및 새로운 서비스 개발에 성공한 NHN은 현재 제공되는 자사의 모
든 서비스 기술을 자체 개발하여 로열티를 전혀 지불하지 않는다. 2007

표 6-4 NHN의 주요 미국 특허출원 목록

미국 특허 공개 번호	발명의 명칭
US20070067288	네트워크를 통한 커뮤니티 검색 서비스 시스템 및 그 방법
US20070060409	골프 게임 시스템 및 그 방법
US20070060315	게임 아이템 판매 등록 시스템 및 게임 아이템 판매 등록방법
US20070055623	인터넷을 이용한 전자 상거래에서의 분할 결제 제공 방법 및 시스템
US20070050355	카테고리 별 키워드의 입력 순위를 제공하기 위한 검색서비스 시스템 및 그 방법
US20070042759	무선 네트워크를 통한 마일리지 제공 방법 및 그 시스템
US20070038665	로컬 컴퓨터 검색 시스템 및 이를 이용한 로컬 컴퓨터 검색방법
US20070038624	급상승 검색어 검출 방법 및 시스템
US20070005433	지식 광고 방법 및 지식 광고 시스템
US20060020516	검색 결과 목록 생성 시스템 및 방법

출처 : 미국 특허청 사이트

년 말 611건의 등록된 국내 특허권을 보유하고 있으며[18] 코스닥 상장기업 중 최다 특허권 보유 수준이다.

NHN은 또한 2007년 4월 기준 총 44개의 기술 특허를 미국 특허청에 출원하였다. 이는 국내 다른 인터넷 업체의 미국 특허출원 현황이 전무하다는 상황에서 매우 큰 의미가 있다.

인터넷 산업의 선진국이자 기술 개발의 종주국인 미국에서 특허를 국내 기업이 등록하기에는 어려움이 많다. 이 같은 어려움에도 불구하고 NHN은 미국 특허를 적극적으로 출원하고 있으며 글로벌 기업으로 거듭나고 있는 NHN이 국외시장에서도 새로운 기술력을 지속적으로 추구해 소비자의 요구를 충족시키기 위해 노력하고 있다.

재빠르게 세계 검색시장을 석권한 구글

1998년 세르게이 브린과 레리 페이지라는 두 명의 대학생에 의해 구글이 세워질 당시에는 이미 전 세계적으로 인터넷 사용자가 1억 명을 넘어섰으며 검색엔진 시장은 야후, 알타비스타 등에 의해 포화된 상태였다. 하지만 다른 사이트에서 인용되는 빈도가 높을수록 그 사이트의 신뢰성을 높게 평가하는 새로운 검색 기술로 구글은 단숨에 전 세계 인터넷시장을 주도하는 거대 기업으로 성장했다. 구글 검색엔진 개발자인 브린과 페이지는 자신들의 새로운 검색기술을 알타비스타나 익사이트에 팔 계획이었다. 하지만 당시 이들 회사는 검색엔진의 우월성이 사용자의 증가로 이어지지 않는다고 생각했고 검색엔진을 좀더 보강할 수 있는 새로운 기술 개발보다 마케팅에 주력하고 있었다. 결국 독자적으로 사업을 시작한 구글[19]은 매년 약 120퍼센트씩 성장하여 2001년, 전 세계 최대의 검색엔진이 되었다. 구글의 성장은 인터넷 산업에 있어서 새로운 기술을 통해 소비자의 요구에 부응하는 서비스 제공이 매우

그림 6-4 구글의 매출액 상승 추이

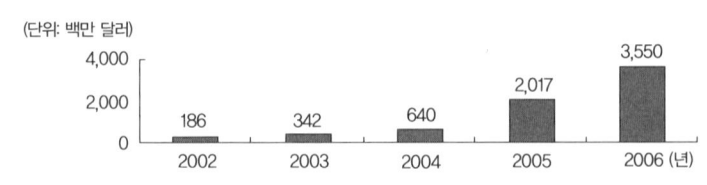

(단위: 백만 달러)

출처 : 구글 연례 사업 보고서(2006)

156

표 6-5 구글 주요 M&A 사례

인수 연도	인수 회사	인수 목적
2001. 02	데자닷컴	방대한 데이터의 검색 가능한 형태로 통합
2003	파이라랩	블로그 서비스
2004. 07	피카사	이미지 서비스
2004. 10	키홀	디지털 · 위성 이미지 지도 제작
2005. 03	어친	웹 분석
2006. 07	유투브	동영상 및 UCC서비스
2006. 10	잣스팟	웹 상에서 문서 작성 및 공유 가능

출처 : 로이터 통신, 2007.05.11

중요함을 잘 보여 준다.

구글은 2006년 11월 16억 5,000만 달러에 유투브를 인수했다. 이는 구글이 UCC 사업으로의 영역을 확장하기 위한 신기술 확보전략으로 M&A를 선택한 것이다. 구글의 CEO 에릭 슈미트는 "지금까지는 신기술 확보를 위해 기술자를 새로 고용하는 대신 기업 인수를 선택했으며, M&A는포트폴리오 구축의 일환으로 추진되어 왔다"고 밝혔다. 실제로 유투브 인수를 포함해 최근의 구글 M&A 목적은 신규 사업으로의 진출을 모색하기 위한 기반 기술 획득에 있다. 지난 2004년 10월 인수한 디지털 지도회사 키홀과 2005년 5월 인수한 웹 분석 통계회사 어친 역시 구글의 새로운 사업 영역을 위해 인수된 사례이다. 이 두 회사는 구글에 인수된 이후 구글 어스와 어낼리틱스의 서비스 콘텐츠 개발 모태가 되었다. 즉, 구글의 전략은 향후 고액의 수입원을 창출할 것이라고 기대되는 기술 업체를 비교적 낮은 가격에 인수한 뒤 강력한 기술 팀과 콘텐츠 개발 인력을 확보하여 발 빠르게 시장 요구에 부응하는 것이다.

구글은 설립 처음부터 기술회사로 시작하였으며 지금도 기술에 대한 중요성을 잊지 않고 있기 때문에 지금과 같은 회사로 성장할 수 있었다. 구글은 매년 전 세계의 유수한 프로그래머들을 초대하여 '코드잼 대회'를 개최한다. 구글은 이 대회를 뛰어난 기술자의 영입 창구로 활용한다. 또한 R&D에 대한 투자 비중을 2002년 매출의 7.2퍼센트에서 2006년도에는 11.6퍼센트까지 지속적으로 늘리고 있다. 구글은 시장의 변화 흐름에 뒤처지지 않기 위해 끊임없이 새로운 기술 개발을 추구하고 있다.

기술 M&A를 통한 새로운 기술 확보와 이를 기반으로 한 지속적인 제품 개발형 R&D 투자 노력으로 구글의 기술 수준은 인터넷 업계 최고가 되었다. 이러한 탄탄한 기술력을 기반으로 하여 구글은 다양한 범위에서 다른 경쟁 업체들보다 빨리 소비자가 원하는 서비스 제공에 성공했다. 뿐만 아니라 지속적인 혁신으로 소비자의 욕구 충족에서 더 나아가 욕구를 새로이 창출하고 있다. 얼마 전 발표한 달에 짓는 연구소, 우주에서 하는 인터넷 등의 계획은 구글의 지속적인 기술혁신의 의지이며 앞으로도 인터넷 업계 선두를 지키기 위한 전략이다.

그림 6-5 구글 R&D 지출액

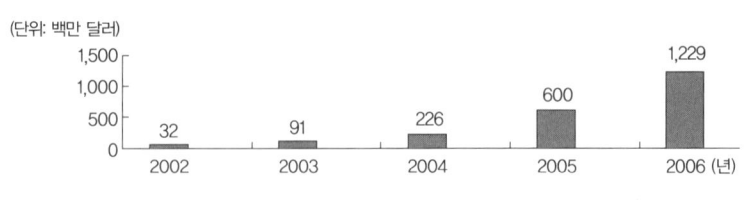

(단위: 백만 달러)

출처 : 구글 연례 보고서 종합

빠른 시장 진입, 그러나 신기술 확보에 뒤진 엠파스

2006년 9월 검색 포탈 서비스인 엠파스가 SK커뮤니케이션즈에 인수되었다. 엠파스는 1999년 문장 검색이라는 독창적인 방식을 통해 기존의 검색엔진보다 정확한 검색능력을 제공해 개시 때부터 사용자들의 큰 주목을 받으며 단숨에 검색 포탈 3위에 올라선 기업이다.

하지만 2000년대 들어서 국내 검색 포탈들은 포탈 간의 경쟁뿐 아니라 점차 제공하는 서비스가 세분화되어 다른 닷컴들과도 회원 확보와 광고 유치를 놓고 경쟁해야 했다. 즉 고유의 핵심 역량을 개발하여 충성도 있는 회원을 유치하는 것이 포탈 생존의 가장 중요한 문제가 되었다.[20] 반면 많은 검색 포탈들이 단기적인 수익성 개선을 위해 개발 인력을 줄이고 신기술 투자에 소홀하여 새로운 기술 및 서비스 개발에 어려움을 겪었다. 엠파스 역시 기존 개발 인력을 약 30퍼센트가량 줄이는 것을 필두로 서버비용의 절감, 솔루션 개발 및 테스트비용 절감 등 기술 개발 투자를 줄였다. 투자의 감축으로 엠파스는 더 이상 새로운 기술의 확보가 어려워졌으며 결국, 2003년 네이버와 검색시장 경쟁에서 패배하고 시장에서 도태되었다. 엠파스는 후발 업체인 네이버의 '지식iN' 서비스가 크게 성공해 엠파스의 시장 점유율을 잠식하자 지식 검색 서비스의 원조격인 디비딕[21]을 인수하여 뒤늦게 지식 검색시장에 진입하였지만 디비딕 인수 뒤 적절한 기술혁신 및 새로운 서비스 개발이 이루어지지 않아 2003년 야후에 이어 검색시장 2위 자리를 네이버에 빼앗겼다. 엠파스는 신지식과 신기술이 중요한 인터넷 산업에서 기술의 중요성을 간과했다. 결국 부족한 제품 개발 R&D 투자는 신기술 개발의

표 6-6 네이버와 엠파스의 포털 서비스 시작 시기 비교

| | 서비스 시작 시기 | | | |
	네이버		엠파스	
인터넷 게임	한게임 합병	2000. 07	엠파스 게임나라	2003. 12
지식검색	지식 iN	2002. 10	지식 거래소	2003. 03
블로그	네이버 페이퍼	2003. 06	엠파스 블로그	2003. 09
카페	네이버 카페	2003. 12	엠파스 카페	2004. 03
지역 검색	네이버 지역정보	2004. 05	-	-
모바일 검색	모바일 통합 검색	2004. 11	-	-
음악 검색	네이버 음악검색	2005. 01	엠파스 음악검색	2005. 12
데스크톱 검색	네이버 데스크톱	2005. 10	-	-
동영상 검색	네이버 동영상검색	2005. 12	엠파스 동영상검색	2005. 08

출처 : http://blog.naver.com/cinews

속도를 떨어뜨리고 엠파스는 항상 시장의 요구보다 늦게 서비스를 제공할 수밖에 없었다. 동영상 검색을 제외한 블로그, 카페, 인터넷 게임 등 다양한 포탈 서비스의 제공 시점에서 엠파스 포탈은 다른 포탈 업체에 비해 항상 늦거나 시작도 못했다. 즉, 엠파스는 기술 개발 지연에 의해 적절한 시기의 서비스 보완에 실패함으로써 빠르고 다양하게 변화하는 소비자 유인에 실패한 것이다(표 6-6참조). 이러한 결과로 2006년 현재 엠파스 검색엔진의 시장 점유는 네이버의 5퍼센트 수준인 전체 시장의 2.6퍼센트로 추락하였다.

엠파스의 또 다른 시장 실패 원인은 신기술 확보를 위한 기술 M&A가 없었다는 점에도 있다. 인터넷 산업은 기술 변화가 빠르며 시장 요구가 급변하기 때문에 신속한 기술혁신이 지속적으로 필요하다. 따라서 검색시장 후발 업체였던 엠파스가 단시간에 기술 격차를 줄이고 새로

표 6-7 포탈 업체 인수 합병 사례

인수자	인수 대상	일시
다음커뮤니케이션	오이뮤직	2000. 01
다음커뮤니케이션	JYP엔터테인먼트(지분 50%)	2001. 08
다음커뮤니케이션	미디어2.0	2002. 01
SK텔레콤	라이코스 코리아	2002. 06
엠파스	디비딕	2003. 03
솔본(새롬기술)	프리챌	2003. 03
NHN	쿠쿠커뮤니케이션	2003. 05
SK커뮤니케이션즈	싸이월드	2003. 08
NHN	IVN테크놀로지	2003. 11
NHN	퓨처밸리	2003. 12
다음커뮤니케이션	트윈클리틀스타	2004. 04
NHN	북토피아(지분 9.5%)	2004. 07
드림위즈	인티즌 매니아 커뮤니티	2004. 10
다음커뮤니케이션	라이코스	2004. 10
다음커뮤니케이션	온켓	2005. 02
SK커뮤니케이션즈	이투스	2005. 12
대성	코리아닷컴	2006. 01
SK커뮤니케이션즈	이글루스	2006. 03
다음커뮤니케이션	교보문고(지분 15%)	2006. 03
NHN	첫눈	2006. 06
야후코리아	미디어코프(지분 6.73%)	2006. 09
NHN	데이터코러스	2006. 10

출처 : http://blog.naver.com/news365day

운 서비스를 개발해 시장을 선도하기 위해서는 적극적인 기술 M&A 를 통해 빠르게 새로운 기술을 확보해야 한다. 하지만 NHN이 기술을 획득하고 혁신의 기반을 마련하기 위해 적극적으로 M&A에 나섰던 것과 다르게 엠파스의 경우에는 2003년 디비딕을 인수한 이후 한 건

그림 6-6 ㈜지식발전소(엠파스) 영업이익 추이

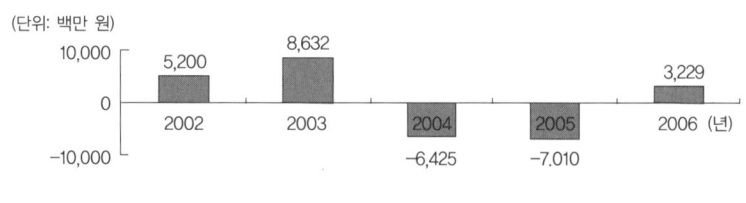

(단위: 백만 원)

출처 : 엠파스 감사 보고서 종합

의 M&A도 하지 않았다(표 6-7참조). 기술 M&A 없이 엠파스는 결국 기술혁신의 벽을 넘는 새로운 서비스를 개발하지 못했고 소비자 유인에 실패했다.

엠파스는 2007년 말 국내 특허 보유 수가 3개에 불과하다. 이는 엠파스가 새로운 기술 개발에 대해 얼마나 안일한 시각을 가지고 있었는가를 보여 준다. 엠파스의 초기 성장과 몰락은 시장에 대한 이해와 감각을 제외한 신기술 확보의 지연과 지속적인 개선 노력의 부재로 실패 사례이며, 새로운 기술 확보를 통한 지속적인 신서비스 개발 없이는 인터넷 산업에서 성공할 수 없음을 보여 준다.

세 기업 사례를 통한 시사점

인터넷 산업은 기술 발전의 속도가 빠르고 다른 기술과의 통합이 자주 일어나며, 소비자들의 요구 역시 다양하고 빠르게 변화하기 때문에 꾸준한 신기술 확보 및 개발은 필수적이다. 탄생한 기술은 곧 빠르고 쉽게 새로운 기술로 대체되는 인터넷 산업의 기술 체계 특성으로 본 장에서는 신속한 기술추격을 위해 기술 M&A를 들었으며, 지속적인 기술 우위를 위해서는 M&A를 통해 확보된 새로운 기술을 상업화하기 위한 추가 R&D 투자가 필요하다.

이런 주장의 타당성은 단기간에 국내 1위 인터넷 기업으로 성장한 NHN과 전세계 검색시장을 선도하는 구글, 그리고 사업 초기 이후 더 큰 도약에 실패한 엠파스의 사례 비교를 통해 살펴볼 수 있다. 기술 M&A와 이어지는 제품 개발형 R&D 투자는 NHN이 빠른 시일 내에 선발 업체를 추격하고 나아가 소비자가 원하는 새로운 서비스를 시작할 수 있는 기반으로 작용했다. 반면에 엠파스의 실패는 적극적인 M&A 활동이 없고 R&D 투자도 축소하여 지속적인 기술혁신에 실패한 것에 기인한 것으로 볼 수 있다. 미국 구글의 경우, 우수한 새 기술을 기반으로 사업을 시작한 뒤 이후에도 적극적인 제품 개발 R&D 투자를 지속하고 새로운 서비스를 제공하기 위한 기술을 확보하기 위해 다양한 기술 기업들과의 M&A를 시도했다.

삼성전자의 소니 따라잡기
특허분석

07

주시형 서울대학교 기술경영경제정책대학원 박사과정
이 근 서울대학교 경제학부 교수

삼성전자와 소니는 전자 산업의 대표적인 기업으로 디지털 가전, 정보통신기기, 반도체, 컴퓨터 등 다양한 영역에서 경쟁하고 있다. 불과 10년 전인 1996년에만 해도 소니는 삼성전자의 10배(시가총액 측면)가 넘는 거대 기업이었고, 삼성전자를 경쟁 상대로 보지 않았다. 2001년까지 소니는 삼성전자의 두 배에 가까운 매출을 기록했으며, 『포춘』지 선정 세계 500대 기업 순위에서도 37위를 차지하여 105위에 선정된 삼성전자를 크게 앞지르고 있었다. 그러나 삼성전자는 지속적인 추격을 통해 2002년 4월 2일, 시가총액 측면에서 소니를 앞서기 시작했으며 2005년 719억 달러의 매출을 기록하여 666억 달러의 매출을 기록한 소니를 추월했다(그림 7–1). 그 결과 2005년에는 『포춘』지 선정 세계 500대 기업 순위에서 39위를 차지하여 47위를 차지한 소니를 추월, 최초로 50위

권 안에 들었다(그림 7-2).

이러한 삼성전자의 소니 추격의 성공 원인에 대해서는 다양한 설명을 할 수 있다. 먼저 『포춘』지의 특집호에서는 기술, 디자인, 브랜드 마케팅을 세가지 주요한 성공 요인으로 제시했다.[1] 즉, 삼성전자는 기술적 측면의 추격을 통해 2004년 소니와 특허 공유 합의를 도출했으며,[2] 디자인 측면에서의 추격을 통해 2005년 12개 첨단기술 제품에서 아이에프 디자인 어워드if Design Award를 수상하였고,[3] 브랜드 마케팅 측면에서의 추격을 통해 2005년 소니를 추월하여 세계 전자 브랜드 중 최고의 브랜드 가치를 기록했다는 것이다(그림 7-3).

최근에 장세진[4]은 소니와 삼성을 비교한 책에서 전자 산업의 디지털화라는 새로운 추세에 대한 두 기업의 전략을 설명하고 있다. 소니는 네트워크를 활용하여 하드웨어와 콘텐츠 간의 시너지를 추구하는 반면에

그림 7-1 삼성전자와 소니의 매출액

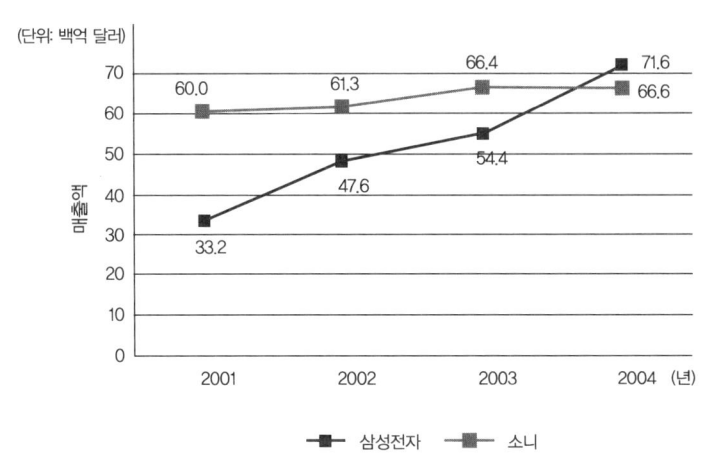

삼성전자는 핵심 부품의 생산에 집중하여 경쟁 우위를 추구하는 전략을 택했다는 것이다. 그러나 장세진[5]은 이런 전략의 차이만으로는 두 기업의 역전을 설명하기 어렵고 내부의 조직 프로세스와 최고 경영자의 리더십이 이 두 기업의 운명을 결정하는 데 중요한 역할을 하였다고 주장했다.

사업의 성공에 있어서 디자인과 브랜드 마케팅의 중요성은 날이 갈수록 강조되며 조직 내 프로세스도 중요하지만, 전자 산업의 특성상 기술혁신이 사업 성공의 핵심 요소라는 사실은 부정할 수 없다. 이에 따라 본 장에서는 삼성전자와 소니가 미국에 등록한 특허와 인용 정보를 활용하여 기술적 측면에서 삼성전자의 소니 추격을 심층적으로 분석한다.

그림 7-2 삼성전자와 소니의 『포춘』지 선정 세계 500대 기업 순위

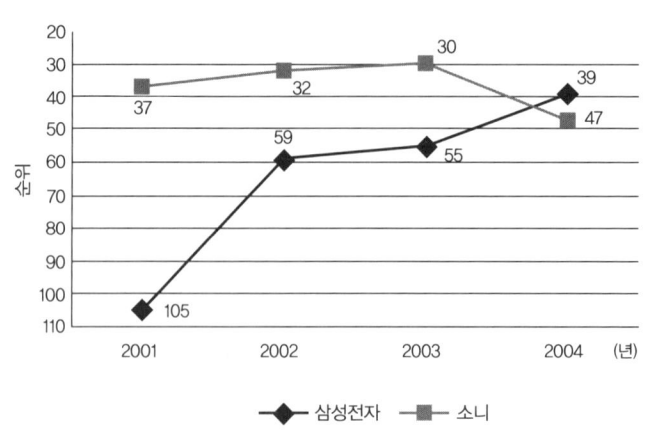

그림 7-3 삼성전자와 소니의 브랜드 가치

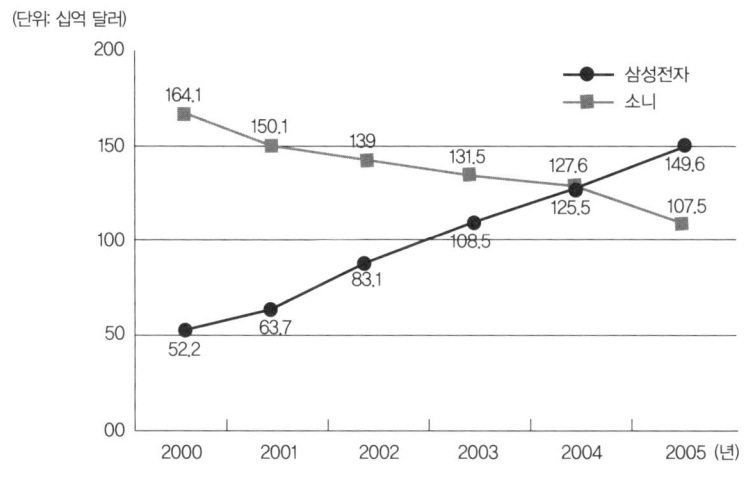

(단위: 십억 달러)

출처 : 인터브랜드 코리아

소니를 추격한 삼성전자의 기술

우리는 미국 특허청에 등록된 특허를 바탕으로 양적·질적 측면에서 삼성전자가 소니를 언제, 어떻게 추격했는지 분석했다. 이를 위해 2005년 5월 31일까지 미국 특허청에 등록된 삼성전자와 소니의 발명 특허정보를 활용했으며, 이들 특허의 인용 정보 분석을 위해서는 홀이 구축한 미국 특허 정보 데이터 베이스와 전미경제연구소의 미국 특허 정보 데이터 베이스를 활용하였다([부록] 표 7-1참조). 양적 측면의 기술추격을 분석하기 위해서는 등록 특허의 건수를 분석하였으며, 질적 측면에서 기술추격을 분석하기 위해서는 등록 특허의 피인용 분석을 수행했다.

그림 7-4 삼성전자와 소니의 등록 특허 건수 및 비율

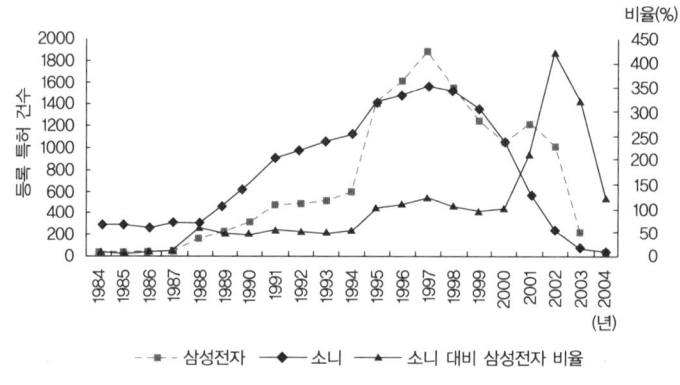

양적 측면의 기술추격

삼성전자의 소니 기술추격을 양적인 측면에서 분석하기 위해 발명 연도별 특허 등록 건수를 분석하였다. 분석 결과 삼성전자의 등록 특허 건수는 80년대 중반까지 소니의 10퍼센트 이하였으나 기술추격을 통해 80년대 후반에는 50퍼센트까지 성장했고, 90년대 중반에는 소니와 대등한 수준으로 성장했다.

2000년대에 들어서는 소니를 앞지르고 있음을 확인할 수 있었다. 이는 그림 7-4에 제시되어 있는데 최근에는 특허 수가 급락하는 현상이 보인다. 하지만 이는 아직 등록이 안 된 특허가 있어서 나타나는 일종의 잘림 현상이다.

또한 삼성전자와 소니의 기술 영역별 등록 특허 건수 분석을 통해 삼성전자의 소니에 대한 기술 영역별 추격을 분석하였다.[6] 영역별로 삼성

전자와 소니의 순위에는 차이가 있으나 두 회사 모두 전자·통신, 전기·반도체, 정보 매체, 컴퓨터, 측정·광학을 주 기술 영역으로 갖고 있다. 이들 5대 기술 영역별로 삼성전자와 소니의 연도별 등록 특허 건수를 분석했다. 구체적인 기술 영역별 분석 결과는 [부록] 표 7-3에 제시되어 있으며 여기서는 그림 7-5에 제시된 소니 대비 삼성의 건수 비율을 중심으로 분석한다.

기술 영역별 등록 특허 건수에 대한 분석 결과, 측정·광학 영역과 전기·반도체 영역은 90년대 중반에, 전자·통신 영역과 정보 매체 영역은 2000년대 들어 삼성전자가 소니를 앞지르기 시작했다. 컴퓨터 영역은 삼성전자가 90년대 후반 소니를 추격했지만 2000년대 들어 소니가 다시 우위를 점하고 있다.

그림 7-5 기술영역별 삼성전자의 소니 대비 등록 특허 건수

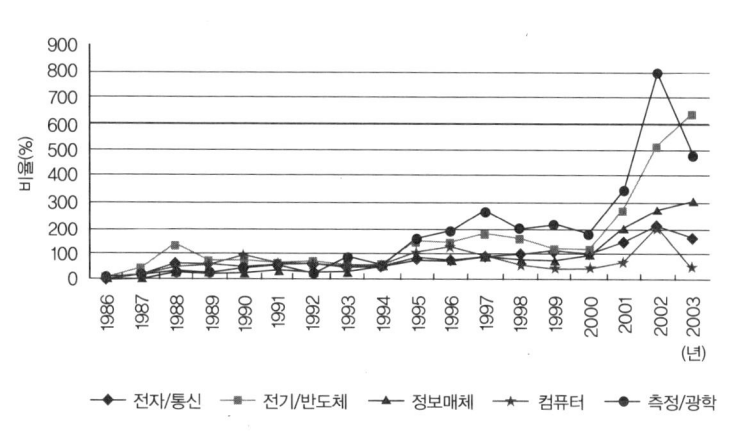

질적 측면의 기술추격

삼성전자의 소니에 대한 양적 측면의 기술추격과 질적 측면의 기술
추격을 분석하기 위해서 특허 인용 분석을 함께 수행하였다. 일반적으
로 다른 특허에 의해서 인용된 횟수가 많을수록 그 특허가 높은 기술적
가치를 지닌다는 것을 다양한 연구를 통해 알 수 있다.[7]

그림 7-6에서는 삼성전자와 소니의 평균 특허 피인용 회수를 비교할
수 있다. 삼성전자는 질적 측면에서 90년대 초반 소니를 앞지르기 시작
하여 그 우위를 지속적으로 유지하고 있다.

또한 그림 7-7에서는 삼성전자와 소니의 특허를 인용한 다른 특허의
평균 피인용 횟수를 분석한 결과를 보여 준다. 이를 통해 얼마나 질적
수준이 높은 특허가 삼성전자 및 소니의 특허를 인용하였는지 분석할 수
있다. 여기서 역시 90년대 초반 소니와 삼성의 역전 현상이 관찰된다.

그림 7-6 삼성전자와 소니의 평균 특허 피인용 횟수

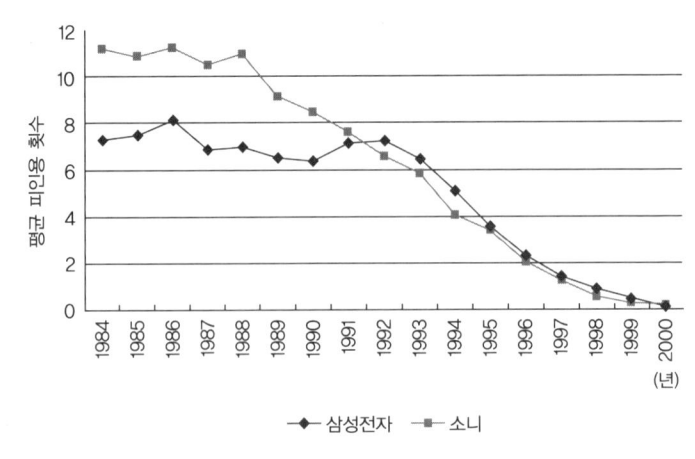

그림 7-7 삼성전자와 소니의 특허를 인용한 평균 피인용 횟수

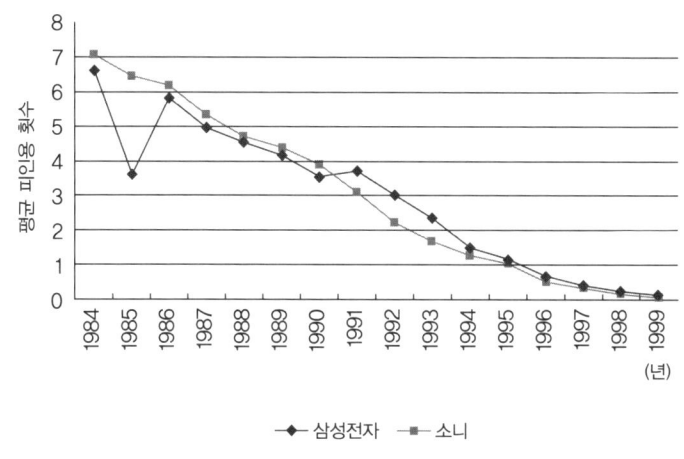

이러한 특허 분석 결과 삼성전자는 기술추격을 통해 90년대 초반 질적으로 소니를 앞지르기 시작했고 90년대 중반 측정·광학 및 전기·반도체 영역에서, 2000년대는 전자·통신 및 정보 매체의 양적 측면에서도 앞서기 시작해 주력 기술 영역 전반에서 소니를 추격한 것이 확인된다. 질적 추격 시점이 양적 추격 시점보다 빠른 것은 흥미로운 현상이다.

두 기업 간의 기술적 의존도

기술추격 과정에서 추격하는 기업은 초기에 선도기업의 기술을 모방하는 단계를 거쳐 이를 응용한 개량 기술을 개발하고 기술 역량을 축적하여 독자적인 기술을 개발한다. 또한 선도기업은 추격기업이 모방 단계를 벗어나 개량 및 독자적인 기술을 개발할수록 추격기업의 기술을 반대로 활용하기도 한다. 이러한 선도기업과 추격기업 간의 관계는 두

그림 7-8 삼성전자와 소니의 상대 기업 특허의 인용 비율

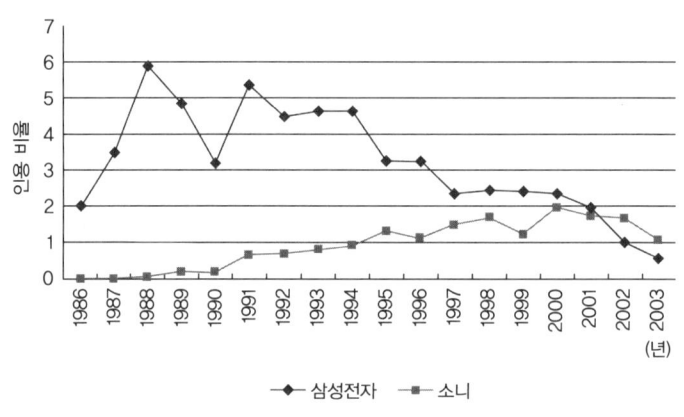

기업 전체 인용 특허 중 상대 기업이 차지하는 비중을 통해 알 수 있다.

그림 7-8에서 삼성전자의 전체 인용 특허 중 소니 특허가 차지하는 비중과 소니의 전체 인용 특허 중 삼성전자 특허가 차지하는 비중을 분석한 결과, 삼성전자가 소니를 인용하는 비중은 지속적으로 감소하고 소니의 인용 비중은 지속적으로 증가하여 2000년대 들어서는 소니가 삼성전자에 더 의존하는 현상이 나타났다. 이는 삼성전자가 소니를 추격하는 단계에서 벗어나 대등한 기술 수준에 도달하였음을 보여 준다.

삼성전자의 소니 기술추격에 대한 기술 체제적 특성

앞에서 특허 분석을 통해 양적, 질적 측면의 기술추격을 분석하였다.

지금부터는 지식 기반, 기술주기, 전유 가능성의 세 가지 기술 체제적 측면에서 분석하여 어떤 기술적 환경에서 삼성전자가 소니를 추격했는지 살펴본다.

지식 기반의 특성

지식 기반의 특성은 기업의 혁신활동을 뒷받침하는 지식의 특성과 관련이 있다. 기술적 지식의 특성은 복잡성, 특수성, 일반성, 암묵성, 명시성, 독창성 등 여러 측면에서 파악할 수 있다.[8] 지식 기반의 특성 중 한 측면인 일반성은 해당 기술이 얼마나 다양한 기술 분야에 활용될 수 있는가(다양한 기술 분야의 특허에 의해 인용되는가)로 측정할 수 있으며, 독창성이란 해당 기술이 얼마나 다양한 기술 분야의 지식에 의존하고 있는가로(해당 특허가 얼마나 다양한 분야의 특허를 인용하고 있는가) 측정할 수 있다.

일반성은 구체적으로 다음과 같이 정의한다.

$$특허\ i의\ 일반성 = 1 - \sum_{k=1}^{Ni} \left(\frac{NCITED_{ik}}{NCITED_i} \right)^2$$

NCITEDi : 특허 i의 총 피인용 횟수

NCITEDik : 기술 분야 k의 특허가 특허 i를 인용하고 있는 횟수

특허 i의 일반성은 0에서 1까지의 값을 가지며 특허 i가 다양한 기술 분야의 특허로부터 인용되고 있을수록(일반성이 높을수록) 그 값은 1에 가까워진다.

그림 7-9 삼성전자와 소니 등록 특허의 일반성

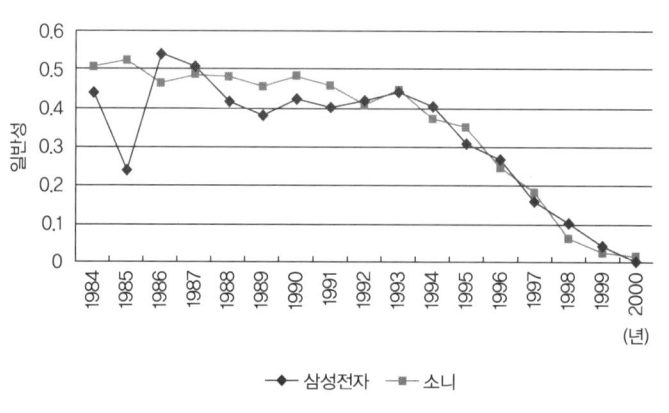

독창성은 구체적으로 다음과 같이 정의한다.

$$\text{특허 } i\text{의 독창성} = 1 - \sum_{j=1}^{Ni} \left(\frac{NCITING_{ij}}{NCITING_i} \right)^2$$

NCITINGi : 특허 i의 총 인용 횟수

NCITINGij : 특허 i가 기술분야 j의 특허를 인용하고 있는 횟수

특허 i의 독창성은 0에서 1까지의 값을 가지며 특허 i가 다양한 기술
분야의 특허를 인용하고 있을수록(독창성이 높을수록) 그 값은 1에 가까
워진다.

삼성전자와 소니 특허의 일반성과 독창성을 비교한 결과, 일반성은 두 기업 간에 특별한 차이가 없었으나 독창성에 있어서는 소니가 삼성전자보다 더 독창적인 기술을 개발하고 있으며 그 차이는 좁혀지지는 않는 것으로 보인다.

기술주기

특허가 얼마나 최신의 특허를 인용하고 있는지를 나타내는 후방인용시차와 해당 특허가 얼마나 빠르게 다른 후속 특허에 인용되는지를 나타내는 전방인용시차의 분석을 통해 기술추격 과정에서 기업이 얼마나 빠르게 최신 기술을 습득·재창조할 수 있는지, 얼마나 빠르게 다른 기술에 활용되는 기술을 개발하고 있는지 알 수 있다.[9]

그림 7-10 삼성전자와 소니 등록 특허의 독창성

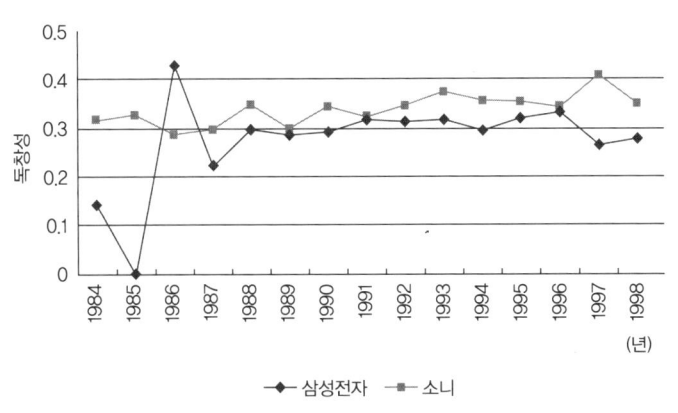

후방인용시차는 구체적으로 다음과 같이 정의한다.

$$\text{특허 } i\text{의 후방인용시차} = \sum_{j=1}^{nciting i} \frac{LAG_j}{NCITING_i}$$

NCITINGi : 특허 i의 총 인용 횟수

LAGj : 특허 i가 인용한 특허 j와의 시차

특허 i가 출원 당시 최신의 선행 특허를 인용하고 있을수록 특허 i의 후방인용시차는 작아진다.

전방인용시차는 구체적으로 다음과 같이 정의한다.

$$\text{특허 } i\text{의 전방인용시차} = \sum_{j=1}^{nciting i} \frac{LAG_j}{NCITED_i}$$

NCITEDi : 특허 i의 총 피인용 횟수

LAGj : 특허 i를 인용한 특허 j와의 시차

특허 i가 빠르게 후속 특허에 인용될수록 특허 i의 전방인용시차는 작아진다.

그림 7-11에서 삼성전자와 소니 특허의 후방인용시차를 분석한 결과, 그전에는 소니가 삼성전자와 비교하여 좀 더 최신 기술 특허를 출원했지만 90년대 말에는 이런 경향이 역전되어 삼성전자가 더욱 최신 기

그림 7-11 삼성전자와 소니 특허의 후방인용시차

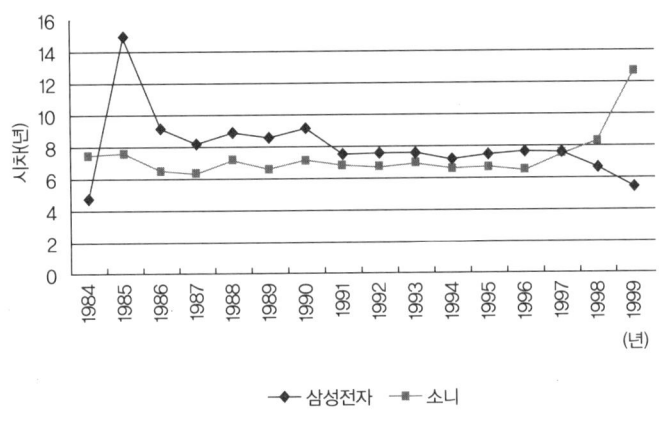

술 특허를 출원하고 있다. 이는 삼성전자가 기술추격을 통해 최신 기술을 빠르게 습득할 수 있는 능력을 갖추게 되었음을 보여 준다. 또한 전방인용시차를 분석한 결과, 삼성전자의 전방인용시차가 소니에 근접해 가는 것을 알 수 있는데 이는 삼성전자의 특허가 소니에 버금갈 정도로 시장에서 재빠르게 활용되고 있음을 보여 준다.

전유 가능성

전유 가능성이란 자신의 혁신 성과를 타인의 모방으로부터 보호하여 금전적 이익을 지킬 수 있는 정도를 의미한다. 전유 가능성이 높다는 것은 모방으로부터 혁신의 결과를 지킬 수 있는 수단이 존재한다는 것이

그림 7-12 삼성전자와 소니 특허의 전방인용시차

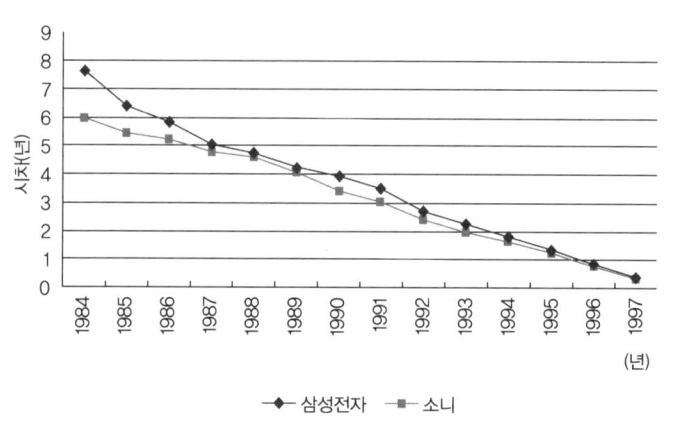

그림 7-13 삼성전자와 소니 특허의 자기 인용 비율

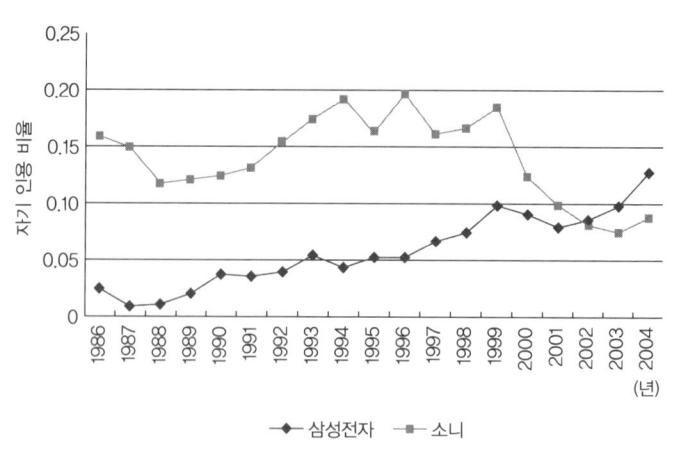

며 전유 가능성이 낮다는 것은 광범위한 외부성으로 인하여 혁신 성과가 타인에게 쉽게 확산되는 기술적, 경제적 환경에 놓여 있음을 의미한다. 전유 가능성은 특허의 전체 인용 중 자기 인용의 비율로 측정하는데 자기 인용이란 어떤 기업 A가 특허를 출원하면서 자기 자신이 출원한 선행 특허를 인용하는 것을 말한다.[10]

그림 7-13에서 삼성전자와 소니 특허의 자기 인용 비율을 보면 삼성전자는 지속적으로 자기 인용 비율이 증가하며 2002년에는 소니를 추월했다. 이는 삼성전자가 기술추격 과정에서 전유 가능성이 높은 기술 영역을 꾸준히 연구 개발하여 기술 역량을 축적해 왔음을 보여 준다.

두 기업의 특허 분석 결과

이 글에서는 삼성전자의 소니에 대한 기술추격 및 추격기업의 기술 전략을 파악하기 위해 삼성전자와 소니가 미국에 등록한 특허 및 인용 정보를 분석했다. 삼성전자는 기술추격의 양적 측면에서 90년대 중반부터 2000년대 초반까지 주력 기술 영역에서 소니를 추월하였고, 질적 측면에서는 이보다 앞선 90년대 초반에 소니를 추월하였음을 알 수 있다. 또한 두 기업 간의 기술적 의존도는 2000년대 들어서 오히려 소니가 삼성전자를 의존하고 있으며 삼성전자는 소니의 기술을 모방, 응용하는 단계에서 벗어나 대등한 기술 수준에 도달했음을 알 수 있다.

또한 기술추격의 기술 체제적 특성을 분석한 결과 삼성전자는 점점 보다 최신 기술을 기반으로 하여 시장에서 빠르게 활용되고, 전유 가능성이 높은 기술로 특화하고 있다. 과거에는 소니에 비해 구식 기술을 인용하는 성향이 높고 삼성전자가 개발한 기술이 다른 기업들에 의해 활용되는 속도도 느렸다. 또한 자기 인용도 낮은 기술적 특성을 보였지만 최근에는 모두 소니를 역전했다. 이런 지표상의 변화와 역전은 삼성전자가 더 이상 예전 기술을 참조하지 않고 최신의 기술을 기반으로 하여 자신의 기술을 개발한다는 것을 의미한다. 또한 삼성전자의 기술이 즉각적으로 타사에 영향을 미치며 타사의 기술에 대한 의존보다 자사의 기술을 활용하는, 기술 독립성이 높아졌음을 의미한다.

이상의 결과는 무엇보다 추격의 가장 근본적인 결정 요인으로써 기술적 역량이 중요하다는 것을 보여 준다. 이제까지 내용에서 알 수 있듯이 삼성전자가 소니를 매출액, 시가, 브랜드 가치 면에서 추격한 것은 2000년대 들어서이지만 기술적 측면에서의 추격은 90년대 중·후반에 발생했다. 이는 매출, 브랜드 면에서 추격을 가능하게 한 것이 바로 그에 선행한 기술적 추격이라는 것을 시사한다. 그동안 삼성전자의 소니 추격에 대해 리더십의 경영전략, 재빠른 내부 프로세스 등 여러 측면에서 제기되었지만, 실제로는 장기간에 걸친 기술 역량의 추격이 있음을 알 수 있다. 리더의 신속하고 과감한 의사 결정이나 내부 조직도 중요하지만 그러한 신속, 과감한 의사결정력이 기술적 역량의 제고를 경시했다면 이런 결과를 보기 힘들었을 것이다. 쉽게 말해 제품 자체가 좋지 않으면 마케팅, 광고, 신속성 등으로 일시적인 방어는 가능하나 장기적인 방어는 불가능하다. 이 글은 매출, 기업가치, 브랜드 면에서의 추격 현상 기저에는 기술적 역량의 추격이 동시에 진행되었음을 밝히고 구체적인 시점과 그 여부를 여러 특허 지표를 통해서 밝히고 있다.

삼성전자와 소니의 특허 정보 수집 방법

미국 특허 정보를 활용함에 있어서 홀이나 전미경제연구소의 특허 데이터 베이스를 활용하지 않고 별도로 미국 특허청에서 데이터를 취득한 이유는 (1) 홀의 데이터가 2002년까지만의 등록 특허 데이터를 갖고 있고, 전미경제연구소의 경우 1999년까지만의 등록 특허 데이터를 갖고 있어 출원에서 등록까지 긴 시간이 걸리는 특허정보의 특성을 고려할 때 최신의 정보를 얻을 수 없다는 점과 (2) 출원인이 다수일 경우 첫번째 출원인의 정보만을 갖고 있어 삼성전자 혹은 소니가 공동연구를 통한 특허의 취득시 이를 정확히 반영하기 어려운 한계점을 갖고 있기 때문이다. 먼저 미국 특허청에서 출원인 항목에 대해 'Samsung'으로 검색하여 16,511건, 'Sony'로 검색하여 21,238건의 등록 특허를 취득 하였다. (이 과정에서 Samsung 혹은 Sony를 포함한 출원인이 주 출원인이 아닌 부 출원인에 속한 등록 특허도 모두 취득하게 되었다.)

이들은 삼성전자 혹은 소니 이외의 이들의 계열사들의 특허를 포함하고 있기 때문에 삼성전자에 대해서는 출원인이 Samsung Electronics Co., Ltd. 소니에 대해서는 Sony Corporation을 기본으로 하여 특허 문서 입력과정에서의 일어날 수 있는 약간의 오타를 고려하여 삼성전자와 소니의 특허를 분류하였다.

또한 미국 특허의 종류는 발명 특허, 의장 특허, 식물 특허로 나눌 수 있는데, 삼성전자와 소니의 기술 경쟁력을 파악하는 것에는 발명 특허만으로 그 대상을 한정하였다. 또한 등록된 특허에 오류가 있을 경우 재발행 출원을 통해 재등록 된 특허가 있을 수 있는데, 이 경우 같은 기술을 중복 계산할 우려가 있어 제외 시켰다.

위와 같은 과정을 거쳐 삼성전자의 경우 총 14,005건, 소니의 경우 17,956건의 등록 특허 정보를 구성하였다. 일반적으로 특허 분석에 있어서 발명일에 근접한 시간을 파악하기 위해 출원일을 기준으로 분석을 하고 있으나, 삼성전자와 소니 각각 한국과 일본의 기업으로 먼저 자국(각각 한국과 일본)에 특허를 출원한 후 이를 바탕으로(우선권을 주장하여) 미국에 특허를 출원하고 있는 상황을 고려하여 우선권 주장일을 특허 기술의 발명 시점으로 파악하였다.

또한, 인용정보 분석시 삼성전자와 소니의 특허를 인용한 특허를 분석하기 위해서는 미국 특허 전체의 인용정보가 필요함에 따라 1999년까지의 전체 특허 인용 정보가 수록된 전미경제연구소 특허 데이터 베이스와 2002년까지의 전체 특허 인용정보가 수록된 홀의 특허 데이터 베이스를 활용하였다.

부록 표 1 삼성전자와 소니의 출원, 등록, 발명 년도 기준 등록 특허 수

구분	출원		등록		발명	
년도	삼성전자	소니	삼성전자	소니	삼성전자	소니
N/A	0	0	8	48	4	15
1968	0	1	0	0	0	0
1972	0	1	0	0	0	26
1973	0	13	0	0	0	134
1974	0	128	0	0	0	161
1975	0	186	0	0	0	143
1976	0	137	0	208	0	137
1977	0	142	0	169	0	178
1978	0	182	0	131	0	173
1979	0	166	0	121	0	145
1980	0	153	0	161	0	247
1981	0	210	0	146	1	231
1982	1	218	0	136	0	221
1983	0	222	0	149	0	226
1984	1	210	1	203	7	279
1985	7	277	0	239	2	287
1986	1	277	1	227	17	259
1987	18	262	5	329	41	305
1988	47	303	4	302	164	294
1989	180	304	22	323	220	478
1990	232	385	59	238	313	657
1991	375	562	147	297	473	909
1992	404	734	247	420	484	986
1993	420	756	344	563	513	1059
1994	495	932	406	653	590	1131
1995	659	1182	424	751	1397	1420
1996	1527	1458	484	863	1612	1490
1997	1603	1956	584	864	1883	1571
1998	1819	1556	1298	1319	1551	1517
1999	1435	1597	1535	1424	1240	1341
2000	1233	1377	1436	1390	1048	1045
2001	1256	1120	1440	1388	1217	578
2002	1201	593	1322	1453	1004	239
2003	947	313	1311	1354	217	68
2004	141	41	1600	1333	7	6
2005	3	2	1327	754	0	0
계	14005	17956	14005	17956	14005	17956

부록 표 2 WIPO 기준 32개 기술 분류표

대분류	구분	중분류	소분류	기술 설명
생활 필수품 (A)	1	농수산	A01(A01N제외)	농업, 임업의 농기구, 원예, 축산 등
	2	식료품	A21~A24	제빵, 유제품. 사료, 담배제조 등
	3	가정용품	A41~A47	의복, 신발, 가정용구 등
	4	의료/레저	A61~A63(A61K제외)	진단, 간효용품, 수술장비, 완구류, 스포츠용품 등
	5	의약	A61K(Subclass)	의약용, 치과용, 화장용 제제
운수 (B)	6	분리/혼합	B01~B09	오염물 분리, 화학·물리 실험장치, 노즐 등
	7	금속가공	B21~B23	금속 압연, 선재 가공, 단조, 주형, 밀링 등
	8	비금속가공	B24~B32(B31제외)	연마제, 부속공구, 플라스틱·목재·석재 성형 등
	9	인쇄	B41~B44	프린터, 인쇄, 책, 필기용기구 등
	10	운수/포장	B60~B64 · B65~B68	자동차, 철도, 자전차, 선박, 항공, 물품포장, 엘리베이터 등
	11	초미세기술	B81~B82	마이크로·나노기술 등
화학 (C)	12	무기화학 /수처리	C01~C05	비금속, 알카리 금속 화합물, 폐수처리, 비료 등
	13	유기화학	C07A01N(Subclass)	유기화학 장치, 비환화합물, 농약 등
	14	고분자	C08	다당류, 고무처리, 고분자 하합물 등
	15	석유/정밀화학	C09~C11	페인트, 접착제, 가스, 석유처리, 주류제조 등
	16	바이오	C12~C14	효소학, 미생물학, 발효학, 당의제조, 피혁 등
	17	야금/도금	C21~C23 · C25~C30	철제조, 금속제조, 도금 등
섬유 (D)	18	섬유	D01~D07	섬유처리, 인조사, 직물, 봉제, 세탁기, 건조기, 염색 등
	19	제지	D21~B31	종이제조, 펄프 상자, 포대류 등
건축 토목(E)	20	건설	E01~E06	도로, 교량, 상하수 설비, 건축구조 등
	21	광업	E21	지중굴착, 채광, 채석 등

대분류	구분	중분류	소분류	기술 설명
기계 (F)	22	엔진/펌프	F01~F04	터빈, 내연소 기관, 펌프 등
	23	기계부품	F15 · F16 · F17	브레이크, 클러치, 밸브, 관, 윤활 등
	24	조명/가열	F21~F28	조명장치, 보일러, 냉장고, 에어콘 등
	25	무기/폭발	F41 · F42 · C06	총기류, 화학, 폭발물 등
물리 (G)	26	측정/광학	G01~G03	측정장치, 안경, 사진, 필름 등
	27	컴퓨터	G04~G08	시계, 제어계, 계산기, 컴퓨터, 자판기, 교통제어장치 등
	28	정보매체	G09~G12	표식, 광고, 악기, 동적 · 정적 저장매체 등
	29	원자력	G21	원자로, 방사선 등
전기 (H)	30	전기/반도체	H01 · H02 · H05	케이블, 전자부품, 반도체 장치, 발전기, PCB기관 등
	31	전자/통신	H03 · H04	증폭기, 유무선 통신, 텔레비전 등
	32	기타		

A. 전자 · 통신 영역

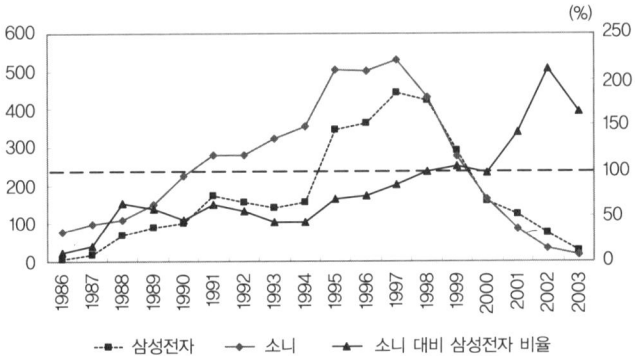

B. 전기 · 반도체 영역

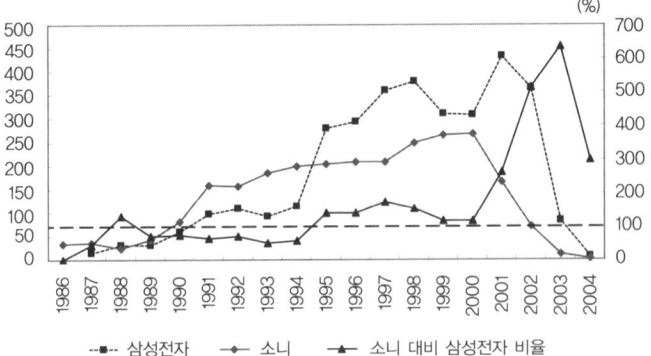

C. 정보매체 영역

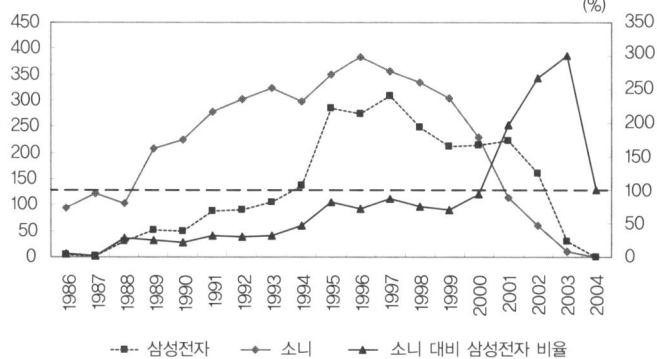

D. 컴퓨터 영역

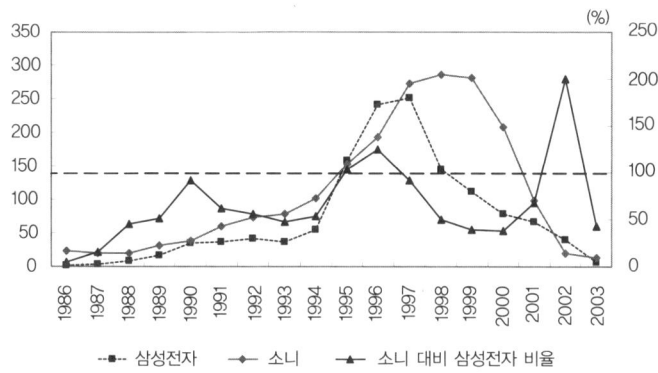

E. 측정·광학 영역

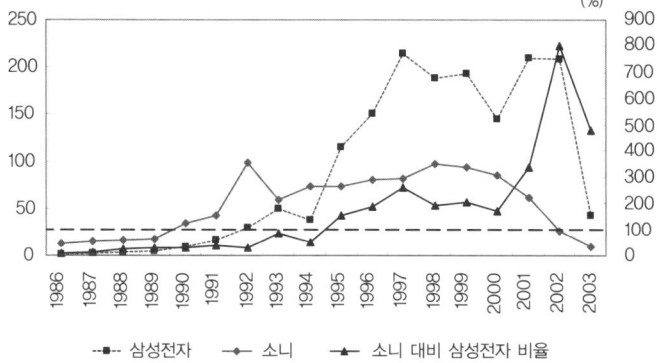

4부

조선 · 철강 · 부품소재 기업

08

부품소재 기업추격의 난관과 그 극복
주성엔지니어링과 썬스타

김지은 금융감독원 조사연구실
노지현 서울대학교 경제학부
김윤지 서울대학교 경제학부 박사과정
이 근 서울대학교 경제학부 교수

부품 소재 산업의 취약은 한국 경제의 약점으로 인식된다. 최근 일부 성과가 있지만 아직도 해결되지 않은 과제이다. 1인당 국민소득 2~3만 달러의 선진국이 되기 위해서는 자본재와 중간재 산업에서 기술 경쟁력을 확보해야 한다.[1] 특히, 중간재와 부품재 기계류의 공급이 국내에서 이루어지지 않고 대부분 수입으로 충당되는 구조에서 선진국으로의 진입은 어렵다.

우리나라는 기초과학과 기술이 취약한 상태에서 새로운 성장 산업 발굴에만 노력을 기울인 부작용으로 기초 소재 핵심 부품은 수입에 의존하고 부가가치가 낮은 최종재 위주의 산업구조를 가지게 되었다. 즉, 부품 소재와 인력 개발에 장기적인 안목으로 투자하지 않고 신속한 성장에만 주력한 결과 국내 산업 구조는 최종재 조립 위주가 되었다.

최근 성장 이론은 경제성장, 기술 발전을 이해하기 위한 부품 소재, 기계류 등 중간재 산업이 가지는 중요성에 주목하고 있다. 이들 이론에 따르면 최종재 산업과 중간재 산업 사이에는 강한 상호의존성과 상호 인과성이 존재하며 중간재 산업의 발달 정도에 따라 후발국의 경제성장 경로에는 복수 균형이 존재한다.[2]

최종재 산업과 중간재 산업 간의 상호인과성이란 중간재 산업의 발달 정도에 따라 중간재 산업과 최종재 산업의 발전에 선순환과 악순환이 발생함을 의미한다. 즉, 중간재 산업이 발달해 동 산업 내 기업의 전문성과 다양성이 높아질수록 최종재 산업은 보다 우회적인 생산기술을 채택할 수 있다. 이를 통해 최종재 산업의 생산성은 높아지고 경쟁력이 강화되어 매출이 늘어나면 다시 중간재 수요의 증가로 연결되어 중간재 산업의 전문화와 다양화를 더욱 진전시킨다. 이런 과정이 반복되면서 지속적인 성장을 하면 '고기술 균형'이 달성된다. 그러나 후발국과 같이 초기 조건을 구비하지 못했거나 산업화 과정에서 임계 수준 이상의 산업 연관 구조를 구축하지 못할 경우 일정 단계에서 성장이 정체되는 '저기술 균형' 또는 '저성장의 함정'에 빠질 수 있다.[3]

특히 로드릭[4]은 양질의 인적 자본을 가진 중진국이 저기술 균형에서 고기술 균형으로 이행할 잠재력은 가지고 있지만 전문성을 가진 여러 기업의 의사 결정을 조화시키지 못한 경우 중간재 산업으로 동시에 진입하기 어렵기 때문에 저기술 균형에 머물 가능성이 있다고 보았다.

현재 저기술 균형의 가능성은 국내에도 나타났다. 최종재를 생산하는 대기업은 뛰어난 수출 실적을 올리고 있지만 그것을 뒷받침하는 중간재는 대부분 수입에 의존하는 경우가 많아 중간재 생산 기업의 발전으로 이어지지 못하고 있다. 여기에 기계 산업을 담당하는 기업이 규모가 크지 않은 중소기업이라는 한계까지 덧붙여져 국내 기계 생산 업체들은 국내외 수요 대기업 및 경쟁 기업의 반격에 좌절되곤 한다. 중진국 상태에서 저기술 균형의 상태에 머무르게 되는 '중진국 함정'에 빠지는 듯한 모습을 보이고 있는 것이다.

하지만 저기술 균형 상태에 놓인 국가는 고기술 균형 상태로 이전하기 위해 노력해야 한다. 개방 경제에서 고기술 균형에서 생산하는 재화의 국제 가격이 높으므로 고기술 균형이 저기술 균형보다 파레토 최적일 뿐 아니라[5] 부가가치가 높은 고기술 균형이 저기술 균형보다 높은 임금을 제공할 수 있으므로 사회적 후생 차원에서도 우위에 놓일 수 있기 때문이다.[6]

따라서 이 글에서는 고기술 균형을 이루기 위한 중간재 산업 경쟁력 확보 방안을 현재 국내에 존재하는 우수한 중간재 산업 기업을 통해 알아보도록 한다. 먼저 중간재 산업 기업의 성장 발전 단계를 기술 발전 단계와 시장 확보 발전 단계로 나누어 이론적인 고찰을 한다. 그 이론 틀이 실제 성공한 중간재 산업 기업에 잘 부합하는지 알아본다. 그리고 중간재 산업 기업이 경쟁력을 어떻게 확보하는지, 어떤 어려움이 예상되고 어떻게 극복해 나가는지를 이론과 사례를 통해서 분석한다.

이 글에서는 중간재 산업의 기술추격과 경쟁력 확보 방안에서 겪는 공통된 어려움을 초기 시장 개척의 어려움과 선발·경쟁 외국 기업의 덤핑 공세, 그리고 선발기업의 특허 소송 제기라고 본다. 최근 기술 추격과 경쟁력 확보에 성공하여 업계 1위인 썬스타와 주성엔지니어링 사례를 통해 실제 이런 어려움이 존재했는지 살펴보고 어떤 방식으로 어려움을 극복했는지 알아본다. 마지막으로 후발국 중간재 산업의 경쟁력을 제고할 수 있는 시사점을 도출한다.

분석의 이론적 틀

자본재 산업의 기술추격과 경쟁력

후발국 자본재 산업의 기술 경쟁력의 확보 과정은 이근과 임채성[7]이 제시한 신슘페터주의적 기술추격 모델을 이용하여 설명할 수 있다. 그림 8-1에서 묘사된 위의 기술추격 모델에서 기업의 기술능력은 사용 가능한 연구 개발 자원과 연구 개발 노력(또는 기술 노력)의 상호작용 결과이다. 사용 가능한 연구 개발 자원은 금융적 자원 이외에 내부 지식 기반의 정도와 외부 지식 기반에의 접근 가능성으로 이루어진다. 외부 지식 기반에의 접근 방식은 비공식적인 학습, 라이센싱, 외국인 직접 투자, 전략적 제휴, 공동 개발 등 여러 가지 형태를 가질 수 있다.

기업의 연구 개발 노력의 수준은 그 성공 가능성에 따라 달라진다. 성공은 개발될 제품의 시장성뿐만 아니라 목표 제품의 실제 개발 가능성에 대해서도 고려되어야 한다. 발명과 혁신을 구별하는 것처럼 제품의 물리적인 개발과 시장에서의 성공을 분리시키는 것이다. 그러한 분리가 필요한 것은 목표 제품이 개발되어도 시장에서의 성공이 모두 보장되는 것은 아니기 때문이다. 신슘페터주의의 기술경제학에서 중시하는 기술 체제는 후자의 결정 요인이 되며 비용우위, 제품 차별화, 선점자의 이득 등은 개발될 제품의 예상 경쟁력을 결정하는 요소가 된다.

그림 8-1 기술 경쟁력의 확보 과정

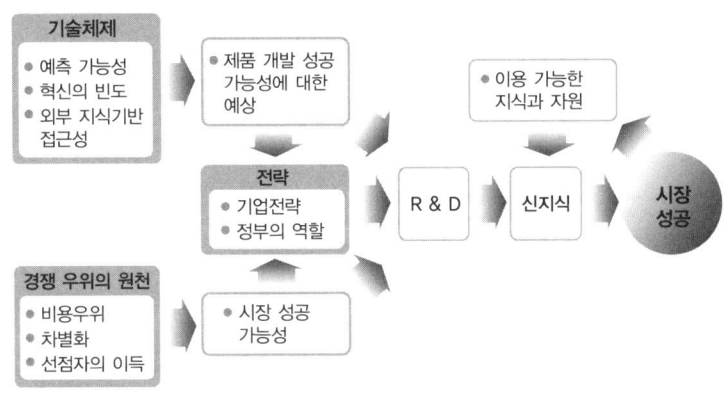

출처 : 이근과 임채성(2001)[8]

　자본재 산업의 기술력 확보 과정 역시 이와 유사하다. 오히려 더 활성화가 잘 되어 있다. 자본재에 대한 기본적인 지식은 외부 지식 기반에의 접근을 통해서 이루어지고, 성공 가능성이 높을수록 기업의 연구 의지가 높아져 실제 연구 개발의 성공 가능성이 커진다. 그리고 이 산업에서 제품 차별화나 비용우위 등 예상경쟁력과 이윤이 높다고 예상되면 기업의 연구 의지가 높아져 성공 가능성도 높아진다.

　자본재 산업은 생산자와 소비자, 기업 간의 상호작용으로부터 축적된 암묵적 지식이 매우 중요한 전형적인 전문 공급자 산업이다. 이 산업에서도 컴퓨터 기술의 도입으로 혁신 빈도와 기술 변화 과정의 가변성이 높아지고 있지만 실제 자본재 산업의 기술 체제는 상대적으로 낮은 혁신 빈도와 낮은 가변성이 특징이다. 자본재 산업의 그러한 기술적 특성에도 불구하고 후발기업의 실제 연구 개발 유인책은 많지 않다. 후발기업은 비용우위, 제품 차별화, 선발자의 이득 중 어느 것도 확실하게 기대할 수 없기 때문에 개발된 제품의 시장 성공 가능성을 낮게 인식할 수밖에 없기 때문이다. 자본재 산업은 후발 생산자가 단순히 생산 설비를 수입하고 제품 디자인이나 제품 엔지니어링의 라이센싱을 구매하거나 독자적인 연구 개발을 하는 것으로써 선발기업을 추격할 수 있는 산업이 아니라는 의미에서 자동차를 비롯한 최종 소비재와는 다르다.[9]

이 산업을 이해하기 위해서는 먼저 자본재 산업의 지식 기반 특성을 살펴보아야 한다. 자본재 산업에서는 생산에 관한 주요 지식이 간단하게 생산 설비에 체화될 수 없다. 생산 과정에서 사용되는 설비는 보통 범용 기계이다. 따라서 기술자들이 축적한 기술이 더 중요하다. 또한 기술 라이센싱은 특정한 모델의 기계에만 한정되기 때문에 이것으로 제품 개발 과정에서의 빈약한 디자인 문제를 해결할 수 없다. 여러 사용자의 요구에 맞추어 다양한 제품을 생산해야 하는 생산자에게는 기계 디자인을 바꾸어 쓸 수 있는 능력이 필요한데, 그런 능력은 단순히 외국기업에서 도입하거나 기술 라이센싱을 통해서 얻을 수 있는 것이 아니다. 이것은 혁신의 속도가 느린 자본재 산업에서 왜 추격이 상대적으로 힘든지를 부분적으로 설명한다.

자본재 산업은 연구 개발만으로 낮은 기술능력 문제를 해결하기 어렵다는 점도 중요하게 지적된다. 이 산업에서 연구 개발능력은 제품 개발 과정에서부터 축적되는 지식에서 나온다. 암묵적인 지식이라는 점에서 볼 때 국산 기계들은 그 품질과 정밀성이 떨어져 국내 기업들의 사용 거부는 심각한 문제이다. 국산품 사용을 장려하는 정부정책도 효과가 별로 없다. 사용하는 자본재 장비의 질이 바로 산출물의 질을 결정하기 때문에 자사 제품의 품질에 민감한 최종 소비재 생산기업은 국산 자본재 장비를 사용하려 하지 않는다. 수출시장은 말할 것도 없고, 내수시장도 협소하기 때문에 국내 기업은 보다 많은 생산과 많은 수요자 기업과 교류하여 암묵적인 지식을 축적할 수 있는 기회를 갖기 힘들다. 따라서 후발자는 비용우위도 질적 우위도 기대할 수 없다. 기술 경쟁력 확보 방안은 자본재 산업이 자동차나 가전 같은 최종재 산업과 다른 가장 근본적인 차이다.[10]

경쟁력 확보의 3대 난관 극복

위에서 자본재 산업과 같이 높은 전유 가능성과 누적성을 가진 기술은 후발기업이 습득하기 매우 어렵다는 것을 알게 되었다. 따라서 기술 비약이 일어날 가능성도 적다. 하지만 투자와 노력 끝에 기술 부분에서 선발기업을 추격했다 하더라도 모든 추격의 과정이 끝났다고는 할 수 없다. 기술이 있어도 시장에서 그것을 구매하지 않으면 모든 기술 개발을 위한 투자와 노력은 매몰비용이 된다. 투자와 노력이 매몰비용이 되지 않기 위해서 어떻게 시장을 확보해 나가야 하는지, 그리고 선발기업의 방해전략은 어떤 것이 있는지 알아보자.

:: 초기 시장 개척의 어려움

국내 기계 산업 업체가 기술을 개발하는 데 가장 먼저 직면하는 어려움은 수요 업체인 국내 대기업의 외면 가능성이다. 앞서 지적했듯이 기계의 질은 산출물의 질을 좌우한다. 따라서 최종 소비재를 생산하는 대기업들은 부품과 기계 선정에 까다로울 수밖에 없다.[11] 그동안 국내산 기계 제품은 저기능 범용 기계 생산이 주를 이루었기 때문에 고기능 기계의 품질 수준은 그다지 높지 않아 수요 대기업의 국내산 기계에 대한 불신감은 매우 높다. 2004년 전경련이 실시한 대·중소기업 협력 실태 조사에서 대기업은 협력 중소기업과 거래에서 겪는 어려움으로 '기술 및 품질 수준 미흡(42.9퍼센트)'을 가장 많이 선택한 것도 품질에 민감한 이들의 모습을 단적으로 보여 준다(그림 8-2참조).

따라서 국내 기계 제조 업체가 기존의 외국산 제품을 대체할 기계를 개발하여도 선뜻 이 제품을 대기업은 이용하려 하지 않는다. 그 이유는 대기업은 신뢰가 부족한 국산 제품의 최초 사용자가 되고 싶지 않기 때문이다. 대부분의 수요 기업은 다른 기업이 이용할 때까지 기존의 외국산 제품을 버리지 않는다. 그러는 동안 기계 제조 업체는 한 차원 수준 높은 제품을 개발해도 판매처를 찾지 못해 우왕좌왕한다. 이런 문제 때문에 실제 국내 기술 개발로 기계 부품을 국산화한 경우, 중소 기계 업

그림 8-2 협력기업과 거래 시 애로 사항 - 대기업 설문

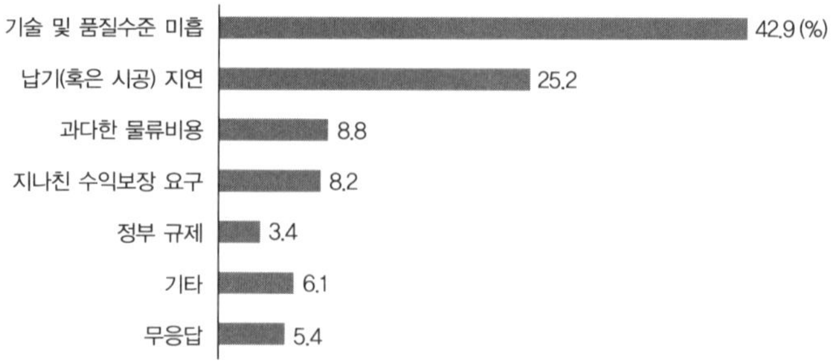

기술 및 품질수준 미흡	42.9 (%)
납기(혹은 시공) 지연	25.2
과다한 물류비용	8.8
지나친 수익보장 요구	8.2
정부 규제	3.4
기타	6.1
무응답	5.4

출처 : 김윤지(2006)[12]

체가 독자적으로 기술을 개발한 예는 드물다. 수요 기업인 대기업과 처음부터 함께 협력해 개발하든지 대기업이 직접 개발에 참여하여 개발에 성공한 뒤 채택하는 경우가 대부분이다.

대기업이 구매를 해도 또 다른 문제가 남는다. 보통 범용 수준의 기계만 제작하던 업체가 기술 수준이 한 단계 높은 특화 기계를 만들기 위해선 막대한 개발 자금이 필요하다. 특히 국내 기계 생산 업체들은 영세한 중소기업이 대부분이라 장기간의 연구 개발 투자를 감당하기 어렵다.

대기업의 지나친 품질 수준 향상, 납품 단가 인하라는 이중고 때문에 국내 중소 기계 생산 업체들은 독자적인 기술 개발에 어려움을 겪고 있다. 이런 문제점 때문에 국내 한 반도체 장비 업체 대표는 "국산 장비는 외국산보다 품질은 30퍼센트 이상 뛰어나고, 가격은 30퍼센트 이상 싸야만 대기업에 채택될 수 있다"고 말한다. 높은 품질 수준과 구매자의 욕구에 도달하는 매우 낮은 가격이어야만 가까스로 판매를 할 수 있다는 이야기다. 이것이 국내 기계 생산 업체가 현 수준에서 더 이상 도약을 포기하고 주저앉게 되는 이유 중 하나이다.

:: 선발 · 경쟁 외국 기업의 덤핑 공세

기계류 생산 업체들이 기술 개발을 하는데 겪는 대표적인 어려움의 또 하나는 바로 해당 산업에 먼저 진출한 기업의 제품 덤핑 공세다. 이러한 덤핑 공세 때문에 선진 기술을 추격해 신제품을 생산하여도 시장 진입까지 바로 일직선 코스는 아니다. 시장에서 자리를 잡기 위해선 품질 경쟁력 외에 가격 경쟁력까지 필요하다. 따라서 기술 개발이 완성되어도 기존 기업들과 치열한 가격 경쟁을 예상해야 한다.

하지만 기존 기업의 반격은 예상을 뛰어넘는 경우가 많다. 기존 외국 기업의 입장에서는 국내 기계 업체들에게 자신이 선점하고 있던 국내 시장을 내주는 것은 단지 그만큼의 시장 점유분만 내주는 게 아니다. 그 것은 국내 신규 개발 업체가 세계시장으로 진출하기 전, 제품의 성능을 시험할 수 있는 '테스트 베드'를 제공해 주는 일이다. 따라서 기존 외국 기업들은 국산 기계 제품이 시장에 선보이는 순간, 덤핑 공세를 해서라 도 시장 입지를 최소 한도로 줄이는 전략을 기꺼이 실행한다.

2005년 4월 무역위원회로부터 반덤핑 판정을 받은 6축 수직다관절 형 산업형 로봇이 대표적인 예다. 국내시장 규모가 연간 600억 원인 이 기계는 자동차 제조 분야의 용접, 핸들링 작업 등에 주로 사용된다. 이 분야는 2000년까지만 해도 절반 이상의 시장을 현대중공업 등 국내 기 업이 차지했다. 그런데 나찌, 가와사키, 야스카와, 화낙 등 세계적인 산 업용 로봇 제조사인 일본 업체들이 현대, 기아, GM대우 등 국내 자동 차 생산 업체에게 덤핑 가격으로 산업용 로봇을 수출하면서 2004년 국 내시장의 53.3퍼센트를 차지했다. 그 결과 국산 로봇은 일본산에 밀려 시장 점유율이 30퍼센트 대로 추락했다.

이와 같이 국내 기계 제조 업체들은 기술 개발 후에도 혹독한 덤핑과 의 전쟁을 치러야 한다. 기술 수준이 낮으면 중국산 제품의, 기술 수준 이 높으면 일본, 미국 등 선진국 제품의 덤핑을 넘어서야 한다. 하지만 그 피해 강도는 같지 않다. 기술 수준이 낮아 언제든 대량으로 찍어낼 수 있는 공산품과는 달리 막대한 개발 자금과 노력이 필요한 신제품의 덤핑 공격은 시장을 확보하지 못할 경우 회사의 사활이 좌우되는 치명 적인 피해가 된다.[13]

:: 수출시장에서의 특허 소송

마지막으로 국내 기계 생산 업체가 기술추격을 하면서 겪는 장벽 가운데 하나는 외국기업들의 특허 소송이다. 최근 기술 선진 기업들은 특허 소송이라는 방법을 통해 경쟁사의 시장 진출을 저지하고 자신의 시장을 보호하는 전략을 자주 이용하고 있다.

기술 선진 기업들이 특허 소송을 적극적으로 제기하는 것은 단지 특허료 수입만을 위해서가 아니다. 특허료 수입 외에도 얻을 수 있는 부가 수익이 높기 때문에 이 전략을 자주 활용한다. 우선 자신들이 개발한 기술에 대해 특허망을 구축해 놓고 이와 유사하거나 저촉될 여지가 있는 경쟁사의 제품에 대해 특허 소송을 제소하면 여러 가지로 이득이 따른다. 일단 경쟁사의 사업 활동을 제한할 수 있다. 소송의 결과에 따라서는 특허료 수입을 확보할 수도 있고, 소송이 진행되는 동안 경쟁사를 협상의 테이블로 유도해 크로스 라이센싱 계약을 체결하는 부가 이익을 챙길 수도 있다. 따라서 소송 기업은 특허 소송을 통해 신제품의 가격과 시장 점유율을 모두 유지하게 된다. 특허 소송을 통해 연구 개발 투자비용을 회수하고 수익력도 강화시키는 것이다.

이런 경향이 늘어나면서 국내 기계 생산 업체들은 해외시장에 진출할 때마다 특허 소송에 제소당하는 경우가 늘고 있다. 특히 대기업이 아닌 중소기업은 특허 전담 인력이나 부서를 갖춘 곳이 드물어 외국 기업의 특허 공격에 제대로 대응을 하기 어렵다.

특히 최근에는 우리나라와 수출 분야가 많이 겹치는 일본으로부터의 특허 소송이 크게 증가하고 있다. 일본 기업은 80년대 이후 미국을 중심으로 한 특허 공격으로 막대한 특허 사용료를 지불하였고 이에 따라 특허 소송에 대응하기 위해 막대한 에너지를 소모했다. 이러한 경험을 바탕으로 최근 일본 기업들은 경영자 층에서부터 특허의 역할과 중요성을 인식하기 시작했다. 일본 정부가 2002년 '지적재산전략본부'를 설립하고 '지적재산기본법'을 제정하는 등 지적재산권을 보호하는 정책을 강하게 밀어붙이면서 일본 기업들의 특허 소송이 크게 늘어났다. 2004년 한 해 동안 일본 기업들이 특허 소송을 제기한 것이 우리나라의 삼성SDI(4월), 삼성전자·LG전자·기륭전자(5월), 대우일렉트로닉스(9월), LG전자(11월) 그리고 대만의 난야테크놀로지(2월), AUO(6월), E&E(6월) 등 총 7차례나 되는 것도 이 영향이 크다.

일본은 2003년 관세정률법을 개정하면서 자국기업의 지적재산권을 크게 강화했다. 개정된 관세정률법에 따르면 일본 정부는 수입품이 자국기업과 개인의 특허권, 의장권을 침해했을 경우 수입 중단을 세관에 요청할 수 있다. 세관은 수입 중단 요구를 받으면 특허청과 공동으로 30일 안에 수입품에 대한 조사를 실시한다. 특허권 침해 제품으로 판단되면 즉각 수입을 금지할 수 있다. 자국기업의 요청만으로도 바로 통관 보류가 될 수 있는 매우 강력한 제재 수단인 것이다.[14]

자본재 산업에서 추격에 성공한 국내기업

이제까지 자본재 산업에서의 후발기업 추격에 대한 이론적인 틀을 살펴봤다. 이론의 현실 설명력은 실제 사례를 분석하여 검증할 수 있다. 이러한 맥락에서 후발기업으로서 추격을 통해 세계시장 장악에 성공한 두 개 국내 장비 업체에 대해 살펴보자. 재봉기 제조 전문 업체인 썬스타와 반도체 및 LCD장비 업체인 주성엔지니어링의 공통점은 중소기업인 후발기업에서 세계시장을 선도하는 굴지의 기업이 되었다는 것이다. 이 두 기업의 추격 과정 속의 어려움과 극복 방안을 살펴봄으로써 자본재 산업에서의 추격에 대한 이론을 검증하고 나아가서 우리나라 자본재 산업 경쟁력 제고에 대한 시사점을 정리한다.

썬스타와 주성엔지니어링 사례를 분석하기 위해 사용한 자료는 언론 방송 매체를 통해 얻은 자료, 인터넷 홈페이지의 자료, 회사 관계자와의 인터뷰 자료, 사업 보고서 등이다. 썬스타에 관한 전반적인 자료는 KBS의 「신화창조의 비밀」이라는 다큐멘터리에서 얻었다. 그리고 썬스타 사이트에서 발간하는 사보를 통해 현재의 썬스타에 대한 전반적인 자료를 얻었다. 그리고 주성엔지니어링은 2005년도 사업 보고서와 각종 신문 기사와 인터뷰 내용을 토대로 자료를 수집하였다.

기업 개괄

:: 썬스타 그룹

1996년 재봉기 부품 제조에 국내 최초로 성공한 썬스타는 1990년 중반 자동자수기에 눈을 돌리게 되었다. 일체화된 몸체에 장착된 20개의 재봉기(다두자수기)가 컴퓨터의 완벽한 컨트롤 아래 자수를 대량생산하는 자동자수기의 제조는 재봉기 제조보다 훨씬 어려운 기술을 요구한다. 그럼에도 불구하고 썬스타는 기술 이전에 대한 정보도 전혀 없이 세계시장을 수십 년간 독점한 일본 타지마를 제치고 자동자수기를 국산화하는 데 성공했다.

이 회사가 만드는 컴퓨터 자동자수기는 'SWF'라는 고유 브랜드로 세계 130여 개국에 수출되어 연 1억 5,000만 달러 이상의 수출액을 올리고 있다. 현재 월 생산 규모는 500대이며 이 중 95퍼센트가 수출되고 있다. 썬스타는 2005년 3억 5천만 달러의 매출을 올렸다. 봉제 기계 부문에서는 전년 대비 40퍼센트 신장한 1억8천만 달러의 매출을 올려 세계 3위의 시장 점유율을 기록했다. 자수기 부문에선 60퍼센트 늘어난 1억 7천만 달러의 매출을 올려 세계 시장 점유율 1위를 차지하고, 자수기 브랜드 SWF는 세계시장의 60퍼센트를 차지했던 일본 타지마의 점유율을 27퍼센트로 떨어뜨리고 점유율 33퍼센트를 장악하였다(그림 8-3, 4참조).

:: 주성엔지니어링

주성엔지니어링은 부품 소재 산업 중에서도 특히 지식 및 기술 집약도가 매우 높아 R&D 활동이 많이 요구되는 고부가가치 산업인 반도체 및 LCD 전공정 장비 산업에 뛰어들어 막강한 자본력과 기술력을 갖춘

그림 8-3 썬스타의 세계시장 점유율 변화

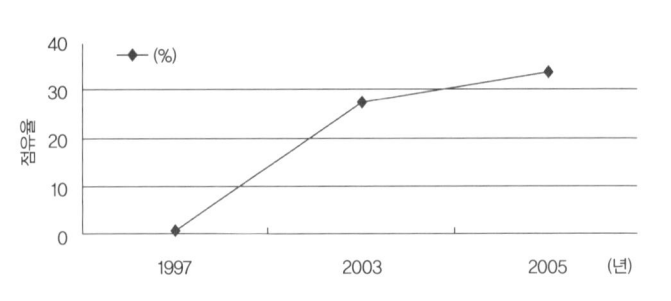

출처 : KBS「신화창조의 비밀」썬스타 편

그림 8-4 타지마(썬스타 최대 라이벌 기업)의 세계시장 점유율 변화

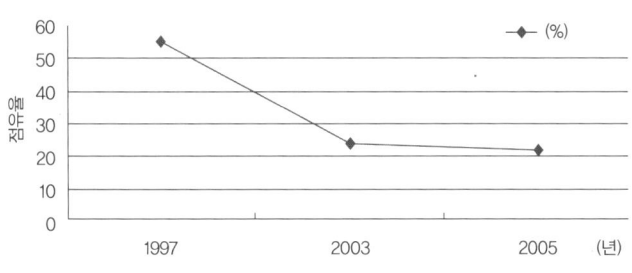

출처 : KBS 「신화창조의 비밀」 썬스타 편

세계적인 업체들에게 도전장을 내밀었다. 설립 첫해인 1995년 12억 5천만 원의 매출을 올린 이후 빠른 성장률을 보였다. 주성엔지니어링 2005년도 사업 보고서에 따르면 이 기업은 2004년과 2005년 각각 1,669억 원과 1,312억 원의 매출을 기록했고 2006년 1분기 매출은 327억 원이었다. 매출을 지역별로 구분해 놓은 표 8-2는 주성엔지니어링이 수출에서도 높은 성적을 기록했음을 보여 주고 있다. 수출은 2004년과 2005년 각각 935억 원, 630억 원 상당으로 전체 매출액에서 56퍼센트와 48퍼센트를 차지했다.

주성엔지니어링의 실적은 특히 반도체 공정 장비 중 하나인 ALD와

표 8-1 주성엔지니어링 2004년 매출 vs 2005년 매출(사업부문별)

	2004년	2005년
반도체 장치	28%	22%
LCD 장치	72%	78%
합계	1,669억원	1,312억원

출처 : 주성엔지니어링 2005년도 사업보고서

표 8-2 주성엔지니어링 2004년 매출 vs 2005년 매출(지역별)

	2004년	2005년
국내	44%	52%
대만	31%	39%
중국	16%	–
기타	9%	9%
합계	1,669억원	1,312억원

출처 : 주성엔지니어링 2005년도 사업보고서

표 8-3 주성엔지니어링 전 세계 TFT LCD용 CVD 및 ALD 장치 시장 점유율(%)

	2002	2003	2004	2005
TFT LCD용 CVD 시장	2	3	12	15
ALD 시장	4	4	22	33

출처 : 주성엔지니어링 2005년도 사업보고서

LCD 장치인 CVD가 두드러지는데 이 두 제품에 관해 주성엔지니어링은 2005년 현재 각각 15퍼센트와 33퍼센트에 달하는 세계시장 점유율을 보이고 있다(표 8-3참조).

기술 개발 과정

썬스타와 주성엔지니어링이 각자 속한 산업에서 시장 점유율 1위를 추격하기 위한 과정을 두 가지로 나누어 살펴본다. 첫째는 기술력 확보를 위한 노력 과정이다. 고도로 집적된 기술력을 확보할수록 그 기업의 시장 입지는 굳건해진다.

:: 썬스타의 기술력 확보

20년 전 작은 재봉기 생산 공장으로 시작한 썬스타는 1986년부터 모든 부품을 국산화하여 재봉기를 제작했지만 썬스타의 초기 제품은 선진 업체의 제품보다 열등했다. 당시 선진국은 자동사절 재봉기술이라고 하는 기술을 확보하고 있었다. 자동사절 재봉기술이란 재봉 작업이 일시 중단 또는 종료될 때에 잔여 실 정리에 소요되는 시간을 절약시키는 기술이다. 부품의 국산화에 성공한 썬스타는 이 자동사절 재봉기술을 확보하기 위해 연구를 거듭했지만 실패했고, 결국 벨기에의 에르노와 기술제휴를 통해 자동사절 재봉기술을 배웠다. 그러나 유럽식 자동사절기술을 장착한 우리나라 재봉기는 곧 문제가 발생했다. 유럽의 재봉기는 가계 소비 위주의 것인데 반해 기업 생산 형태로 재봉기를 작동시키는 국내에서는 유럽식 기계가 금방 파손되었던 것이다. 또다시 일본식의 자동사절기술을 획득하기 위해 6년 동안 연구 개발하였고 이 과정에서 기술 개발에 대한 많은 암묵적 지식이 생겼다. 또한 이것을 바탕으로 다른 선진 기술도 개발하기 시작했다. 그 결과 당시 최고 기술인 다양한 봉제 패턴을 자동으로 봉제 가능한 전자 패턴 재봉기를 제작, 생산하여 최고 선진국과 다름 없는 제품으로 세계 점유율 3위에 올라서게 되었다.

재봉기 시장에서 세계 점유율 3위로 올라섰음에도 불구하고 매출은 크게 늘지 않았다. 재봉기 생산기술을 확보하고 있는 경쟁업체가 많아서 기술 접근이 용이했기 때문이다. 즉, 기술에 대한 보편성, 명시성, 공공성이 크면 그 기술로 인한 수익이 줄어든다. 다른 시장을 찾던 중 당시 타지마라는 브랜드가 선점하고 있던 컴퓨터 자동자수기시장으로 눈을 돌리게 되었다. 당시에는 타지마가 컴퓨터 자동자수기시장을 장악하고 있었다. 기술의 특수성, 암묵성, 사적성이 높은 이 기술을 보유한 기업이 많지 않았기 때문에 이 기술을 확보한다면 큰 이윤을 낼 수 있었다. 오랜 연구 끝에 1996년 자동자수기를 완성한 후 썬스타는 전체 사업장에 A/S팀을 배치하여 기술을 보다 개선하였다. 이에 따라 컴퓨터 자동자수기가 판매되는 현장에서 자본재에 대한 핵심적인 암묵적 기술을 획득하였다. 각 수요 업체의 작업 환경을 고려한 환경에 맞추어 컴퓨터 자동자수기를 개발한 것이다.

이렇게 쌓은 암묵적 지식과 연구비용이 매출액의 10퍼센트를 넘을 만큼 적극적인 신제품 개발 노력으로 인해 썬스타는 그 후 독보적인 제품으로 시장을 선도하게 되었다. 큰 자수기계가 필요한 산업은 이미 제3국으로 나가고 영세 자수업만 남아 있는 미국시장을 겨냥하여 규모가 작은 컴팩트 자동자수기를 제작 개발해 다른 제품과 차별화했다. 세계 최초로 다른 종류의 수작업을 동시에 할 수 있는 이중 기능 자수기를 개발하여 생산, 판매했다.

현재 썬스타는 글로벌 제품으로서의 위상과 효율적 관리를 위해 SGIS(썬스타 전 세계 통합정보 관리시스템)를 구축하고 있다. SGIS란 수출되는 모든 제품마다 고유의 컴퓨터 칩을 내장시켜 전 세계를 네트워킹해 개발, 생산, 품질, A/S까지 통합한 전 세계 영업망을 한 시스템으로 운영하는 것이다. 이를 통해 제품이 판매되는 세계 100여 개국의 상황을 한눈에 살펴볼 수 있다. 2위 업체와의 격차를 현격히 벌리고 선도 업체로서의 역할에 매진하기 위해서이다.

:: 주성엔지니어링의 기술력 확보

주성엔지니어링이 세계적인 기술력을 자랑하는 반도체 장비 업체로 자리 잡을 수 있었던 데는 설립자 황철주 사장의 역할이 컸다. 인하대학 전기공학과를 졸업한 황 사장은 네덜란드 반도체 장비 업체 ASM에 입사했다. 당시 기계의 설치 및 유지, 관리, 보수는 본사에서 나온 기술자에게만 허용되었지만 황 사장은 기계를 몰래 연구하다가 어느 날 고장난 장비를 고치게 되었고 이후 장비를 만질 수 있는 특권을 얻었다.[15] 주성엔지니어링이 암묵적 지식이 요구되는 장비 산업에 뛰어들 수 있었던 것은 황 사장이 ASM에서 10년 동안 근무하면서 반도체 장비에 대한 노하우를 획득하여 창업을 준비했기 때문이다. 이것은 기술 체제를 특징짓는 세 번째 요소인 외부 지식 기반에 대한 접근의 대안적 형태로 볼 수 있다.

황 사장은 또한 ASM이 장비를 납품하는 삼성, LG 반도체 연구소를 오가며 연구원들과 신뢰를 쌓았고 새로운 아이디어를 실험할 때는 그곳 연구소 장비를 사용할 수 있었다. 특히 삼성전자 기흥공장의 장비 운영 책임자로 있으면서 7년간 출근하며 기계를 다루었다. 이것은 차후 고객이 될 주요 수요 업체의 신뢰를 얻는 계기인 동시에 고가의 최첨단 기계에 대한 현장학습 기회가 되었다. 반도체 장비기술이 속한 전문 공급자 산업에서는 수요 업체의 요구 사양에 따라 개별설비의 세부 기능이 모두 다르고 수요 업체와의 거래는 신뢰를 기반으로 하기 때문에 제조업체와 수요 업체 간의 긴밀한 협조 체제가 성공의 결정적인 역할을 한다. 따라서 반도체 소자 산업에서 세계를 선도하는 LG, 삼성전자와 긴밀한 관계를 유지한 것은 수요 업체의 기술 개발의 측면과 판로 개척 측면 모두에서 주성엔지니어링의 성공에 크게 기여했다.

1993년 ASM이 한국에서 철수를 결정하자 황 사장은 독립을 결심했다. 1995년 ASM을 퇴직하여 주성엔지니어링을 창업하고 1년간의 개발 노력 끝에 1996년 '유레카 2000'을 개발하여 최초로 저압화학증착장비 (LP CVD)의 국산화에 성공했다.[16]

이후에도 주성엔지니어링은 적극적인 기술 개발에 나섰다. 1999년 주성엔지니어링의 코스닥 등록 이후 황 사장이 미국대학을 순회 방문하여 기술 동향을 파악한 것도 결정적 도움이 되었다.

현재 주성엔지니어링은 주로 한국의 대학교수에게 의뢰하여 기술 동향을 파악하고 있으며 구체적 문제 해결을 위한 연구 개발은 카이스트 교수에게 발주하는 형식으로 진행하고 있다. 이것은 외부 지식 기반에 대한 접근 가능성이 기술 개발에 크게 기여한다는 것과[17] 학계와의 긴밀한 협력관계가 높은 불예측성에 따른 위험 대처 방법이 될 수 있음을 증명하고 있다.

꾸준한 연구 개발의 결과로 주성엔지니어링은 여러 가지 핵심기술을 확보하였다. 그 중 하나는 1999년에 개발이 완료된 원자층증착장비ALD 이다. ALD는 반도체 제조공정 중 단원자층의 화학적 반응을 이용한 나노시대에 가장 적합한 박막증착기술로, 앞으로는 CVD를 대체할 것으로 평가된다. 삼성전자와 아이피에스가 1998년 ALD기술을 이용한 양산용 장비를 공동 개발하면서 형성된 ALD시장에 주성엔지니어링은 즉시 뛰어들어 선점자의 우위를 확보하였다.[18] 주성엔지니어링은 후발자로서 200배의 커다란 규모와 막강한 자본력, 브랜드 파워를 갖춘 미국과 일본 업체와 경쟁하기 위해 경쟁사가 점령한 기술보다는 새로 떠오르는 기술을 모색하여 그것의 개발 노력에 집중한 위험축소 전략으로 추격에 성공했다.

초기 시장 개척

추격 과정에 있어 기술력과 시장성은 별개의 것으로 우수한 기술이 시장에서의 성공을 보장하는 것은 아니다.[19] 우리나라의 많은 중소기업들이 기술력을 확보했음에도 불구하고 시장 확보를 못해 도산하고 있다. 기술 획득에 성공한 이후에 주성엔지니어링과 썬스타는 시장을 확보하기 위해 어떠한 노력을 했는지 살펴보자.

:: 선발자의 약점을 이용한 썬스타의 시장 확보

컴퓨터 자동자수기와 같은 부품 소재 장비 산업은 중간재이기 때문에 검증된 선발자의 것을 선호하며 생산에 차질을 줄 위험을 가진 제품은 사용하려고 하지 않는다. 수요 업체가 제품을 사용하지 않으면 아무리 뛰어난 기술을 가지고 있는 썬스타의 제품이라도 사장될 수밖에 없다.

썬스타는 자기 제품의 품질을 믿고 사람들이 사용하기만 하면 분명히 자신의 제품을 이용할 것이라는 믿음 아래 후불제 홍보 방식을 택했다. 즉, 3개월에서 6개월 정도 사용하고 마음에 들면 그때 구매하도록 하는 판매를 시작했다. 이를 통해 시장을 확보했고, 세계 30여 개국으로 썬스타 컴퓨터 자동자수기를 판매할 수 있었다.

또한 당시 선두권이던 일본 경쟁 업체의 A/S에 대해 고객 불만이 많다는 사실을 알아내어 고객의 불편함을 24시간 내에 신속히 해결하는 전 세계 1일 A/S시스템을 고안했다. 이러한 A/S시스템을 통해 얻은 암묵적 지식은 다시 기술 개발로 이어져 시장 확보와 기술 개발을 동시에 얻는 효과를 발생시켰다.

보통 후발기업들이 시장을 확보하는 방안으로 후진국-중진국-선진국 순으로 주변국 시장부터 확보하는 것이 선발자와의 정면 대결을 피하고, 현금을 확보하기 위해 많이 사용하는 전략이다. 썬스타 역시 선진국 시장보다는 베트남, 동남아시아부터 시장 확보를 시작하여 인도, 서남아시아, 아프리카로 뻗어나가 미국, 유럽시장까지 진출하였다.

어느 정도 기술력과 자금이 확보된 이후 썬스타는 선진국 시장으로 진출과 자신만의 독자적인 디자인으로 시장 확보를 추진했다. 미국시장의 대다수를 이루는 영세업자를 겨냥한 컴팩트 자동자수기를 개발, 2003년 미국 점유율 26퍼센트로 시장 점유율에서 1위를 차지하게 되었다.

:: 제너스와의 제휴를 통한 주성엔지니어링의 시장 확보

주성엔지니어링 역시 유레카 2000의 개발을 완료했지만 그것을 판매하는데 난관에 봉착했다. 반도체 장비 업체는 납품한 장비의 유지, 보수, 관리를 책임져야 하는데 당시에는 그럴만한 능력이 없어 주성엔지니어링은 매수 주문에 거절당할 수밖에 없었다.

이러한 위기를 극복할 수 있었던 것은 미국 반도체 장비 업체 제너스와의 제휴 덕분이었다. 반도체 실리콘 분야에서 거의 90퍼센트 가까운 시장을 점유하다 폴리(규소합성물질) 분야가 각광을 받으면서 위기에 처했던 제너스는 그 분야에 강점을 갖고 있었던 주성엔지니어링과의 기술 협력을 추진했다. 미국 굴지의 반도체 장비 업체와 제휴를 맺었다는 것이 알려지면서 주성은 기술력을 인정받았다. 유레카 2000은 삼성전자에 이어 LG반도체와 현대전자 등 국내 3사의 양산 라인에 잇따라 채택되었다.[20]

후발기업의 경우, 서서히 성장하는 것보다 급격한 추격이 유리하다. 서서히 성장하는 후발기업은 경쟁사의 방어적 대응으로 인해 추격이 도중에 좌절될 가능성이 높다. 급격한 성장은 시장 환경이 급변할 때 가능하며 타 기업과의 합병 또는 제휴를 통해 이루어질 수 있다. 주성엔지니어링의 사례는 급격한 추격의 이점을 잘 나타낸다.

주성엔지니어링은 설립 2년 만에 국내에서 HSG(반구형결정실리콘) 방식의 저압화학증착장비 시장을 100퍼센트 점유했다. 뿐만 아니라 1997년 국내 최초로 반도체 전공정 장치를 해외로 수출해 주성엔지니어링은 세계적인 경쟁업체들을 제치고 전세계 HSG 시장의 50퍼센트를 차지하게 되었다. 첫해에는 12억 5000만 원이던 매출액이 몇 년간 100퍼센트 이상의 고성장을 기록했고 1999년 12월 주성엔지니어링은 역사상 최고의 공모가인 32만 원(액면가는 5,000원)으로 코스닥에 등록했다.[21]

초기 시장 개척 이후의 어려움

초기 시장 개척 후에도 후발기업은 여러 가지 난관에 부딪친다. 특히 자본재 산업의 주를 이루는 중소기업의 경우 거래처가 한정되어 있어 특정 수요 업체에 대한 지나친 의존도가 지속적인 추격을 저해하는 걸림돌로 작용한다. 또한 선발 외국 기업은 후발기업이 추격을 해오면 여러 가지 방법으로 후발자의 추격 의지를 좌절시킨다. 보통 선발자가 시장에서 얻은 자본력을 바탕으로 덤핑 물건을 팔아서 또는 기술에 대한 특허 소송을 걸어 기업을 사장시키는 방안을 사용한다. 특허 소송은 경쟁사에게 특허료를 얻는 한편 시장 우위를 유지할 수 있는 일석이조의 효과를 안겨 준다.[22] 최소 1~2년 동안 소송이 진행되면 후발기업은 특허 침해 진위 여부와 상관없이 인지도가 손상되는 등 큰 타격을 입게 되고 심지어 파산의 위기에 처하게 된다. 이러한 패턴은 썬스타와 주성엔지니어링 두 개의 사례에서도 확인할 수 있는데, 두 기업은 어떻게 이러한 어려움을 극복했는지 살펴보자.

:: 썬스타 vs 타지마의 특허 소송

썬스타가 뛰어난 기술력과 철저한 시장 확보 방안으로 시장을 잠식하자 타지마는 선발 업체의 전형적인 대응 방법인 특허 소송으로 후발자의 추격 의지를 막으려고 했다. 1998년 타지마 브랜드를 만드는 토카이는 썬스타를 상대로 원하는 모양을 불러와 입력할 수 있는 대화식 입력장치 특허에 대한 특허 침해 소송을 제기했다. 썬스타는 1983년 일본 화낙사 공작기계 매뉴얼에서 일본 토카이의 특허 내용을 그대로 담은 대화식 입력 장치를 발견했고, 이를 통해 토카이의 특허 자체가 무효라는 판결이 내려져 승소했다.

더 이상 추격의 걸림돌이 사라진 썬스타는 자신만의 기술력과 시장 확보 방안으로 더욱 급성장하게 되었다.

:: 주성엔지니어링의 삼성전자와의 불화 그리고 AMAT 특허 소송

각광을 받으면서 고속 성장을 하던 중 주성엔지니어링은 2001년, 주 고객이던 삼성전자와의 불화로 매출과 이익이 급감하는 시련을 맞았다. 중소기업의 한계점인 협소한 수요 기반이 계속된 추격을 가로막은 것이다. 당시 언론 매체의 보도 자료에 의하면 매출 80퍼센트를 차지하던 삼성전자에 대한 납품이 끊기면서 쌓이기 시작한 적자가 2001년부터 계속 누적되어 2003년에는 1,200억 원에 달했다. 주성엔지니어링은 대출을 회수하려는 일부 금융기관으로부터 거센 압력을 받았다.[23]

주성엔지니어링은 반도체와 공정이 비슷한 LCD 장비 분야에 투자를 하여 연구를 진행시킨 것이 위기 극복의 결정적 계기가 되었다. 2002년 5세대 LCD용 PE CVD장비의 개발은 LCD용 CVD장치 시장에 진입함으로써 제품 다변화를 시행했다. LG 필립스 LCD 납품으로 시작한 시장 진입은 만 2년 만에 2004년 전 세계 시장 점유율 2위라는 성적을 낳으며 세계적인 LCD용 PE CVD 장치 업체로 성장했다.[24] 주성엔지니어링의 2005년도 사업 보고서에 나타나듯이 LCD용 CVD 시장은 80퍼센트 이상의 시장 점유율을 기록하는 미국 AKT 외에는 뚜렷한 장비 공급업체가 없었기 때문에 주성엔지니어링과 같은 후발기업에게 유리한 환경을 제공했다.

동시에 주성은 일본, 대만, 미국, 유럽 등 해외 반도체 업체를 공략하면서 고객 다변화도 시도했다. 주성엔지니어링은 2002년에 대만의 최대 전자 업체인 테코와 기술제휴를 맺고 2003년에 일본 현지법인을 설립하는 등 해외 판매망과 거래처 확대에 힘썼다.

2003년 미국 마이크론의 트렁 도운 전 부사장을 영입하여 그의 인맥을 동원한 해외 마케팅과 영업 및 브랜드 인지도 약점을 보완했다.[25] 그림 8-5는 주성엔지니어링의 해외 매출 비중이 어떻게 변화했는지 보여 준다. 해외 거래처를 확대하기 위한 일련의 노력 끝에 2000년, 2001년

에는 전체 매출의 약 42퍼센트였던 해외 매출 비중이 2004년에는 55퍼
센트로 늘어났다.

주성엔지니어링의 해외 진출 역시 순조롭게 진행된 것만은 아니다.
주성이 LCD용 CVD를 개발해 시장에 뛰어들자 이전까지 시장을 독점
했던 AKT의 모회사인 AMAT는 2003년 12월 대만 법원에 주성엔지니
어링을 상대로 한 특허 침해 소송을 제기했고 곧이어 주성엔지니어링
의 영업활동과 기술 지원을 금지해야 한다는 가처분 신청도 냈다.[26]
AMAT 기술을 침해하지 않았다는 감정서를 한국과 대만, 미국에서 받
았음에도 불구하고 소송을 제기한 것은 단순히 자사 기술 보호가 아닌
대만 LCD 장비시장에서의 영업력을 견제하기 위한 수단으로 해석할
수 있다.

주성엔지니어링은 AMAT의 불공정 행위를 대만 공정위에 제소하는

그림 8-5 주성엔지니어링의 해외 매출 비중

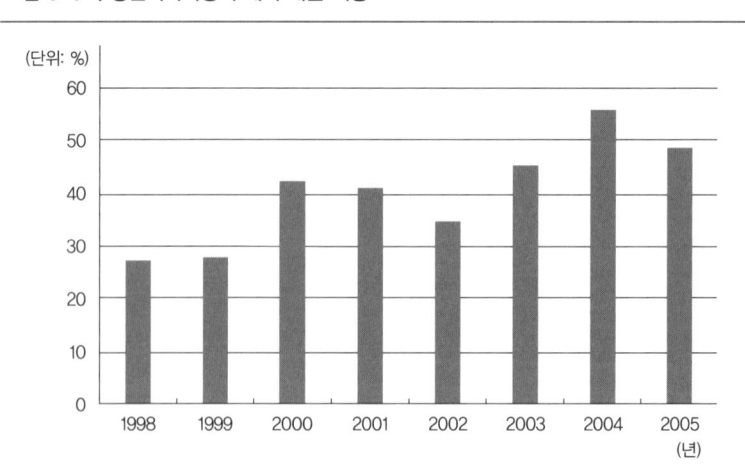

(단위: %)

출처 : 주성엔지니어링의 2005년도 사업보고서

216

그림 8-6 주성엔지니어링의 연간매출

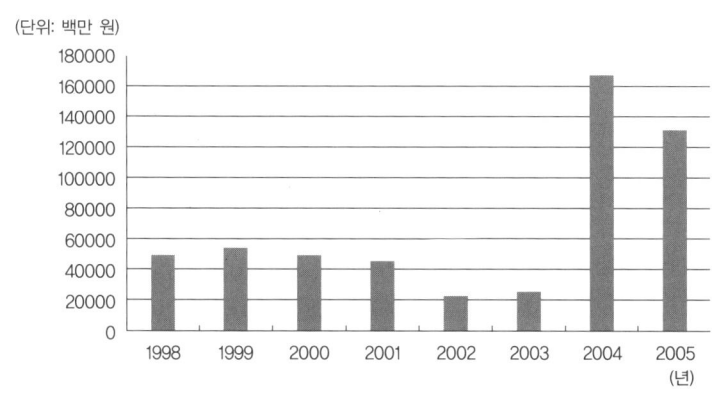

(단위: 백만 원)

출처 : 주성엔지니어링의 2005년도 사업보고서

방어전략을택했지만 소송이 진행되는 동안 대만 LCD용 CVD 매출 실적은 부진했다. AMAT의 가처분 명령 신청이 대만고등법원으로부터 원천 무효 최종 판결을 받은 2004년 8월에서야 비로소 대만 TFT-LCD업체에 대한 영업활동과 수주협상이 활기를 되찾았다.

2004년 대만 특허 분쟁 승소와 동시에 주성엔지니어링의 제품과 고객 다변화 전략은 확실한 성과를 보여 준다. 그림 8-6에서 보듯이 2002년 매출 227억 원에서 당기순손실 규모가 876억 원에 달했던 주성엔지니어링은 2004년 사상 최대 매출인 1천 669억 원의 매출과 340억 원의 당기순이익을 기록하며 부진에서 벗어났다.[27] 주성엔지니어링은 위기를 극복하고 추격의 궤도로 복귀할 수 있었다.

두 기업 사례를 통한 시사점

자본재 산업은 기술의 높은 전유 가능성과 누적성 때문에 후발기업의 기술 비약이 어렵다. 투자와 노력 끝에 기술 개발을 하여도 시장 확보는 보장되지 않는다. 그것은 국내 수요 업체들이 검증되지 않은 장비의 최초 사용자가 되는 것을 꺼리기 때문이고, 설사 초기 시장을 개척하여도 곧이어 선두권에 있는 경쟁 업체의 덤핑 공세와 특허 소송이라는 대응에 맞서야 하기 때문이다.

썬스타와 주성엔지니어링은 국내 장비 업체 중 추격의 기술과 시장 확보, 두 가지 측면에서 성공한 대표적인 사례이며 그들의 추격 과정은 공통적인 패턴을 보인다.

초기에 두 기업은 선발기업의 기술 수준을 따라가는 데 큰 어려움을 겪었다. 두 기업은 추격 이론에서 지목되는 과제 즉, 중소기업으로서 감당하기 힘든 막대한 R&D 비용과 높은 수준의 암묵적 지식 획득이라는 난관을 맞게 된다. 그럼에도 불구하고 두 기업이 모두 기술을 습득한 것은 이러한 장애적 요인을 우회하는 전략을 세웠기 때문이다. 썬스타는 재봉기 생산으로 어느 정도의 자금력을 확보하여 자동자수기 제조 기술에 드는 R&D 비용을 감당했다. 또한 누적성이 높고 암묵적 지식이 요구되는 기술을 체득하기 위해서 썬스타는 외국 기업과 기술제휴를 통해 외부 지식 기반에 접근하는 방법을 동원했다. 주성엔지니어링의 경우, 초기 연구 개발을 할 때 외국계 장비 제조업체와 수요 업체의 장비를 수리하며 연구하여 막대한 비용을 들이지 않고 기술을 개발하고 암묵적 지식을 쌓을 수 있었다.

기술을 개발한 후에도 수요 업체와 거래를 성사시키는 것이 쉽지 않다는 것은 두 기업의 경우에도 명확하다. 초기 시장을 개척하기 위해 썬스타는 막대한 비용을 들여 후불제를 실시하고 선발기업이 소홀히 하는 A/S제도를 구축함으로써 힘들게 수요를 확보하고 후발기업의 한계를 극복했다. 특히 선진국 시장에 바로 진입하기보다 후진국 시장을 겨냥한 시장 확보전략은 큰 성과를 거두게 했다. 반면, 주성엔지니어링은 국내 수요 업체와의 네트워킹을 통해 신뢰를 얻었고 선발 업체와 기술제휴를 맺어서 인지도를 얻었다.

기술을 개발하고 초기 시장을 개척한 후에도 썬스타와 주성엔지니어링은 외국의 경쟁업체로부터 특허 침해 소송을 당하는 등, 고비를 넘겨야만 했다. 이것은 선발 업체의 특허 소송이 시장 점유를 유지하는 전형적인 방어전략이라는 이론을 뒷받침한다. 주성엔지니어링은 협소한 수요 기반을 가졌기 때문에 주 고객이던 삼성과의 불화는 엄청난 타격이었다. 주성엔지니어링은 이러한 약점을 보완하여 제품과 고객 다변화를 통해 비로소 안정성을 확보하고 추격을 완성할 수 있었다. 그리고 이러한 제품과 고객 다변화로 외국 선발 업체와의 특허 분쟁 손해를 감당할 수 있었다. 썬스타 역시 특허 소송으로 인한 손실을 견딜 수 있었던 것은 자동자수기 외에 재봉기도 생산하여 제품을 다변화하고 자금력을 미리 확보했기 때문에 가능했다. 또한 제품을 100개 이상의 국가로 수출하여 수요 기반을 확대한 것도 1년 동안 계속되었던 특허 소송을 견디는 큰 요인이었다.

이런 점에 비추어 보아 썬스타와 주성엔지니어링 두 기업의 사례는 자본재 후발기업의 추격이 공통적인 패턴을 보이고 있다는 이론의 적합성을 입증한다. 두 기업은 추격 이론에서 지목된 어려움을 모두 겪었고 그것을 극복함으로써 비로소 추격의 궤도에 오를 수 있었다. 그러나 두 기업의 사례는 후발자의 추격이 자본재 산업에서는 특히 힘들다는 사실 즉, 자본재 산업에서의 중진국 함정을 입증하는 것에서 그치지 않고 이를 돌파하기 위한 방법 역시 제시한다. 이것은 여러 가지 정책적 시사점을 던져 준다. 우선 추격 과정 초기에는 자체적인 기술 획득이 어렵기 때문에 외부 지식 기반에 대한 접근을 쉽게 해주는 것이 필요하다. 또한 중소기업이 막대한 R&D 비용을 감당할 수 있도록 정부의 연구 개발 지원과 투자가 실행되어야 한다.

기술 개발에 성공한 후 초기 시장 개척에 관련된 한계를 극복하는 방안으로써는 해당 장비 업체 제품의 품질을 검증하여 그 신뢰성을 보증함으로써 해당 기업의 인지도를 높이는 정책이 바람직하다.

마지막으로 외국기업의 덤핑 공세 혹은 특허 소송에 대한 방어책을 마련할 필요가 있다. 특허 소송을 당한 국내기업에 대해 재정적 법률적 지원을 해주는 제도를 구축하여 특허 소송 피해를 최소화하고, 외국기업의 부당한 소송제기에 대해 손해배상 청구권을 보장하는 등 특허 제기 기업에 대한 패널티를 부과한다면 특허 소송의 남용을 방지할 수 있을 것이다.

썬스타와 주성엔지니어링, 두 기업의 사례는 자본재 산업에서 중소기업의 추격이 겪는 어려움을 보여 주고 그 원인을 밝혀 난관을 극복할 수 있는 방안을 제시한다는 점에서 큰 의미를 지닌다.

포스코의 기술추격
신일본제철과의 특허 비교

09

곽원식 네모파트너즈 전략컨설팅그룹 팀장
정성창 특허청 산업재산인력팀 기술서기관
이 근 서울대학교 경제학부 교수

일본의 철강업은 70년대에 급성장하기 시작하여 전통적인 철강 선진국이었던 미국에 기술 지원을 할 정도의 독보적인 위치를 구축했다. 그러나 최근 중국 철강 업체들이 급부상하고 대형 사업자 간의 합종 연횡이 진행되는 등 제반 경영 환경이 불투명해지면서 일본 철강 기업은 저부가가치 철강 제품은 중국을 비롯한 개발도상국으로 이전하고 기업 활동의 축을 첨단 주조기술, 미래형 강재, 기능성 합금 등 고부가가치 철강 상품 개발로 옮겨 가는 움직임을 보이고 있다. 특히 이번 장에서 주로 다루게 될 신일본제철의 경우, 강력한 R&D 조직을 기반으로 2005년 7월 이미 미국 특허 2,000여 건을 보유하고 있을 정도로 지식 자원이 축적되어 있다. 그러나 이러한 움직임들이 상당 기간 지속되고 가시화되고 있음에도 불구하고 국내에서는 이들의 기술혁신전략을 분석하고 벤치마킹하는 연구가 매우 미흡한 실정이다.

따라서 본 연구에서는 일본 철강 기업의 선두주자인 신일본제철을 대상으로 기술혁신 성과의 대리 지표인 특허 지표를 활용해 해당 기업이 선택하고 집중하는 기술 분야를 분석하는 동시에, 지식 창조 메커니즘 측면에서 기술 혁신을 위한 기업 간, 발명자 간 제휴에 대한 전략을 분석한다. 또한 단순한 신일본제철의 분석 외에도 신일본제철의 혁신 패턴과 포스코의 혁신 패턴을 상호 비교하여 포스코의 기술혁신전략에 대한 시사점을 도출한다.

연구 배경

일본과 한국의 철강 산업

일본의 현대 철강 산업은 1901년 국유기업으로 설립된 야와타제철이 그 출발점이다. 1934년 야와타제철이 와니시, 카와이시, 후지 등의 기존 철강 기업과 합병되면서 일본종합제철이 탄생했고 일본종합제철은 1950년 기업 집중에 대한 규제로 신일본제철의 전신인 후지제철과 야와타제철로 다시 분리되었다. 이후 일본의 대표적인 철강 기업 신일본제철은 1970년 후지제철과 야와타제철의 합병을 통해 탄생했다. 1970년대 이후 정부의 적극적인 지원과 신주력기술 선점 결과, 일본은 미국의 뒤를 이어 세계 최강의 철강 국가로 부상했고, 90년대 장기 불황을 겪으면서 잠시 주춤하였으나 2003년 현재 연 1억 1천만 톤의 조강 생산량(세계 전체 조강 생산량의 11.5퍼센트)을 자랑하는 세계적인 철강 순

수출국으로 군림하고 있다.[1]

한국 철강 산업의 변천사는 1970년 50만 톤에 불과하던 조강 생산량이 2003년 세계 조강 생산량의 4.8퍼센트인 4천 6백만 톤 규모로 성장하기까지의 포스코의 발전 역사로 대변된다. 포스코의 전신인 포항제철은 1968년 창립되어 70년대 포항제철소 건설 사업과 80년대 광양제철소 건설 사업을 토대로 눈부시게 성장, 1998년 이후에는 신일본제철의 대등한 경쟁 상대로 부상했다. 현재 포스코는 '해외연수' '기술이전'으로 대변되는 기술 습득 중심의 '모방자' 단계에서 '포스코' '포항공대' '산업과학기술연구소'의 삼각 연구 개발 협동 체제로 대변되는 '빠른 추종자' 단계를 거쳐, 제선 부문의 '피넥스' 주조 부문의 '스트립캐스팅' 등 차세대 혁신철강기술 창출 중심의 '최초 진입자' 단계에 진입한 것으로 평가된다.[2]

많은 철강 전문가들은 한일 양국의 철강 산업을 비교하면서 국내 철강 산업은 보통강 부문에서는 세계 최고 수준의 경쟁력을 보유하고 있지만 고급강 부문의 기술력은 취약하다고 본다. 따라서 혁신기술 개발·도입을 통해 일본 등의 선발주자와 기술 격차를 해소하고 동시에 중국 등의 후발주자와 제품 차별화를 추구해야 한다고 주장한다.[3] 다시 말해 국내 철강 산업은 기술혁신 역량이 점점 강화되고 있지만 아직 그 수준이 주 경쟁국인 일본에 못 미친다는 것이다.

그러나 많은 전문가들이 위와 같은 견해를 피력함에도 불구하고 기술 수준이나 기술혁신 역량의 원천이 되는 R&D 패턴이나 구조 측면에서 각 국의 철강 산업이 어떤 유사점과 차이점을 보이는지에 대한 연구는 상대적으로 부족하다. 즉, R&D 활동에서 나타나는 기업 간 혹은 개인 간의 연계, 철강 산업의 인접 산업과의 관련성 정도 등을 객관적 지표로 분석한 연구가 거의 없다.

지식 창조 이론

본 연구는 노나카와 타케우치[4]의 지식 창조 이론에 이론적 토대를 둔다. 이 이론에서는 지식을 문자로 표기하기 힘든 암묵지와 문서나 기호화될 수 있는 형식지로 구분하고, 지식이 기업 내에서 이 두 가지 형태를 교차적으로 띠며 창출되고 증폭되는 과정이 핵심이다. 기업의 지식 창조는 '어떤 형태의 지식인가'라는 인식론적 차원과 '누가 지식을 가지는가'의 존재론적 차원으로 구성되는 이차원적 나선 구조 형태로 이루어진다.[5]

우선 인식론적 차원에서는 (1) 각 개인 혹은 집단이 가지고 있는 형식화되지 않은 주관적인 형태의 지식(암묵지)이 사내에서 공유되고(공동화·사회화) (2) 그것은 단편적인 형태로 객관적인 지식(형식지)으로 전환되며(표출화) (3) 전환된 단편적 형식지들의 수집, 분류, 통합에 의해 새로운 형식지로 만들어진 후(연결화) (4) 다시 실용적인 주관적 암묵지로 체화되는 과정(내면화)을 통해 지식 창조가 이루어지며 이 과정은 계속 반복되면서 지식이 축적된다.[6] 그리고 존재론적 차원에서는 이러한 지식 나선이 개인 차원에서 부문 및 기업 차원을 거쳐 기업 간 차원으로 확대된다.

이러한 지식 나선 구조의 요체는 각 개인과 조직 간 상호작용의 강도가 지식 창출에 큰 영향을 주며 따라서 이것을 조직적인 차원에서 전략적으로 지원할 수 있어야 한다. 이것은 "전체는 그것을 구성하는 각 부

그림 9–1 지식 창출의 나선 구조

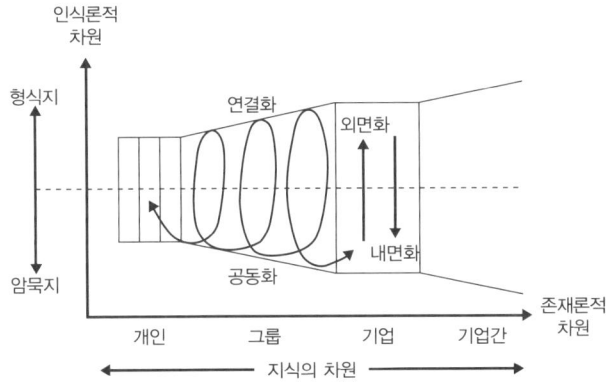

출처 : 노나카와 타케우치(1995)[7]

분의 단순 합계 이상이며, 각 부분의 빈번하고 강도 높은 상호작용에 의
해 새로운 전체 질서가 구성된다"는 복잡계 이론과 유사하다.[8]

이러한 이론적 시각을 토대로 폭 넓고 강도 높은 상호작용이 곧 기술
혁신의 원천이라는 점을 전제로 한다. 따라서 한일 철강 산업의 R&D
수행 과정 속 개인 및 조직 간의 상호작용이 일어나는 범위 및 강도가
주된 분석 대상이다.[9]

R&D 연구 방법론으로서의 특허 지표

본 연구에서는 분석 자료로 기술혁신 성과의 대리 지표인 특허를 이
용한다. 전통적으로 특허는 법률적, 기술적 문서로 취급되어 왔으며,
경제학적 혹은 경영학적 분석의 주요 대상은 아니었다. 그러나 최근 경
제학계 및 경영학계에서 특허 문헌에 포함된 특허권자, 기술 분류 등의

정보를 이용한 국가, 산업, 기업 수준에서 혁신전략을 분석하려는 시도가 나타났으며,[10] 이러한 특허 정보 활용 움직임은 '특허 지표' 연구로 통칭한다.[11]

특허 지표 연구의 선구자로 거론되는 쉬무클러, 그릴리치, 홀, 하우즈만, 소테, 제프 등은 특허 지표가 다음과 같은 질문을 해결하는 유효한 수단임을 주장한다.

- 특정 기술 분야에서 경쟁 우위에 있는 혁신 기업은 누구인가?
- 경쟁 기업 간의 관계(공동 연구, 합작 투자 등)는 어떠한가?
- 어떤 기술이 퇴조하고 어떤 기술이 부상하고 있는가?
- 혁신 주체(산학연, 정부 등) 간의 관계는 어떠한가?

그림 9-2 특허 서지 사항의 예시

Inventors : **Park; Cheol-Jae**(Gyeongbuk, KR); **Hong; Seong-Cheol**(Gyeongbuk, KR); **Kim; Kwan-Soo**(Gyeongbuk, KR); **Han; Kyu-Bum**(Gyeongbuk, KR); **Jo; Young-Jun**(Gyeongbuk, KR); **Choi; Seong-Gap**(Gyeongbuk, KR); **Yoshinori; Wakamiya**(Tokyo, JP); **Isoko; Nitta**(Tokyo, JP); **Haruki; Inami**(Tokyo, JP)

Assignee : **Posco Co., Ltd.** (KR); **Toshiba Mitsubishi-Electric Industrial Systems Corporation** (JP)

Appl. No. : **718489**

Filed : **November 20, 2003**

Foreign Application Priority Data	
Nov 20. 2002[KR]	10-2002-0072365
Dec 09. 2002[KR]	10-2002-0077709
Dec 09. 2002[KR]	10-2002-0077710
Dec 09. 2002[KR]	10-2002-0077711
Dec 09. 2002[KR]	10-2002-0077708
Dec 10. 2002[KR]	10-2002-0078299

Current U.S. Class : **700/155**; 72/9.2; 702/185

Intern'l Class : G06F 019/00; B21B037/00

Field of Search : 72/1-9.5, 14.9-28, 8, 31.01 700/28-31, 148-156
702/33, 35, 36, 97, 170, 182-185

출처 : 포스코의 미국 특허 2003-718489

표 9-1 특허 문서의 구조

서지사항	명세서
• 발명자의 이름, 주소, 국적	• 발명의 상세한 설명
• 특허소유권자의 명칭, 주소, 국적	– 발명의 목적 및 발명이 속하는 기술 분야
• 출원일자, 등록일자	– 그 분야의 기존 기술
• 특허 분류 코드	– 문제의 기술적 해결 방법/수단
	– 실시 사례 및 발명의 효과
	• 특허 청구 범위

- 혁신 기업들은 시기별로 어떤 경영 전략 변화를 보이는가?
- 선발기업은 신기술 분야를 어떻게 준비하고 있는가?

특허 문서의 구조는 내용상 크게 서지 사항과 명세서로 구분한다. 이 중 경제학자, 정책 담당자, 기업 전략 분석가들이 주로 관심을 가지는 서지 사항은 발명이 언제, 어디서, 어떤 분야에 대해 누가 했는지 제반 권리의 소유권자가 누구인지에 대한 정보로 구성된다.

서지 사항을 구성하는 내용을 통해 특정 기업을 소유권자로 하는 특허에서 그 기업의 R&D 과정 중 나타나는 개인(발명자) 간의 연계 구조나 기업(소유권자) 간의 연계 구조를 확인하는 동시에 어떤 기술적 궤적(특허 분류 코드)과 맞물려 나타나는지 파악할 수 있다. 이는 특허의 서지 사항이 본 연구에서의 주요 분석 대상과 일치하는 객관적 자료임을 보여 준다.

연구 방법론과 자료의 구성

자료의 구성

:: 분석 대상 특허의 선정

2005년 7월말 현재 포스코는 8,000건 가량의 국내 특허와 100건 가량의 미국 특허를 보유하고 있으며 신일본제철은 60,000건 가량의 일본 특허와 2,000건 가량의 미국 특허를 보유하고 있다.

본 연구에서는 국가 간 특허 비교 분석에 주로 이용되는 미국 특허청의 자료를 분석했다. 현재 포스코와 신일본제철의 미국시장 수출 규모는 미미하며 그것이 전체 매출에서 차지하는 비중은 그리 크지 않다. 이는 단위 부피당 무게가 무겁다는 제품 특성으로 인해 판매 구조가 내수 위주로 구성되는 철강 산업의 특성에 기인한다. 포스코의 경우, 2004년을 기준으로 수출은 전체 판매 중 25퍼센트 가량이며 그 중 미국이 차지하는 비중은 전체 판매의 2.3퍼센트에 지나지 않는다.[12] 신일본제철의 경우, 수출이 약 30퍼센트를 차지하며, 그 중 미국을 중심으로 한 북미 지역 차지 비중은 전체 판매의 1.2퍼센트 밖에 안된다.[13]

그럼에도 불구하고 본 연구에서 자국 특허가 아닌 미국 특허를 기준으로 분석하는 가장 큰 이유는 기업이 자국이 아닌 해외 특허출원 시 등록 특허를 유지하기 위해서는 높은 비용이 수반되어 특정 기업이 미국으로 해외 출원한 특허 내용이 해당 기업의 입장에서는 매우 중요하다는 해석을 할 수 있기 때문이다.[14]

또한 특허의 해외 출원은 (1) 특허를 이용한 잠재 경쟁 대비 진입 장벽 구축 (2) 특허출원 지역이 해당 제품의 주요 시장이기 때문에 특허권으로 발생할 수 있는 무역장벽[15] 제거 (3) 특허 보호가 강한 지역에 특허를 출원해 향후 발생 가능한 특허 분쟁에서 유리한 위치 선점의 행동으로 파악한다면, 미국 특허를 이용한 분석은 각 기업 R&D의 완벽한 설명은 아니더라도 두 기업의 전략적 평가 R&D 부문 특성은 알 수 있다.

미국 특허를 사용하는 또 다른 이유는 두 기업의 자국 특허 이용 시 각 국의 특허 등록 절차나 제반 정책 등의 환경 요인에 의한 편의성이 개입될 수 있다는 사실 때문이다. 따라서 제3국인 미국의 특허를 사용할 경우 그러한 편의성이 제거된 비교 자료를 얻을 수 있다는 이점이 있다.[16]

:: 자료의 수집 및 가공

자료의 수집에는 특허 전문 DB인 'WIPS'를 이용했다.[17] 1973년에서 2005년까지 출원된 포스코와 신일본제철의 미국 특허를 대상으로, 출원 인명 검색으로 자료를 추출한 결과 포스코는 117건, 신일본제철은 2,404건의 특허가 확인되었다.[18]

추출된 자료에서 검색어로 인한 오류를 삭제하고 출원에서부터 등록에 이르는 시차로부터 자유로운 2002년까지의 특허로 한정한 결과, 최종적으로 포스코는 102건, 신일본제철은 1,903건의 특허가 분석 대상이 되었다. 결정된 분석 대상에 대해 각각의 출원인, 발명인의 명칭을 대표화하고[19] 국제특허분류 코드를 세계지적재산기구의 기술 분류표에 제시된 32개 분류로 재구성하였다(표 9-2참조).

또한 원 자료에서는 각 특허 고유의 출원 일자를 가지지만 본 연구에서는 이를 10년 단위로 묶어서 분석한다. 국내 철강 산업에 대한 기존

표 9-2 IPC 기술 분류표

대분류	32대분류	해당 IPC분류 (Subclasses)	대분류	32대분류	해당 IPC분류 (Subclasses)
생활 필수품	농수산	A01(A01N 제외)	화학	야금	C21~C23, C25~C30
	식표품	A21~A24	섬유	섬유	D01~D07
	가정용품	A41~A47		종이	D21~D31
	의료기기	A61~A63(A61K 제외)	건축, 토목	건설	E01~E06
	의약	A61K		광업	E21
대분류	분래, 혼합	B01~B09	기계	엔진, 펌프	F01~F04, F15
	금속가공	B21~B23		기계부품	F16, F17
	플라스틱가공	B24~B32(B31 제외)		조명	F21~F28
	인쇄	B41~B44		무기, 폭발	F41, F42, C06
	운수	B60~B64	물리	광학	G01~G03
	포장	B65~B68		컴퓨터	G04~G08
화학	무기화학	C01~C05		정보기억	G09~G12
	유기화학	C07, A01N		원자력	G21
	고분자	C08	전기	전자부품	H01, H02, H05
	석유화학	C09~C11		전자회로, 통신	H03, H04
	바이오	C12~C14	기타	기타	B31

연구에서 시기를 10년 단위로 묶었던 것과 동일하며,[20] 이를 통해 기존 연구에서의 정성적 분석 결과와 본 연구의 결과를 비교 가능하도록 해 준다. 아울러 철강 산업은 전자 산업 등에 비해 기술혁신의 속도가 느 리다는 점을 감안하여 시간적 분석 단위를 길게 구성함으로써 특허 활 동의 변화를 더욱 분명히 포착할 수 있으며 이러한 시기 구분은 큰 무리 가 없다고 본다.

분석을 위한 주요 지표

일반적으로 특허를 이용한 '기술 추격' 관점에서 R&D 분석은 (1) 분석 대상이 보유하고 있는 특허를 양적으로 확인하고 (2) 특허들의 질적 가치를 평가한 후 (3) 시간에 따라 어떤 변화 패턴을 보이는지 분석하여 선발주자와 후발주자의 기술 격차 및 추격 방안을 도출하는 세 가지 단계로 이루어진다. 그러나 사전 연구 조사 과정에서 확인된 두 기업의 미국 특허 규모와 출원 시기 차이는 이러한 방법 적용에 상당한 제약 요인으로 작용하여 본 연구에서는 두 기업의 지식 창출 구조를 확인하는 것에 주안점을 둔다.

본 연구에서는 다음의 다섯 가지 지표를 주로 사용한다. 첫째, 얼마나 특정 기술 분야에 집중되어 있는지를 표시하는 허쉬만-허핀달 지수 둘째, 다른 R&D 주체와의 상호작용의 범위를 측정하기 위한 기업간 제휴도 지수, 셋째, 그 상호작용이 어떤 주체에 집중되어 있는지를 표시하는 '핵심 제휴기업', 넷째, 발명자 간 상호작용을 표시하는 '특허 건당 발명자 수' 그리고 누가 발명의 대부분을 담당하는지를 표시하는 '핵심 발명자'라는 개념이 있다.

:: 허쉬만-허핀달 집중도 지수(HHI)

HHI란 기업 전체의 특허 활동을 32개 분야로 재구성했을 때 각 기술 분야가 기업 전체의 특허활동에서 차지하는 비중을 제곱하여 얻는 지표이다. 기업의 전반적인 특허활동이 기술 분야별로 어느 정도의 집중도를 보이는지 확인하는 지표로 활용된다.[21] 이때 전통적으로 경제학에서는 HHI 지수 값을 통해 시장이 얼마나 '경쟁적' '경쟁 제한적' 인지의 상황 판단 근거로 사용했다. 본 연구에서의 HHI는 해당 기업의 특허활동 집중도를 표시하는 상대적 수치로, HHI가 낮을수록 집중도가 낮은 즉, 기술 다각화의 폭이 넓은 것으로 해석한다.

$$HHI = \sum (\text{전체 특허 건수에 대한 각 기술 분야의 비중})^2$$

:: 기업 간 제휴도 지수

두 번째 지표는 기업 간 제휴도 지수이다. 기업 간 제휴도 지수는 해당 기간에 나타난 중복 집계되지 않은 공동 출원인의 수를 공동 출원된 특허의 수로 나눈 값으로써,[22] R&D 활동에서의 기업 간 상호작용의 폭을 의미하며, 그 값이 높을수록 R&D 활동에서 다른 주체와의 상호작용 폭이 넓다.

$$\text{기업 간 제휴도 지수} = \frac{\text{중복 집계되지 않은 전체 공동 출원자 수}}{\text{공동 출원된 특허 수}}$$

:: 특허 건당 발명자 수

세 번째 지표는 특허 건당 발명자 수이다. 이 지수는 해당 기간에 나타난 중복 집계되지 않은 발명자의 수를 전체 특허 건수로 나눈 값으로써 R&D 활동에서의 개인 간 상호작용의 폭을 의미, 해당 기업의 R&D 활동에서의 발명자 간에 활발한 상호작용 정도를 반영한다.

$$\text{특허 건당 발명자 수} = \frac{\text{중복 집계되지 않은 전체 발명자 수}}{\text{전체 출원 특허 수}}$$

그림 9-3 핵심 제휴기업과 핵심 발명자의 개념 정의

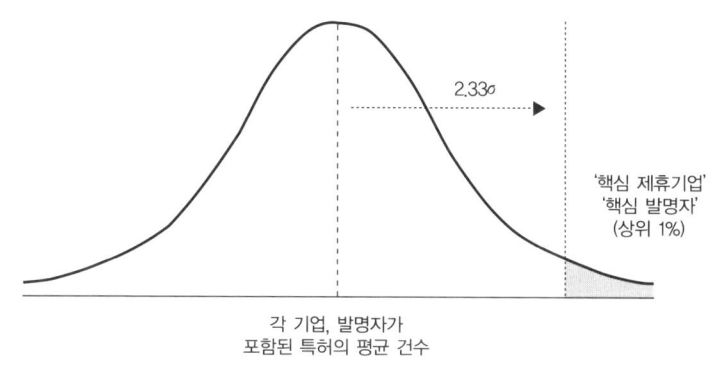

각 기업, 발명자가
포함된 특허의 평균 건수

2.33σ

'핵심 제휴기업'
'핵심 발명자'
(상위 1%)

:: 핵심 제휴기업 및 핵심 발명인

핵심 제휴기업이란 해당 기업과 공동 출원을 한 기업이 같이 출원한 특허를 모집단으로 하여, 정규분포 상에서 최상위 1퍼센트를 의미하는 μ+2.33σ 이상의 출원 건수를 가지는 공동 출원자를 '핵심 제휴기업'이라고 정의했다 (그림 9-3참조). 즉, 핵심 제휴기업은 포스코나 신일본제철이 타 주체와 공동 출원한 특허 각각을 기준으로 하여 포스코나 신일본제철의 전체 공동 출원자 중 상위 1퍼센트에 해당하는 제휴기업을 의미한다. 핵심 발명자는 비슷한 기준으로 하되 공동 출원 기업을 대상으로 한 것이 아니라 해당 기업의 전체 출원 건수를 기준으로 전체 발명자 중 상위 1퍼센트에 해당하는 발명자를 의미한다. 이 두 개념은 혁신의 중심이 되는 주체와 그렇지 못한 주체는 계속 그 상태를 유지하려는 경향이 있다는 점에 착안하여 R&D 과정에서 중심이 되는 개인, 기업과 어느 정도의 지속성을 가졌는지 확인하기 위해 이용된다.

주요 분석 결과 및 해석

특허활동의 연도별 추이

포스코와 신일본제철의 기술혁신 변화를 양적인 측면에서 분석하기 위해 출원 연도별 특허 등록 건수를 분석했다(그림 9-4 참조). 분석 결과 포스코의 최초 미국 특허출원 연도는 1981년이다. 그러나 그 이후 지속적인 출원으로 연결되지 못한 채 1991년에 이르러서야 매년 1건 이상의 특허가 출원되는 것으로 나타났다. 반면 신일본제철은 1973년도에 이미 7건의 특허출원을 했고 매년 수십 건의 특허를 출원하고 있다. 포스코의 체계적인 기술혁신 활동은 1990년을 전후한 시점으로 추정할수 있으며, 포스코는 신일본제철에 대한 기술추격이 20년 이상 늦다. 이후의 추격 여부를 판단해 보자. 우선 신일본제철의 70년대(1973~79년 총 274건) 연평균 특허출원 건수를 살펴보면 39건이다. 그러나 포스코의 본격적인 기술혁신활동 시작인 91년 이후(1991~2002)의 평균 건수는 9건인 것으로 볼 때 포스코와 신일본제철의 기술혁신 격차는 좁혀지지

그림 9-4 포스코와 신일본제철의 연도별 특허 등록 건수 추이

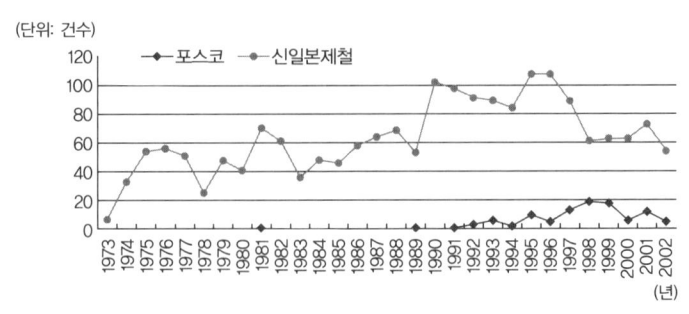

않았다. 2000년대를 기준으로 신일본제철은 60건 이상의 특허를 매년 출원하는데 비해 포스코는 20건 미만이어서 40건 이상의 격차가 유지되고 있다.

특허 포트폴리오와 기술 분야별 집중도(HHI 분석)

1973~2002년 전체 기간의 두 기업 HHI는 신일본제철이 722, 포스코가 3,589로 나타나서 포스코의 특허는 특정 기술 분야에 집중 또는 한정되어 있는 것으로 보인다. 이를 시기별로 살펴보면 포스코의 HHI는 80년대 2,800에서 90년대 3,978으로 증가한 반면, 신일본제철의 HHI는 80년대 837에서 90년대 721로 오히려 감소하고 있다. 전반적으로 신일본제철은 70년대부터 여러 분야에 특허를 내어 상당한 수준의 기술 다각화을 달성한 반면, 포스코는 기술 다각화 정도가 상대적으로 약하다.

표 9-3 포스코와 신일본제철의 HHI

	포스코			
구분	전체 기간	'73~'82	'83~'92	'93~'02
HHI	3,589	10,000	2,800	3,978
출원 특허 수	102건	1건	5건	96건
특허출원 기술 분야 수	12	1	4	12
	신일본제철			
구분	전체 기간	'73~'82	'83~'92	'93~'02
HHI	722	782	837	721
출원 특허 수	1,903건	446건	665건	792건
특허출원 기술 분야 수	27	18	23	26

표 9-4 포스코와 신일본제철의 세부 특허 포트폴리오

구분	포스코			
	전체 기간 (비중)	'73~'82 (비중)	'83~'92 (비중)	'93~'02 (비중)
전체	102건(100%)	1건(100%)	5건(100%)	96건(100%)
야금	60건(58.8%)	–	1건(20%)	59건(61.5%)
금속가공	8건(7.8%)	–	–	8건(8.3%)
플라스틱 가공	8건(7.8%)	–	2건(40%)	6건(6.3%)
전자부품	7건(6.9%)	–	1건(20%)	6건(6.3%)
광학	5건(4.9%)	–	–	5건(5.2%)
분리혼합	4건(3.9%)	1건(100%)	–	3건(3.1%)
컴퓨터	3건(2.9%)	–	1건(20%)	2건(2.1%)
의약	2건(2%)	–	–	2건(2.1%)
유기화학	2건(2%)	–	–	2건(2.1%)
무기화학	1건(1%)	–	–	1건(1%)
고분자	1건(1%)	–	–	1건(1%)
석유화학	1건(1%)	–	–	1건(1%)

구분	신일본제철			
	전체 기간 (비중)	'73~'82 (비중)	'83~'92 (비중)	'93~'02 (비중)
전체	1903건(100%)	446건(100%)	665건(100%)	792건(100%)
야금	565건(29.7%)	174건(39%)	180건(27.1%)	211건(26.6%)
전자부품	343건(18%)	38건(8.5%)	116건(17.4%)	189건(23.9%)
금속가공	317건(16.7%)	110건(24.7%)	121건(18.2%)	86건(10.9%)
플라스틱가공	135건(7.1%)	17건(3.8%)	51건(7.7%)	67건(8.5%)
광학	87건(4.6%)	19건(4.3%)	40건(6%)	28건(3.5%)
분리혼합	69건(3.6%)	23건(5.2%)	26건(3.9%)	20건(2.5%)
정보기억	46건(2.4%)	–	10건(1.5%)	35건(4.5%)
무기화학	45건(2.4%)	12건(2.7%)	22건(3.3%)	11건(1.4%)
전자회로, 통신	42건(2.2%)	5건(1.1%)	8건(1.2%)	29건(3.7%)
컴퓨터	40건(2.1%)	3건(0.7%)	10건(1.5%)	27건(3.4%)

구분	전체 기간 (비중)	'73~'82 (비중)	'83~'92 (비중)	'93~'02 (비중)
조명	38건(2%)	18건(4%)	13건(2%)	7건(0.9%)
고분자	32건(1.7%)	4건(0.9%)	20건(3%)	8건(1%)
기계부품	26건(1.4%)	6건(1.3%)	8건(8%)	12건(1.5%)
석유화학	20건(1.1%)	7건(1.6%)	7건(7%)	6건(0.8%)
엔진, 펄프	18건(0.9%)	2건(0.4%)	4건(0.6%)	12건(1.5%)
포장	16건(0.8%)	3건(0.7%)	11건(1.7%)	2건(0.3%)
섬유	16건(0.8%)	–	4건(0.6%)	12건(1.5%)
건설	16건(0.8%)	2건(0.4%)	4건(0.6%)	10건(1.3%)
인쇄	10건(0.5%)	2건(0.4%)	2건(0.3%)	6건(0.8%)
의료기기	5건(0.3%)	–	2건(0.3%)	3건(0.4%)
운수	4건(0.2%)	–	1건(0.2%)	3건(0.4%)
의약	3건(0.2%)	–	–	3건(0.2%)
유기화학	3건(0.2%)	–	–	3건(0.2%)
식료품	2건(0.1%)	1건(0.2%)	1건(0.2%)	–
바이오	2건(0.1%)	–	1건(0.2%)	1건(0.1%)
광업	2건(0.1%)	–	–	2건(0.3%)
가정용품	1건(0.1%)	–	–	1건(0.1%)

신일본제철의 경우 철강 산업의 인접 분야로서 전자부품, 금속가공, 플라스틱, 광학, 분리혼합, 정보기억 등을 선택하고 이 분야의 특허를 보강하여 비교적 균등한 특허 포트폴리오를 구성하지만 포스코는 전체 특허의 과반수가 야금 분야에 집중되고 인접 분야에 대한 특허는 상대적으로 매우 낮은 비대칭적인 구조를 보이고 있다. 이러한 차이점은 표 9-4에 제시된 세부 특허 포트폴리오의 변화에서도 뚜렷이 나타난다.[23]

세부 특허 포트폴리오를 통해 두 기업의 공통점을 살펴보면 두 기업 모두 전체 기술 분야 중 '야금' '금속가공' '플라스틱가공' '전자부품'

'광학' '분리혼합' 등 철강 제품 및 생산 공정에 직접적으로 관련된 상위 6개 기술 분야의 특허가 압도적으로 많으며 이들 분야의 특허는 포스코, 신일본제철이 출원한 미국 특허의 90.2퍼센트와 79.7퍼센트를 각각 차지한다.

포스코는 야금 분야에 전체 특허의 56퍼센트가 집중되어 있는 반면, 신일본제철은 야금, 금속가공, 플라스틱가공 등 상위 6개 기술 분야에 고르게 분포되어 있으며 특히 제어, 측정 등 세부 기술 분야를 포함하는 전자부품 분야가 상당히 높은 비중을 차지하고 있다. 이러한 두 기업 특허 포트폴리오 차이는 포스코가 신일본제철의 기술 포트폴리오를 추격할 경우 야금 이외의 금속가공, 플라스틱가공, 분리혼합 등의 기술 분야에 대한 R&D가 강화되도록 자원 배분을 해야함을 의미한다.[24]

포스코와 신일본제철의 이런 기술 다각화 정도의 차이는 두 기업의 기술 수준 차이를 반영하는 것으로 향후 혁신 및 경쟁능력의 차이를 시사한다.

여러 문헌에서 혁신형 대기업의 경우 기술적 다각화의 중요성을 강조하고 있다. 기본적으로 특정 산업에서의 혁신을 위해서는 특정 분야를 넘어선 다양한 분야에서의 혁신능력이 보다 중요하다. 이를 기술 융합 현상이라고 부른다. 기술적 다각화와 관련해 다음과 같은 현상이 주목받고 있다.[25]

첫째, 기술 다각화가 제품 다각화보다 일반적으로 범위가 넓다. 즉, 제품과 서비스를 개발하고 생산하기 위해서는 다양한 분야의 기술을 통제할 수 있어야 한다. 이러한 특성은 더욱 확산될 가능성이 큰 데, 이는 다양한 분야에서의 기술 탐색과 활용이 제품 개발의 선결 조건으로

표 9-5 한국 주요 기업 분야별 기술 비교우위 비교

유형 1 : 고른 다각화	
삼성전자	1 이상의 값을 보이고 있는 분야의 수는 32개 분야 중 8개 분야: 전자회로, 통신, 정보저장, 컴퓨터, 전자부품, 광학, 등에서 고루 1.3 이상
엘지전자	7개 분야에서 1 이상의 값을 보여 상당수준의 다변화: 섬유와 조명 · 냉난방 이라는 2개 분야에서 4 이상: 약간의 집중도
유형 2 : 다각화 속 집중	
대우전자	6개 분야에서 1 이상의 값: 조명 · 냉난방 한 분야에서 6 이상
현대자동차	7개 분야에서 1 이상: 이중 3개 분야 (운수, 엔진, 기계)에서 6 이상
포항 제철	7개 분야에서 1 이상 값: 금속가공과 야금이라는 2개 분야에서 14 이상

출처 : 이근과 박규호(2005)[26]

* 기술 비교우위 지수는 1 이상일수록 넓은 분야에 다각화하고 있음을 표시
최근 3년(1997~99년) 건수를 가지고 평균값을 계산

작용할 것이기 때문이다. 기술 다각화를 통해서만 제품 및 시장 다각화가 가능하다.

둘째, 기업의 기술 다각화의 윤곽은 안정적이고 기업마다 다르며 동시에 유사한 제품을 생산하는 대기업 간에는 상당히 비슷한 특성을 갖는다. 이러한 특성은 경쟁기업보다 협소한 기술 영역에 한정된 기업이 장기적으로 지속적인 경쟁력 약화와 기술능력의 상대적인 저위를 맞이할 수 밖에 없음을 보여 준다. 이러한 기술 영역의 확대는 사실상 단기적인 이윤 추구에 의한 것이라기보다 장기적으로 의도적인 방식에 이어지는 것이 대부분이다.

실제로 특허 데이터를 활용한 분석에 따르면[27] 대규모 혁신기업은 대부분의 기술 영역으로 다각화되어 있고 지속적으로 혁신을 수행한다는 사실을 확인할 수 있다. 또한 전 세계 400여 개의 대기업을 분석한 파텔과 파빗[28]에 따르면 기업-특수적인 기술역량과 관련하여 기술혁신

자체는 핵심 제품에 결정적인 영향을 받지만 이를 위한 기술활동은 그보다 넓게 분포되어 있다는 것을 밝혔다. 이러한 폭넓은 기술 분포를 통해 기업 특수적인 기술 역량의 축적은 복잡해진다. 그랜드스트랜드, 파텔, 파빗[29]도 기술 역량의 넓은 분포에 주목하면서 다기술 기업을 분석한다. 기술 선진국의 대기업은 기술 다각화가 널리 확산되었고 기술적 다각화 즉, 다양한 기술 습득과 활용을 통해서만 혁신기업으로서 생존하고 성장하는 단계에 도달하였다.

표9-5에서 제시된 한국 특허 데이터 분석에서는 삼성전자 같은 성공적인 국내 대기업도 모두 광범위한 기술 분야에서 특허를 취득하고 있다.[30] 즉, 함장형 글로벌 슈퍼스타를 추구하는 대기업은 좁은 분야에서의 혁신 역량 유지에만 급급해서는 안 되고 장기적인 시야를 가지고 인접한 관련 분야에 대해 기술 역량도 확보해야만 경쟁력을 유지할 수 있으며 해당 기업이 중심인 글로벌 생산 시스템을 유지할 수 있다.

기업 간 제휴도와 핵심 제휴기업 '기업 간 상호작용'

표 9-6에서 보면 포스코와 신일본제철이 보유한 특허에서 공동 출원인은 각각 5개, 179개이다.[31] 이 중 상위 1퍼센트 수준의 공동 출원을 한 핵심 제휴기업이 포스코에서는 보이지 않는 반면 신일본제철에서는 신일본화학, 도요타자동차, 미쯔비시중공업, 가와사키중공업, 미쯔비시전기 등 5개 기업으로 확인됐다. 그러나 포스코의 경우, 전체 공동 출원인이 5개 기업뿐이라는 점을 고려하면 전체 102건의 특허 중 각각 70개와 38개 특허에 공동 출원한 포항산업과학연구원(RIST)과 푀스트알핀을 핵심 제휴기업으로 간주해야 한다.

표 9-6 포스코와 신일본제철의 기업 간 제휴 추이

포스코				
구분	전체 기간	'73~'82	'83~'92	'93~'02
총 특허출원 수	102건	1건	5건	96건
공동 특허 수(비중)	76건(74.5%)	–	5건(100%)	71건(74%)
전체 제휴기업 수	5	–	1	5
신일본제철				
구분	전체 기간	'73~'82	'83~'92	'93~'02
총 특허출원 수	1903건	446건	665건	792건
공동 특허 수(비중)	340건(17.9%)	59건(13.2%)	1504건(22.6%)	131건(16.5%)
전체 제휴기업 수	179	36	89	97

RIST는 1987년 포스코가 전액 출연하여 설립한 연구소이며 정확한 명칭은 산업과학기술연구소이다. RIST는 포스코와 상호 인사 교류가 이루어지는 등 실질적으로 포스코의 사내 아웃소싱 연구 기관과 같은 성격을 지닌다.[32] 푀스트 알핀은 오스트리아의 철강 기업으로서 1938년 푀스트로 출발하여 1973년 알핀사와 합병하여 현재 이름인 푀스트 알핀이 되었다. 이 회사는 원래 철강회사로 출발하여 지금은 철강뿐만 아니라 제철설비관련 엔지니어링 등 종합엔지니어링을 겸비하는 회사이다. 특히 중요한 것은 이 푀스트알핀이 피넥스의 원천기술을 가진 기업으로서 90년대 이후 포스코가 보유한 야금 분야 특허의 상당수를 공동 출원했다는 점이다.

포스코와 신일본제철은 기업 간 제휴 측면에서 상당한 격차를 보인다. 두 기업의 기업 간 제휴도 지수와 핵심 제휴기업의 변화를 구체적으로 살펴보면 표 9-7과 같다. 우선 포스코의 공동 특허 비중[33]과 기업 간

표 9-7 기술 분야별 제휴도 지수와 핵심 제휴기업의 수

	전체기간			'73~'82			'83~'92			'93~'02		
포스코	각 분야별 공동 특허 비중(%)	핵심 제휴 기업	기업간 제휴도 지수	각 분야별 공동 특허 비중(%)	핵심 제휴 기업	기업간 제휴도 지수	각 분야별 공동 특허 비중(%)	핵심 제휴 기업	기업간 제휴도 지수	각 분야별 공동 특허 비중(%)	핵심 제휴 기업	기업간 제휴도 지수
합계	74.5	2	0.07	–	–	–	100.0	1	0.20	74.0	2	0.07
야금	76.7	2	0.07	–	–	–	100.0	1	1.00	76.3	2	0.07
금속가공	87.5	1	0.29	–	–	–	–	–	–	87.5	1	0.29
플라스틱가공	50.0	1	0.25	–	–	–	100.0	1	0.50	33.3	1	0.50
전자부품	71.4	1	0.20	–	–	–	100.0	1	1.00	66.7	1	0.25
광학	80.0	1	0.25	–	–	–	–	–	–	80.0	1	0.25
분리, 혼합	25.0	2	2.00	–	–	–	–	–	–	33.3	2	2.00
컴퓨터	100.0	1	0.33	–	–	–	100.0	1	1.00	100.0	1	0.50
의약	100.0	1	1.00	–	–	–	–	–	–	100.0	1	1.00
유기화학	100.0	1	0.50	–	–	–	–	–	–	100.0	1	0.50
무기화학	100.0	1	1.00	–	–	–	–	–	–	100.0	1	1.00
고분자	–	–	–	–	–	–	–	–	–	–	–	–
석유화학	100.0	2	2.00	–	–	–	–	–	–	100.0	2	2.00

| 산업분류 | 전체기간 | | | 신일본제철 | | | | | | | | |
| | | | | '73~'82 | | | '83~'92 | | | '93~'02 | | |
	각 분야별 공통특허 비중(%)	핵심 제휴 기업	기업간 제휴도 지수	각 분야별 공통특허 비중(%)	핵심 제휴 기업	기업간 제휴도 지수	각 분야별 공통특허 비중(%)	핵심 제휴 기업	기업간 제휴도 지수	각 분야별 공통특허 비중(%)	핵심 제휴 기업	기업간 제휴도 지수
합계	17.9	5	0.53	13.2	2	0.61	22.6	5	0.57	16.5	5	0.74
야금	11.2	4	0.68	4.6	–	0.88	13.3	4	0.67	14.7	3	0.94
전자부품	8.7	3	1.07	–	–	–	13.8	2	1.50	7.4	2	1.00
금속가공	18.9	4	0.47	18.2	2	0.60	19.8	3	0.63	18.6	3	0.63
플라스틱가공	21.5	2	1.07	23.5	–	0.75	21.6	1	1.55	20.9	2	0.93
광학	21.8	2	0.79	42.1	1	0.88	25.0	1	0.90	3.6	1	1.00
분리, 혼합	21.7	2	1.53	4.3	–	1.00	30.8	2	0.88	30.0	–	2.50
정보기억	4.3	–	5.00	–	–	–	10.0	–	1.00	2.8	–	9.00
무기화학	40.0	1	0.89	50.0	–	1.00	36.4	1	0.75	36.4	–	1.00
전자회로, 통신	9.5	1	0.75	20.0	1	1.00	–	–	–	10.3	–	0.67
컴퓨터	7.5	–	10.00	33.3	–	1.00	10.0	–	1.00	3.7	–	1.00
조명	21.1	–	1.13	27.8	–	0.80	23.1	–	1.67	–	–	–
고분자	81.3	1	0.62	50.0	–	1.00	85.0	1	0.53	87.5	1	1.00
기계부품	26.9	–	1.14	16.7	–	1.00	25.0	–	1.00	33.3	–	1.50
석유화학	50.0	1	1.80	–	–	–	100.0	–	0.57	50.0	1	4.67
엔진, 펌프	77.8	1	0.43	100.0	1	1.00	100.0	1	0.50	66.7	1	0.38
포장	25.0	–	1.00	–	–	–	36.4	–	1.00	–	–	–
섬유	93.8	1	0.53	–	–	–	100.0	1	0.50	91.7	1	0.64
건설	12.5	–	1.50	–	–	–	25.0	–	1.00	10.0	–	2.00
인쇄	20.0	–	1.00	–	–	–	50.0	–	1.00	16.7	–	1.00
의료기기	60.0	1	2.00	100.0	–	1.00	50.0	–	1.00	66.7	1	2.50
운수	75.0	1	1.00	–	–	–	–	–	–	66.7	1	1.00
의약	33.3	1	1.00	–	–	–	–	–	–	33.3	1	1.00
유기화학	66.7	1	0.50	–	–	–	66.7	1	0.50	–	–	–

제휴도 지수를 살펴보면 공동 특허는 상대적으로 높은 비중을 차지하나 기업 간 제휴도 지수는 낮다. 이는 포스코가 상대적으로 독자적인 기술 개발보다는 다른 기관과 연계하는 형태의 R&D 방식을 선택했으며 그 제휴 대상의 폭이 상당히 좁다는 것이다.[34] 반면 신일본제철은 공동 특허 비중이 포스코에 비해 상당히 낮지만 기업 간 제휴도 지수는 오히려 높다. 신일본제철은 포스코에 비해 우월한 독자적 기술 개발 능력을 갖춘, 넓은 범위의 다양한 기업들과 제휴를 하고 있다.

이러한 차이점은 핵심 제휴기업을 통해서도 관찰된다. 포스코의 경우 RIST와 푀스트알핀이 전체 특허의 90퍼센트 이상과 관련되며, 두 제휴기업 모두 야금 분야에 집중되어 있다. 반면, 신일본제철은 상대적으로 다양한 분야에서 균등한 제휴 관계가 나타난다.

신일본제철의 제휴 관계에서는 한 가지 큰 특징을 관찰할 수 있는데 실질적인 제품 수요처와의 제휴를 통해 신제품 개발 및 기존 제품의 개선, 공정 기술의 변화의 혁신 방향성을 파악하고 이를 공동으로 해결하는 R&D가 이루어지고 있다는 것이다. 신일본화학을 제외한 나머지 핵심 제휴기업들이 주력하고 있는 산업은 철강의 주 수요 산업이며, 핵심 제휴기업과의 제휴 중심 기술 분야는 시기별로 변화해 간다. 도요타자동차와의 관계가 그 대표적인 예로써 80년대에는 분리혼합과 야금을 중심으로 제휴가 이루어지다가, 90년대에는 금속가공과 엔진, 펌프 분야 중심의 제휴가 이루어지고 있다.[35]

특허 건당 발명자 수와 핵심 발명자: 발명자 간 상호작용

표 9-8에 제시된 포스코와 신일본제철의 특허 건당 발명자 수는 특

표 9-8 특허건당 발명자수와 핵심 발명자수

포스코

	전체기간			'73~'82			'83~'92			'93~'02		
	전체 발명자수	특허건당 발명자수	핵심 발명자수	전체 발명자수	특허건당 발명자수	핵심 발명자수	전체 발명자수	특허건당 발명자수	핵심 발명자수	전체 발명자수	특허건당 발명자수	핵심 발명자수
합계	240	2.4	6	2	2.0	-	15	3.0	-	225	2.3	6
야금	112	1.9	6	-	-	-	4	4.0	-	108	1.8	6
금속가공	39	4.9	-	-	-	-	-	-	-	39	4.9	-
플라스틱가공	26	3.3	-	-	-	-	6	3.0	-	20	3.3	-
전자부품	20	2.9	-	-	-	-	3	3.0	-	17	2.8	-
광학	21	4.2	-	-	-	-	-	-	-	21	4.2	-
분리, 혼합	10	2.5	-	2	2.0	-	-	-	-	8	2.7	-
컴퓨터	5	1.7	-	-	-	-	2	2.0	-	5	2.5	-
의약	12	6.0	-	-	-	-	-	-	-	12	6.0	-
유기화학	10	5.0	-	-	-	-	-	-	-	10	5.0	-
무기화학	4	4.0	-	-	-	-	-	-	-	4	4.0	-
고분자	4	4.0	-	-	-	-	-	-	-	4	4.0	-
석유화학	3	3.0	-	-	-	-	-	-	-	3	3.0	-

산업분체별

	전체기간			'73~'82			'83~'92			'93~'02		
	전체발명자수	특허건당발명자수	핵심발명자수	전체발명자수	특허건당발명자수	핵심발명자수	전체발명자수	특허건당발명자수	핵심발명자수	전체발명자수	특허건당발명자수	핵심발명자수
합계	3113	1.6	105	972	2.2	50	1447	2.2	92	1437	1.8	80
야금	1215	2.2	77	422	2.4	33	448	2.7	53	528.0	2.5	50.0
전자부품	414	1.2	60	74	1.9	17	208	1.8	39	219	1.2	36
금속가공	830	2.6	56	297	2.7	25	394	3.3	32	281	3.3	28
플라스틱가공	386	2.9	37	57	3.6	6	144	2.8	19	216	3.2	21
광학	209	2.4	17	62	3.3	4	106	2.7	9	57	2.0	7
분리, 혼합	221	3.2	17	65	2.8	7	83	3.2	10	92	4.6	5
정보기억	40	0.9	9	–	–	–	14	1.4	3	36	1.0	9
무기화학	165	3.7	9	45	3.8	3	63	2.9	4	62	5.6	3
전자회로, 통신	49	1.2	8	10	2.0	–	12	1.5	5	28	1.0	4
컴퓨터	78	2.0	8	9	3.0	1	19	1.9	2	54	2.0	6
조명	129	3.4	3	53	2.9	1	48	3.7	1	30	4.3	1
고분자	82	2.6	6	12	3.0	2	46	2.3	4	29	3.6	3
기계부품	96	3.7	7	15	2.5	–	31	3.9	2	52	4.3	5
석유화학	72	3.6	5	28	4.0	2	14	2.0	–	30	5.0	3
엔진, 펌프	61	3.4	1	10	5.0	–	14	3.5	1	44	3.7	1
포장	49	3.1	5	6	2.0	1	34	3.1	3	12	6.0	2
섬유	51	3.2	3	–	–	–	14	3.5	1	40	3.3	3
건설	43	2.7	–	5	2.5	–	9	2.3	–	30	3.0	–
인쇄	27	2.7	3	5	2.5	2	5	2.5	–	17	2.8	1
의료기기	21	4.2	4	–	–	–	9	4.5	2	13	4.3	2
운수	18	4.5	–	–	–	–	3	3.0	–	15	5.0	–
의약	8	2.7	–	–	–	–	–	–	–	8	2.7	–
유기화학	7	2.3	–	–	–	–	7.0	2.3	–	–	–	–
식료품	6	3.0	2	3.0	3.0	1	3	3.0	1	–	–	–
바이오	6	3.0	–	–	–	–	4	4.0	–	2	2.0	–
광업	6	2.0	–	–	–	–	–	–	–	4	2.0	–
가정용품	1	1.0	–	–	–	–	–	–	–	1	1.0	–

별한 특징이 없는 것으로 보인다. 그러나 핵심 발명자 수에서 두 기업은 큰 차이를 보인다. 우선 핵심 발명자의 규모는 포스코 6명, 신일본제철은 105명으로 신일본제철이 월등히 앞서고 있다.[36] 이는 각 기업이 유능한 발명자를 얼마나 보유하고 있는가와 연관된 문제이며 신일본제철은 포스코에 비해 유능한 발명자와 더 많은 관계를 맺고 있다.

그러나 무엇보다도 큰 차이는 핵심 발명자들이 포진하고 있는 기술 분야의 범위다. 포스코의 경우 모든 핵심 발명자가 야금 분야에 집중되어 있지만 신일본제철은 여러 기술 분야에서 핵심 발명자가 있으며 핵심 발명자의 출현 패턴은 분석 대상 기간의 최초 시기인 70년대부터 이미 나타났다. 또한 시기별 분석을 추가로 한 결과, 이들 핵심 발명자는 처음에는 소수의 분야에서 등장하다가 시간이 지남에 따라 활동 분야를 넓혀가고 있다.

포스코와 신일본제철 사례가 주는 시사점

지금까지의 연구 결과를 요약하면 미국 특허 확보 시작 시기로 미뤄볼 때 포스코는 후발주자로서 기술 모방과 습득 및 체화에 집중하다가 90년대부터 본격적인 기술혁신 활동을 시작했다. 그러나 포스코의 기술혁신 능력은 신일본제철에 비해 상당히 떨어진다. 가령 2005년 7월 말 포스코는 8,000건 가량의 국내 특허와 100건 가량의 미국 특허를 보유하고 있지만 신일본제철은 60,000건 가량의 일본 특허와 2,000건 가량의 미국 특허를 보유하고 있다. 2000년대의 매년 출원 건수도 신일본제철은 대개 60건 이상인 반면 포스코는 20건 미만에 머무르고 있어 기술적 추격을 달성하기에는 요원해 보인다. 이러한 결과는 본서 2장에서와 같이 철강 산업에서 이 두 기업 간에 지속되고 있는 총요소 생산성의 차이와 일치한다. 이런 격차 지속의 기저에는 기술혁신능력의 차이가 놓여 있다.

또한 추기능[37]과 스즈키와 고다마[38]의 연구는 기술적 다각화가 생산성에 긍정적인 영향을 미치고 생산성 격차는 특허 기술 분야의 다양성과도 관련 있다. 즉, 포스코는 단순한 건수에서 뿐만 아니라 또 다른 측면의 지표라고 할 수 있는 기술 다각화에서 신일본제철에 뒤처지고 있다. 두 기업이 보유한 특허 기술 분포를 보면 포스코의 특허가 주로 야금 분야에 한정된 것과 달리 신일본제철은 지속적으로 야금, 전자부품, 금속가공 등의 분야에 골고루 분산된 특허활동을 펼쳐왔으며 신일본제철의 기술혁신 활동이 포스코에 비해 상당히 폭넓다는 것을 암시한다. 즉, 기술혁신 범위로 판단할 때 포스코는 70년대 신일본제철의 R&D 활동 범위보다 좁은 범위의 R&D 활동을 하고 있다.

두 번째 주요 결과는 포스코와 신일본제철의 기술혁신 구조 상의 차이다. 두 기업이 보유한 특허의 핵심 제휴기업을 통해 R&D의 주요 제휴 대상을 조사한 결과 포스코가 푀스트알핀, RIST 등 일부 기관 또는 기업에 집중되어 있는 반면, 신일본제철은 미쯔비시중공업, 도요타자동차 등 철강 산업 이외의 다른 산업에 속한 기업과의 R&D 제휴도 활발하다. 이는 포스코의 R&D 범위가 야금 등 일부 분야에 집중되어 있는 현상과도 매우 밀접하다. 동종 업계의 소수 특정 기업에 한정된 R&D 활동은 R&D 분야의 폭을 넓히는 것에 어려움을 끼친다.

발명자의 분포에서 관찰되는 주요 결과에서도 전체 기간에 나타나는 핵심 발명자가 6명뿐이며 연구 개발의 연속성은 관찰되지 않는다. 신일본제철의 경우, 전체 기간 동안 105명의 핵심 발명자가 나타나고 그들의 연구 분야는 계속해서 확장되고 있다. 이는 선행 연구에 참여한 발명자가 후속 연구에도 투입되어 다른 연구자들에게 축적된 암묵지를 전달하는 지식 흐름이 원활하기 때문인 것으로 추측된다.

혁신과 추격전략에 대한 시사

현재 포스코는 여러 가지 잠재적인 위협에 노출되어 있다. 우선 공급 측에서는 원재료인 철광석 가격의 급상승, 주요 경쟁기업의 철광석 확보를 위한 수직적통합, 주요 경쟁기업 간의 합종연횡 및 중국 철강 산업의 급성장, 수요측과 잠재적 진입자 측면에서는 제품의 주요 수요처들이 후방통합을 통해 잠재적 진입자로 부상함에 따라 약해지는 교섭력 등이 있다. 특히, 철강 산업에서 합병과 통합을 통해 과잉설비를 해소하고 생산 체제의 전문화를 꾀함으로써 경쟁력을 강화시키려는 세계적인 움직임이 나타난다는 점은 매우 중요하다. 기술적 우위의 강화는 이런 상황의 기본적인 대처 방안이다. 이를 기반으로 하여야 제품을 차별화하고 공정을 획기적으로 혁신시켜 가격을 차별화할 수 있다.

본 연구의 결과를 토대로 포스코에 대한 제언을 하면 다음과 같다. 첫째, 포스코는 연구 범위를 현재의 소수 분야 중심에서 철강 산업 외 인접 산업 분야에서도 동시에 활용할 수 있는 기술혁신 전략을 추진할 필요가 있다. 퓌스트알핀, RIST 등의 소수 기업, 기관에만 국한하지 말고 다양한 주체로 제휴를 확대해야 한다. 최근에 등장한 개방형 혁신

논의는 이런 상호작용의 중요성을 시사한다. 이런 상호작용의 강화를 통해서 형식적이고 단편적인 제휴가 아닌, 장기적이고도 긴밀한 제휴로 서로 암묵지를 교환할 수 있는 기업 간 지식 통로를 마련하고 체화하는 선순환 관계를 창출해 낼 수 있는 방안을 고민해야 한다. 이를 위해서는 미쯔비시중공업, 도요타자동차 등과 제휴하여 모두에게 긍정적인 시너지 효과를 불러일으키는 특허를 추구한 신일본제철의 사례를 참고한다.

둘째, 직무 발명 보상 제도처럼 발명자들에게 발명에 대한 유인을 제공하는 것도 중요하지만 장기적인 기술 발전을 위해서는 핵심 발명자가 등장할 수 있는 연구 역량을 확보해야 한다. 이를 위해서는 연구에 참여한 발명자들이 해당 분야 및 인접 분야의 관련 후속 연구에 참여함으로써 서로의 암묵지가 교환될 수 있도록 연구 프로세스를 관리한다. 극심한 경쟁에서 벗어나 기업활동의 새로운 전기를 마련할 수 있는 기회는 서로 다른 사람, 다른 기업이 지속적으로 만날 때 생긴다. 포스코는 그러한 교류를 활성화할 수 있는 원활한 지식 통로, 폭넓은 지식의 장을 마련 방법을 고민해야 할 것이다.

조선 산업의 일본 추격과 중국 방어

10

김형균 GS칼텍스 국제금융팀
손은희 서울대학교 경영학과 석사과정

세계경제포럼은 10월 31일 발표한 「2007년 국가 경쟁력 평가」 보고서에서 한국의 국가 경쟁력이 지난해 23위에서 올해 11위로 12단계 상승했다고 밝혔다. 증시는 2000포인트 시대를 열었고 외환 보유고는 2,500억 달러에 이르는 등 긍정적인 경제 지표는 한국경제가 외환위기 후 강도 높은 구조조정에 성공했음을 말해 준다. 그러나 실제 현실은 미래에 대한 낙관론보다 경각심이 지배하고 있다. 지난 97년 부즈앨런해밀턴이 중국과 동남아시아에게는 임금 경쟁에서 밀리고 일본과 미국 등에는 품질과 기술에서 열등하다며 한국을 '넛크래커'로 비유한 바 있는데 10년이 흐른 지금도 같은 고민이 국내 최대 기업 총수의 '샌드위치론'으로 표출되는 등 한국 경제의 미래에 대한 고민과 걱정은 아직도 사그러들지 않았다.

이는 포터[1]가 상정한 '투자 주도 경제'에서 '혁신 주도 경제' 단계로 진입하고 있는 한국이 이행 과정의 딜레마에 빠져 있기 때문이다. 외환위기 이후 기존 산업에 대한 설비 투자는 감소하고 임금 등의 요소비용은 상승하여 기존 한국 기업의 경쟁 기반이었던 효율성은 점차 소실되는 한편, 세계화·지식경제화·디지털화 등의 새로운 흐름에 대응할 혁신 기반은 아직 탐색 단계에 머물러 있다. 새로운 성장산업을 발굴하여 민관이 전략적인 지원을 해야 한다는 주장부터 세계적인 거대기업을 10개 이상 육성하자는 주장과 영화·대중음악·게임 컨텐츠 산업 육성론까지 다양한 차세대 성장 동력 찾기가 진행되고 있다.

본 장의 연구는 보다 정교하고 현실적인 혁신 및 경쟁 전략을 도모하기 위해서는 현재 한국 경제에서 성공적인 추격 과정을 거쳐 선도자로 자리 잡은 산업과 기업을 분석하여 참고해야 한다는 의식에서 시작되었다. 시장 개방과 글로벌 경쟁이 가속화되는 추세에 대응하기 위해서는 신성장 산업의 육성뿐만 아니라 적극적인 기존산업의 혁신, 고부가가치화 작업 또한 필요하다.[2] 최근 국내 조선 산업의 성공은 이러한 '굴뚝 산업의 부활'을 통해 가치를 창출한 대표적인 사례이다.

한국의 조선 산업은 1973년 첫 대형 도크를 건설하면서 세계시장에 참여한 이후 30년도 되지 않아 1위에 올라섰고, 최근에는 고부가가치 선종들을 성공적으로 생산하기 시작하면서 신규 시장 또한 독주하고 있다. 조선 산업은 후방 산업과 고용시장에서 파급 효과가 큰 국가 기간 산업이며, 자체적인 노력을 통해 부품 및 부속기자재의 국산화에 성공한 바람직한 산업이다. 국내 조선 산업의 추격 과정을 분석하는 작업은 타 산업의 경쟁력 강화 전략에 상당한 교훈이 될 것이다. 현재까지 한국

조선 산업의 추격 과정을 이론적으로 접근한 학술 작업은 거의 이루어지지 않았고 특히, '샌드위치론'에서 한국을 압박하는 두 국가, 일본과 중국이 조선 산업에 있어 한국의 강력한 경쟁국가라는 사실은 본 연구 작업 과정을 흥미롭게 해 주었다.

먼저 한국과 세계의 조선 산업 현황을 통계자료와 함께 개괄하고 시장의 특성을 살펴본다. 조선 산업을 분석한 기존의 학문적 선행 연구는 경쟁 세력 모형, 클러스터 이론, 다이아몬드 모델 등 포터의 산업 경쟁 이론[3]에 기반하여 조선 산업의 발전사를 서술하고 경쟁력을 평가한다. 하지만 이 선행 연구들은 경쟁 환경과 기업 전략의 동태적인 변화를 반영하지 못하거나, 기술의 중요성을 과소평가하는 한계를 가지고 있다. 따라서 신슘페터주의의 기술 체제 개념과 SSI 관점에서 한국 조선 산업의 추격 과정에 대한 새로운 동태적 분석을 시도한다. 이를 통해 조선 산업의 기술 체제와 경쟁력 원천을 이론적으로 규명하고 한국 조선 산업에서 일어난 추격과 발전 메커니즘을 밝힐 것이다. 덧붙여 중국의 추격이 우려되고 있는 현 상황에 관련한 정책적인 시사점과 향후 경쟁전략에 대해 제언을 추가하였다.

조선 산업에 대한 개괄

조선 산업의 정의와 특성

조선업의 상품군은 벌크선·초대형 유조선VLCC·컨테이너선·LNG선 등 운송을 목적으로 하는 상선과 가스·원유 탐사 및 시추를 목적으로 하는 FPSO(부유식 원유 생산 저장 설비), Drillship(심해 시추선) 등의 해양 설비, 군함이나 잠수함, 크루즈 같은 특수 선박을 포함한다. 유조선, 벌크선과 같은 일반 상선이 압도적으로 시장 비중을 차지하고 있지만, 건조 기술의 난이도가 높은 LNG선, 크루즈선, 해양 설비 등이 훨씬 고가의 상품이며 파생되는 부가가치 또한 높다. 조선 산업은 국가 경제 전반에 미치는 영향이 막대하므로 고도로 자본집약적이고 기술집약적인 장치 산업인 동시에 다수의 숙련 기능공을 필요로 하는 노동집약적 성격을 가진 점이 기타 기술 산업과 차별화된다.[4]

조선 산업의 추격 역사와 한국 조선 산업의 현황

조선 산업의 역사는 후발주자에 의한 선발 주자의 끊임없는 추격과 패권 이동으로 요약할 수 있다.[5] 조선 산업은 전형적인 글로벌 산업[6]으로써, 이미 19세기 후반부터 단일한 세계시장을 놓고 국가 단위의 치열한 경쟁이 벌어지고 있다. 2차 세계대전 종전 직후에는 영국과 유럽 국가들이 세계 조선 산업을 지배하고 있었으나, 노동쟁의로 인한 경쟁력 악화와 일본의 용접 공법 도입으로 시장에서 도태되게 된다. 60년대 일본은 기존의 리벳 공법보다 생산성이 3배 가량 높은 용접 공법과 블록 공법을 도입하면서 새로운 패권 국가로 올라서게 되었다.[7] 그러나 일본은 80년대 석유 파동으로 세계 조선시장이 침체되었을 때 설비 투자를 감축하고 설계 인력을 줄이는 자충수를 두었고 경쟁력에 상당한 손실을 입었다.

이에 반해 한국은 시장을 낙관적으로 전망하고 시장 수요가 악화된 상황에서 적극적인 투자를 했을 뿐만 아니라, 해외로부터의 기술 도입

표 10-1 세계 신조선 건조량 점유율 추이(%)

	1955	1965	1975	1985	1998	2000	2005 (년)
1위	영국(18.3)	일본(43.9)	일본(50.1)	일본(52.3)	일본(42.0)	**한국(40.7)**	**한국(35.2)**
2위	노르웨이 (14.5)	스웨덴 (9.6)	독일(7.1)	**한국(14.4)**	**한국(28.9)**	일본(39.0)	일본(28.6)
3위	독일(9.9)	영국(8.8)	스웨덴 (6.9)	독일(3.1)	중국(4.8)	독일(3.3)	중국(14.5)
4위	프랑스(4.7)	독일(8.4)	스페인 (4.6)	스페인 (3.0)	독일(4.2)	중국(3.2)	독일(3.6)
5위	일본(4.6)	프랑스 (3.9)	영국(3.6)	프랑스(1.1)	이탈리아 (3.2)	대만(2.1)	폴란드(2.3)
			한국(1.2)	중국(0.9)			

출처: 『한국의 조선 산업: 성장과 과제』, 2005.

과 자체 기술 개발을 균형적으로 추구하여 기술 역량을 쌓아 갔다. 한국은 선주의 요구에 유연하게 대응하는 설계 능력에서 일본을 제쳤을 뿐만 아니라 건조능력 역시 일본과 대등한 수준으로 인정받아 1999년부터 신조선 수주에서 일본을 제치고 1위로 올라섰다. 현재는 한국의 독주 속에 일본과 중국이 나란히 2위, 3위를 차지하고 있으며 3국의 시장 점유율 합은 80퍼센트를 넘나든다. 상선 분야의 경쟁력을 상실한 유럽은 크루즈선 건조 및 원천 기술 라이센싱에서 1인자 역할을 하고 있다.

한국은 1973년 첫 현대적 시설의 대규모 도크를 건설하고 다음 해 26만 톤 규모의 초대형 유조선 준공을 시작으로 2000년 수주량과 건조량에서 모두 1위에 올라서는 눈부신 성장을 이룩했다. 특히 고부가가치선으로 분류되는 대형 컨테이너선과 LNG선의 한국 업체 점유율은 2005년 기준 54.1퍼센트, 82.5퍼센트를 기록하고 있어 질적으로도 충만한 성장을 이룬 것으로 평가 받고 있다. 기술력 측면에서도 대우조선해양

표 10-2 세계 조선 업계 순위와 수주잔량 (단위 : CGT)

순위	회사	수주잔량
1	현대중공업	1,447만
2	삼성중공업	919만
3	대우조선해양	880만
4	현대미포조선	494만
5	STX조선	340만
6	다롄선박중공	317만
7	현대삼호중공업	315만
8	와이가오차오조선	236만
9	장난창싱조선	226만
10	후둥중화조선	218만

출처 : 매일경제 9월 10일자 「화려한 부활 '굴뚝산업' 소득 3만불 희망」, 2007년 7월말 현재 기준.
* CGT : 표준 화물선 환산 톤 수.

과 삼성중공업은 멤브레인 LNG선 건조능력과 드릴쉽 건조기술에 독보적인 경쟁 우위를 확보하고 있으며, 현대중공업의 경우 지난 2000년 자체 기술로 선박엔진을 개발함에 이어 최근 LNG화물창 제조기술도 국산화에 성공했다. 하지만 아직 자체 기술의 상용화 경험이 적고 해양 설비 핵심기자재 해외 의존도가 다소 높다는 것이 약점이다.

조선 산업에 대한 이론적 고찰

포터 이론[8]에 기반한 선행 연구와 그 한계

현재까지 쓰여진 한국 조선 산업에 대한 기존 연구의 약점은 학술적인 추론 및 논증 작업 없이 통계 수치와 역사에 기반하여 조선 산업의 성공 요인을 분석하고 나열한다는 점이다.[9] 이 연구들은 풍부한 자료 조사와 조선 산업에 대한 직관이 장점이지만 분석의 논리성과 체계성이 부족하다. 또한 같은 자료를 기반으로 방법론의 차별화 없이 쓰여졌기 때문에 그 내용 및 제언에 차이가 거의 없다. 따라서 이들은 조선 산업의 현황 및 방향을 이해하기 위해서는 적합하지만 다른 산업의 분석을 위해 일반적인 교훈이나 시사점은 부족하다.

한편 본격적으로 학문적 이론을 빌려 조선 산업을 분석한 연구로는 조동성과 포터[10], 하싱크와 조동호[11], 박정은[12] 등이 있는데, 이들은 공통적으로 포터의 산업 경쟁 이론에 기반하고 있다.

조동성과 포터는 경쟁 세력 모형[13]을 통해 조선 산업의 경쟁 구조를 분석하고 조선 산업의 역사, 당시 조선 산업의 비용·구조 및 경쟁자들의 글로벌 경쟁 전략을 살펴본다. 하싱크와 조동성[14]은 한국 조선 기업이 성공할 수 있었던 원인을 클러스터 이론[15]에서 찾는다. 한편 박정은[16]은 포터의 다이아몬드 모델[17]에 기반하여 한국 조선 산업의 경쟁력을 요소, 수요, 연관 산업, 경쟁 여건 측면의 수치를 일본, 중국과 비교·평가하고 이를 통해 보완해야 할 경쟁 우위 및 우위 창출 방안을 설명하고 있다.

이러한 선행 연구에서 사용된 포터의 이론[18]은 산업 구조와 경쟁력을 다각도에서 포괄적으로 분석할 수 있다. 하지만 이러한 연구의 근본적인 한계는 첫째, 고정된 시점에서 경쟁 압력을 분석하고 경쟁력을 평가할 수 있을 뿐, 경쟁 환경 및 동태적인 참여 기업의 전략 변화를 반영하지 못하고 있다. 둘째, 기술 패러다임의 변화와 기업의 기술혁신 노력이 요소, 수요 조건에 비해 과소평가된다. 조동성과 포터[19]는 노동이나 저렴한 자본조달과 같은 요소 조건의 우위가 기술 발전과 결합하여야 한다는 결론을 내리고 포터의 다이아몬드 모델[20]은 기술력을 '기본 요소'와 대비되는 '고급 요소'의 하나로 강조하고 있다. 그러나 이는 기술과 지식이 중요하다는 당위적인 측면의 언급일 뿐, 이 연구가 기업 입장에서 앞으로 어떤 방향의 기술 발전이 바람직한지, 지금까지의 기술 발전은 어떤 경쟁 우위 확보를 통해 이루어졌는지를 제시하지 못한다.

따라서 이 모델은 정태적 상황 하에서 산업의 근본적인 특성을 이해하거나 특정 기업(또는 국가)의 경쟁력을 평가하는 것은 적절하지만 개별 기업의 기술적 혁신의 노력이 경쟁 구도를 어떻게 변화시키는지 파악할 수는 없다. 따라서 신슘페터주의 기술경제학에 속하는 말레르바의 산업별 혁신 시스템(SSI) 관점[21] 및 이근의 '추격 이론'[22] 등을 기반으로 해 조선 산업의 진화와 후발주자의 추격 과정을 살펴본다.

신슘페터주의 기술경제학을 적용한 조선 산업의 분석

:: 신슘페터주의와 SSI 이론

포터의 이론[23]에 기반한 기존 연구가 정태적인 시점의 외부 환경 분석이라면 이 연구는 동태적인 시점에서 기업의 기술혁신 노력에 초점을 맞추어 한국이 어떻게 선발주자를 성공적으로 추격할 수 있었는지를 살펴본다.

이러한 연구 목적은 기술 변화를 경제 전체의 변화에 있어서 가장 근본적인 동력이라고 보는 신슘페터주의에 기반하고 있다. 신슘페터주의는 투입-산출의 관계로 단순히 정의되었던 기존 경제학을 부정하고 기술 패러다임의 진화와 사회적 수요 변화 간의 동적인 관계가 기술 변화

의 방향을 결정한다고 간주하며, 또한 모든 기술 변화의 기저에는 학습 과정이 존재한다고 가정한다.[24]

이러한 신슘페터주의적 사고는 20세기 중반 이후 적극적인 기술 학습과 지식 축적을 통해 놀라운 경제성장을 이루어낸 개발도상국의 성공을 분석하기 위한 접근 방식을 제공했다.

말레르바의 SSI 이론[25]은 신슘페터주의적 관점에서 기술 변화 및 혁신을 이해하기 위해서는 산업의 기술 체제 및 행위자 간의 관계를 동태적이며 통합적으로 고찰하고 있다. SSI 관점은 기업을 기술 및 시장 환경을 동적으로 변화시키는 적극적 주체로 정의하고 있으며 산업 내 정부, 제도, 기업 등 다양한 주체의 상호작용으로 서로 다른 혁신의 양상이 관찰된다고 본다.

SSI 이론[26]에서 산업 내 혁신을 이끄는 동력은 크게 세 가지로 정의되고 있는데 지식 및 기술, 행위자 및 행위자 간 네트워크 그리고 제도이다. 이러한 관점에서 한국 조선 산업의 성공적인 기술추격 비결은 첫째, 조선 산업의 기술 체제적 특성 둘째, 기업의 주체적인 혁신 노력 및 상호 교류를 통한 지식의 이전 셋째, 이를 가능하게 하는 한국 경제의 제도적 특성, 이 모든 것의 전체적인 상호작용 때문이라고 볼 수 있다.

따라서 본 장은 조선 산업의 기술 체제적 특성이 어떤 측면에서 후발 국가의 성공적인 추격에 우호적이었는지를 분석하고, 산업 내 혁신의 주체였던 기업의 노력을 구체적으로 살펴보고 뒷받침한 한국 정부의 정책 및 제도에 대해 알아본다.

SSI 관점에서의 조선 산업 분석

:: 조선 산업의 기술 체제적 특성

한국이 세계 조선 산업에서 본격적인 추격을 이뤄낸 70년대 중반 이후 조선 산업의 특성을 언급한 기술 체제 변수를 통해 조선업의 기술 체제는 후발주자의 기술적 추격에 유리한 특성을 보인다. 이는 조선 산업 자체의 산업 특성과 20세기 조선 산업의 역사를 통해 유추해 낼 수 있다. 우선 조선 산업의 기술 체제를 분석해 본 결과 다음과 같은 결론을 내릴 수 있다.

첫째, 조선 산업의 기술 체제는 높은 기술적 예측 가능성을 가진다. 조선 산업은 제품 혁신보다 공정 혁신이 크게 중요시 되는 성숙기 산업이라는 점에서 기술 발전의 예측 가능성이 상당히 높다. 벌크선에서 컨테이너선, 소형 유조선에서 초대형 유조선으로 이르는 기술 패러다임을 보아도 역시 파괴적인 기술혁신보다는 점진적인 기술혁신을 통해 단계별 진화가 이루어진다는 것을 알 수 있다.

둘째, 조선 산업은 낮은 기술혁신 빈도를 보인다. 조선 산업은 설계 및 건조 분야에서 고도의 기술력을 요하는 산업임에도 불구하고 반도체나 IT 산업에 비하면 기술 주기가 훨씬 길고 혁신 빈도가 상대적으로 낮다. 따라서 후발추격자는 자체적 내부 역량을 축적할 수 있는 충분한 시간적 기회가 있다.

셋째, 조선 산업의 기술 체제는 높은 외부 지식 기반 접근 가능성을 보인다. 선박의 핵심 설계 및 건조 분야의 원천 기술 면에서는 독보적이나 이를 활용할 건조력이 미비했던 유럽 국가들은 개방적인 기술 이전 및 라이센싱을 통해 원천 기술에의 접근을 허용하였고, 각종 자문과 훈련을 제공하였다. 스웨덴의 수치 제어 프로그램인 바이킹 시스템, 노르웨이의 조선 전용 CAD/CAM 시스템인 오토콘 도입, 프랑스의 Gaz Transport의 LNG선 건조기술 도입 사례 등이 이를 증명한다.[27]

:: 후발자의 기술추격 이론

후발 개발도상국의 기술추격에 대한 초기 이론 분석은 개발도상국이 선진국의 기존 기술을 도입하여 따라가는 단선적인 기술 축적 과정에 초점을 맞추고 있으며 어터백과 아버나시[28]가 제시한 기술혁신의 수명 주기 모델에 기반하고 있다. 김인수[29]는 개발도상국인 한국의 발전 과정을 이 모델에 비추어 고찰하고, 한국은 선진국의 발전과는 근본적으로 다른 모방에서 창조로 나아갔음을 주장했다. 일반적 수명 주기의 순서와는 반대로 후발주자의 추격은 기술 도입을 통해 성숙기 제품을 조립 생산하기 시작한 후 공정 혁신을 통해 기술이 동화되고 개선되며, 이를 통해 축적된 지식을 바탕으로 독자적인 제품 혁신으로 유동적인 신시장에 진출한다.[30]

이처럼 김인수[31]와 호브데이, 러쉬, 베상[32] 등의 연구로 대표되는 기술단계발전론은 후발주자가 선발주자의 기술 경로를 추종하는 과정에서 기술추격이 일어난다고 본다. 후발주자의 기술추격이 선발주자로부터의 지식 이전과 체화를 통해 점진적으로 이루어지는 현상은 다양한 산업에서 일반적으로 관찰되고 있다.

그러나 후발주자들의 기술추격 현상을 심층적으로 살펴보면 기존의 기술 경로를 그대로 답습하지 않고 서로 다른 전략적 선택을 통해 추격을 단축시키고 있음을 알 수 있다. 최근의 연구 동향은 국가들이 선택하

표 10-3 기술추격의 세 가지 패턴

선발자의 경로	A단계 → B단계 → C단계 → D단계
경로추종형 추격	A단계 → B단계 → C단계 → D단계
단계생략형 추격(기술 비약 I)	A단계 ———————→ C단계 → D단계
경로개척형 추격(기술 비약 II)	A단계 → B단계 → C′단계 → D′단계

출처 : 이근과 임채성(2001) [33]
* C단계에서 두 개의 기술 C와 C′는 경쟁적 · 대안적 기술을 나타낸다.

는 추격의 패턴이 순차적이고 단선적이며 일반적이라기보다 정책적 선택이 개입되는 문제로 보면서 이러한 추격에도 다양한 유형의 경로가 있음을 주장하고 있다.[34] 일례로 이근과 임채성[35]은 후발주자의 기술추격의 경로가 선발기업의 경로를 그대로 쫓아가는 경로추종형 추격, 일부 단계를 생략하여 보다 빠른 속도로 추격의 경로를 이행하는 단계생략형 추격, 그리고 새로운 기술 개발을 통해 선발기업의 경로와 차별화되는 독특한 경로를 창출하는 경로개척형 추격으로 분류하고 있다.

한국의 가전 산업은 해외 선진 기업의 제품을 분해하여 모방품을 만들어 내던 시절을 거쳐 현재는 혁신적인 신제품을 만들어내는 세계 1위의 위치로 성장했다. 이는 전형적인 경로추종형 기술추격의 성공 사례라고 할 수 있다. 한편 CDMA라는 새로운 기술 표준의 도입을 통해 세계 무선 통신 산업을 이끌게 된 한국의 성장은 경로개척형 추격의 대표적인 사례이다.

그렇다면 한국 조선 산업은 어떠한 형태의 기술추격을 추진해 왔을까? 한국의 2차 산업 역사가 대부분 그렇듯이 한국의 조선 산업은 해외 기술의 도입에 의존하여 가장 기초적인 선박인 유조선부터 만들기 시작하여 차차 그 기술력을 쌓았다는 점에서 경로추종형 추격을 보인다.

그러나 한국이 일본을 제치고 1위가 될 수 있었던 근본적인 계기는 LNG선 시장에서의 새로운 기술 표준 도입을 통한 기술 비약과 경로 개척 때문이었다고 볼 수 있다. LNG선 시장에서 모스형 화물창 기술을 채택하여 사용하던 일본에 맞서기 위해 이를 대체하는 멤브레인 화물창 기술을 새롭게 도입하고 최초로 상용화 성공을 거둔 것이 한국 조선 산업을 지금의 위치에 서게 만든 것이다.

즉, 한국 조선 산업의 역사를 살펴보면 LNG선 건조에 뛰어들기 이전까지는 전형적인 경로추종형 추격의 모습을 보였다. 추격 초반인 70년대에는 전면적인 해외 기술 도입을 통해 기존의 선진 기술 지식을 체화하는 것이 목표였다. 80년대가 되자 기존의 조선 기술을 상당 부분 체화한 한국 기업은 공정 기술의 집중적 개선을 통해 건조 효율성을 제고하고 기자재의 수입을 대체하기 위한 부품 국산화에 착수하는 등 비용 우위를 향상시키기 위해 노력했다. 이러한 노력은 철저히 기존에 받아들인 조선 기술을 습득하고 체화하며 모방하는 수준이라는 점에서 선발주자의 기술 경로를 그대로 추종하는 것이다.

하지만 한국 기업은 기존의 기술 경로를 그대로 추종하는 것에 머무르지 않고 새로운 기술 경로를 선도적으로 개척해 비약적인 기술추격을 이룩할 수 있었다. 그 계기가 된 것이 바로 LNG 선박 분야로의 진출이다. 만일 한국이 LNG선을 건조하기 위해 일본으로부터 관련 기술을 그대로 도입하고 모방했다면, 한국 기업의 관련 기술 수준이 일본을 능가하기까지는 상당한 시간이 소요되었을 것이다. 그러나 한국 기업은 일본이 채택하고 있던 기술 표준인 모스형 화물창이 아니라 당시 상용화되지 않았던 멤브레인 화물창을 채택하였고, 이는 한국 기업이 일본과 경쟁하기 위해 기존의 기술 경로를 추종하기보다 새로운 기술 경로를 개척했다는 것을 의미했다. 멤브레인 화물창이 시장의 호응을 얻으면서 한국은 일본을 제치고 고가의 LNG 선박시장을 점령했으며 관련 분야에서 급진적인 기술추격을 이룰 수 있었다.

이처럼 한국의 조선 산업은 점진적인 공정 혁신에서 출발해 급진적인 제품 혁신으로 이행하는 '모방에서 혁신으로' 전략[36] 효과의 사례를 보여 준다. 이러한 전략적 이행이 단선적인 경로추종만을 통해 이루어진 것이 아니라 급진적 경로개척형 추격을 통해서 이루어졌다는 것이 바로 한국 조선 산업의 단기간 추격의 비결이다.

:: 정부와 제도

한국 조선 산업의 급속한 발달을 가능하게 했던 것은 외국으로부터의 기술 이전과 개별 기업의 기술적 혁신 노력이었지만, 효과적인 기술추격에 있어 정부와 제도의 역할 역시 간과할 수 없다. 말레르바[37]가 설명한 SSI의 세 가지 구성 요소로서 제도는 산업 내 행위자 간의 상호작용에 영향을 끼치는 각종 규범, 루틴, 관행, 법규 등을 의미한다. 제약산업에서의 특허 시스템, 소프트웨어 산업에서의 저작권 시스템 및 반독점 규제 등은 산업 혁신에 큰 영향을 끼치는 제도적 장치의 대표적인 사례이다.

조선 산업은 상당한 고부가가치를 창출하는 첨단 기술 산업이지만, 제약 산업, 반도체 산업 또는 소프트웨어 산업 등에서 관찰되는 강력한 지적재산권 관련 제도는 관찰되지 않는다. 제약, 반도체, 소프트웨어 산업의 경우 초기 투자와 고정비용이 굉장히 높은 반면 생산에 소요되는 변동비용이 굉장히 낮기 때문에 강력한 지적재산권 보장을 통해 선발 투자 유인을 부여해야 할 필요성이 있기 때문이다. 한편 조선 산업의 경우 단일 제품의 단가가 천문학적으로 책정되고 개별 제품들이 각각 소비자의 요구에 따라 주문 제작되며 생산에 필요한 기술이 상당 부분 인력에 체화되고 암묵적이라는 점에서 이런 제도가 발달하지 않았다. 물론 중요한 원천기술은 특허로 보호되지만 이러한 원천기술을 개발하는 유럽 회사들은 상선 건조를 하지 않기 때문에 후발기업이 자금력만 있다면 이러한 기술을 라이선스하여 상용화할 수 있게 되는 것이 조선 산업의 상황이다. 이처럼 후발기업의 기술 학습을 제약하는 제도적인 규제가 미약하다는 점에서 조선 산업은 일반적으로 기술추격에 굉장히 우호적인 환경이라고 할 수 있겠다.

또한 한국 조선 산업을 개별 국가의 경제 정책적 환경 차원에서 분석하면 정부와 대기업 간의 강력한 통제 및 지원이 한국 조선 산업의 고속 성장에 큰 영향을 끼쳤다. 정부가 1973년 장기조선공업진흥계획을 선포하면서 조선 산업은 국가의 핵심 육성 산업으로 지정되어 전폭적인 지원을 받았다.

당시의 박정희 대통령은 국가 경제 전반에 있어 전면적인 권한을 행사하고 재벌 대기업에게 직접적으로 영향력을 행사할 수 있는 위치에 있었으며 이는 현대, 삼성 등의 기업이 조선 산업에 진출하는 데 강력한 영향을 끼쳤다. 한국 정부는 금융 부문에 광범위한 영향력을 미치고 있었으므로 소수의 대규모 조선소들에게 자금을 집중 지원하는 것이 가능했다. 정부의 강력한 클러스터 육성 의지에 따라 경남 해안 지역에 거대 조선소들이 세워졌고, 이를 통해 한국 조선 산업은 규모의 경제와 집적경제를 누릴 수 있었다.[38] 만일 한국의 제도적 환경이 정부의 개입을 뒷받침할 수 없었다면 한국 조선 산업의 급속한 성장은 불가능했을 것이다.

한국 조선 산업의 추격 과정

앞에서 우리는 SSI 관점을 이용하여 조선 산업의 기술 체제와 조선 산업의 경쟁 우위 원천을 정리했으며, 어떤 추격 전략을 실행할 것인지 이론적으로 추론하고 실제 추격 노력과 비교해 보았다. 이어질 내용에서는 구체적인 한국 조선업의 역사적 고찰을 통해 한국 기업의 추격전략이 어떤 경쟁 우위의 확보와 결합하여 시장 성공을 낳을 수 있었는지 구체적으로 살펴보자.

산업 진입기(1970년대)

:: 요소 투자

조선업의 요소 조건을 살펴보면 대규모의 자본 및 인력이 소요되며, 규모의 경제 법칙이 강력하게 적용하는 산업이다. 이 경우 축적된 기술 능력과 경험이 부족한 신규 진입자가 경쟁력을 확보하는 가장 쉬운 방법은 요소 투자를 통해 비용우위를 창출하는 것이다. 추격 초기 단계에 있던 한국 조선 산업은 우선적으로 적극적인 설비 투자와 핵심 후방 산업인 철강 산업에의 투자를 통해 비용우위를 확보하는 정책을 폈다.

내수 중심의 소형 선박을 건조하는 수준에 머무르던 한국 조선업이 본격적으로 세계시장에 진입한 것은 정부의 개입주의적 정책, 재정 지원이 이루어지기 시작한 70년대 이후이다. 이 당시 일본은 세계 조선시장의 50퍼센트 가량을 점유하고 있었지만 80년대 석유 파동으로 인한 해운 및 조선시장의 불경기와 플라자 협정 이후의 엔화 절상으로 큰 타격을 입었다. 일본은 시장을 비관적으로 보고 1975년 900만 CGT에 달하던 건조능력을 90년대에는 550만 CGT로 축소하였다. 불황의 타격을 받은 유럽 역시 건조능력을 기존 대비 40퍼센트 수준까지 감축했다.[39]

이에 반해 중화학공업을 적극적으로 육성하려 했던 한국 정부는 국내 조선 업체들이 풍부한 저임금 노동력을 바탕으로 가격경쟁력을 확보할 수 있을 것이라 판단하고 70년대 초반부터 한국의 대기업은 1973년 '장기조선공업진흥계획'과 같은 정부 정책의 지원 하에 국제적인 규모의 조선소를 건설하기 시작했다. 1973년 현대중공업의 조선소가 준공되었고, 1975년 현대미포조선이 설립되었다. 삼성그룹 역시 우진조선소를 인수하며 1979년 제1도크를 완공했다.[40] 이처럼 70년대부터의

표 10-4 세계 선박 건조능력 변화 추이 (단위 : 백만 CGT)

	1975년	1985년	1995년	2001년	2005년	연평균 증가율(%)	
						1975~90	1990~05
일본	9(40.2)	6.5	6.6	7.2(31.0)	8.7(32.8)	−3.23	3.1
한국	0.4(1.8)	1.7	2.4	6.5(28.0)	7.2(27.2)	10.5	9.68
중국	0.3(1.3)	0.4	0.6	1.5(6.5)	2.2(8.3)	3.46	10.38
유럽	8.5(37.9)	4.4	4	5.4(23.3)	6.1(23.0)	−5.74	3.77
기타	4.2(18.8)	4.2	4.1	26(11.2)	2.3(8.7)	−0.84	−3.11
세계	22.4(100)	17.2	17.7	23.2(100)	26.5(100)	−2.64	3.87

출처 : OECD WP6.
* 100 CGT 이상의 상선 대상.

꾸준한 설비 투자로 인해 한국 조선 업체들은 대규모의 신조선 발주량을 소화해 낼 수 있었고 규모의 경제에 기반한 생산비 절감, 경험 축적 속도의 증가 및 협상력의 강화를 통해 비용우위를 강화할 수 있었다.

한국의 경우 정부의 정책적 육성 하에 포스코, 동국제강과 같은 우수한 철강 기업이 발달하여 국내 조선사들에게 양질의 강재를 저렴한 가격으로 공급했던 것 역시 한국 조선 산업의 순조로운 발달에 큰 기여를 했다. 조선업의 후방산업으로는 철강 산업과 부속 기자재·IT 산업 등이 있지만 그중 조선업과 가장 밀접하게 연계된 것은 바로 철강 산업이다. 선박의 원가에 있어 강재는 약 20퍼센트의 큰 비중을 차지한다. 따라서 저렴한 가격으로 양질의 철강을 조달하는 문제는 가격경쟁력에 절대적인 영향을 미친다. 따라서 정부의 정책적인 철강 산업 육성은 조선 산업의 경쟁력 확보의 큰 밑거름이 되었다.

:: 기술 확보

한국의 조선 기업은 정부의 적극적인 정책 개입에 힘입어 외자를 유치하고 대규모의 조선소를 건설했다. 이러한 정부 주도적 요소 투자도 중요하지만, 산업의 초기 발전 단계에 있어서 무엇보다 핵심적인 것은 바로 선진기술의 도입이다.

한국의 조선 기업은 발전 초기 단계부터 일본, 유럽의 기술을 적극 도입하고 모방하는 전략을 취했다. 해외 기자재 수입와 장비 도입, 그리고 해외로부터의 기술 자문을 통한 선진 기술은 한국으로 이전되었다. 해외로부터 감독과 기술자가 직접 파견되거나, 또는 단기간 동안 전문 기술자의 자문과 훈련을 받은 국내 기술진이 귀국하여 건조 작업을 지휘하는 방식으로 이루어졌다.

최초의 국영 조선 기업이었던 대한조선공사(현 한진중공업의 전신)가 1970년에 걸프로부터 석유 제품 운반선을 최초로 수주하였을 때만 해도 이들은 관련 건조기술을 거의 습득하지 못한 상태였다. 이 프로젝트를 위해 대한조선공사는 독일의 조선소 하데베와 설계 및 장비를 공급받는 계약을 맺었고 하데베의 기술자를 초빙하여 기술 자문 및 감독을 받았다.[41] 현대중공업은 1971년 최초로 수주 받은 대형 유조선 애틀랜틱 배런 호를 건조하기 위해 영국의 애플도어 및 스코트리스고에 용역비를 제공하고 기술제휴 계약을 체결했다. 이런 과정에서 이전된 건조 관련 기술 및 설계 지식은 한국 조선 기업의 급속한 발전의 밑거름이 되었다.[42]

경로추종기(1980~90년대 후반)

:: 공정 기술의 체화와 점진적 혁신

요소 투자를 통해 비용우위를 확보한 한국 조선 산업은 80년대 이후 도입된 해외기술의 적극적인 체화 및 개선을 통해 생산 효율성 향상과 차별화 확보에 나서게 된다. 특히 이 시기에는 선진국의 생산 효율성을 추격하기 위한 한국 조선 산업의 본격적인 공정 혁신이 이루어졌다. 조선 산업에서의 공정 혁신은 크게 설계 분야, 건조 분야(용접 및 도장, 건조 공법), 생산 관리 분야로 나눌 수 있다. 생산 기술 및 관리 분야에서는 일본이 압도적인 비교우위를 점하고 있었으므로 그들의 경로를 추종했고 설계 측면에서는 꾸준한 연구 개발을 통해 일본을 추월하고 경쟁 국가로부터 차별화된 우위를 점한 경로선도자로 나설 수 있었다.

한국 기업은 설계기술, 생산기술 및 관리기술 면에서 선진국의 기술을 적극적으로 도입하는 데에 그치지 않고 점진적으로 개선해 나가는 노력을 기울였다. CAD/CAM 기술 및 레이저 설비의 도입으로 공정의 정확도와 속도가 향상되었고 새로운 용접 및 도장 기법의 개발과 로봇의 도입을 통해 용접 및 도장 작업의 품질과 생산성이 획기적으로 향상되었다. 또한 일본에서 도입된 생산 관리 기법을 바탕으로 국내 실정에 맞게 보완 개선하여 보다 정확하고 효율적인 생산 체계를 구축할수 있었다.[43] 이러한 노력을 통해 한국 기업은 생산 효율성을 증대하고 공기를 단축시킬 수 있었으며 곧 비용우위의 강화로 이어졌다.

뿐만 아니라 이 시기에는 설계능력의 향상을 통해 차별화 우위 역시 이루어졌다. 대형 선박은 수주에서 인도까지 평균 2년이 소요되는데 이 기간의 절반 가량은 설계에 소요된다. 선주의 다양한 요구 사항을 수용할 수 있는 설계의 유연성은 제품을 차별화할 수 있는 핵심적인 요인이다. 한 국내 기업 임원의 의견을 따르면 설계는 전체 건조원가의 15퍼센트를 차지하지만, 통상적인 중요도로 보면 85퍼센트를 차지한다고 봐도 무방하다.[44]

일본은 80년대 중반의 불황기에 생산단가를 낮추기 위해 선박의 표준화를 추진하고 설계 인력을 대거 감축했다. 이로 인해 일본의 설계 인력 양성은 크게 약화되었다. 반면 한국의 경우 설계 전문 인력 양성에 지속적인 투자를 아끼지 않았다. 그 결과 일본은 설계능력이 크게 약화되어 단순하고 상대적으로 작은 크기의 표준선박 수주에 치중하게 되었고 설계능력의 지속적인 발전에 뒤쳐졌다. 한편 한국은 고급 설계 인력 양성을 통해 차별화된 기능의 선박을 다양하게 수주 건조할 수 있었다. 한국 기업은 어느 나라보다 선주의 요구에 재빠르게 대응하여 이를 반영하는 능력을 갖춘 것이다.

1987년 한국 조선 산업은 벌크캐리어(49.1%), 컨테이너선(16.5%), 석유 제품 운반선(15.0%), 탱커(15.2%) 등을 생산하고 있었다. 이 시기의 한국 기업은 비록 기술력 차원에서 획기적인 신개념 선박을 건조하지는 못하지만 벌크캐리어, 탱커 등 상대적으로 건조가 쉽고 원가가 중요한 부문에서 가격경쟁력을 인정받고 있었으며 선주의 요구에 부응하는 맞춤형 설계로 일본과 차별화를 꾀하고 있었다.

경로개척기(1990년대 후반~2000년대)

:: 새로운 기술 표준의 선택

한국의 조선 기업은 적극적인 해외기술의 도입 및 체화를 통해 일본을 효과적으로 추격했다. 그러나 한국 기업이 단지 일본을 추종하는 수준에 그치지 않고 일본을 뛰어넘는 세계 1위로 성장할 수 있었던 이유는 새로운 기술 경로의 개척 때문이다. 그 결정적인 계기가 바로 LNG선 시장에서의 새로운 기술 표준 선점이었다.

LNG선은 '조선 기술의 꽃'이라고 불릴 정도로 최첨단의 건조기술을 요구하며 한 척에 1억 달러를 넘는 초고가 선박이다. LNG선은 LNG를 싣는 탱크에 해당하는 화물창의 구조에 따라 '모스형' 또는 '멤브레인형'으로 나뉜다. 두 화물창은 서로 다른 장단점을 지닌다. 선체와 LNG 탱크가 분리된 모스형은 극저온으로 인해 선체가 파손될 위험이 적은 반면 용량 확장이 어렵고 멤브레인형은 상대적으로 안전성이 취약한 대신 대용량을 운반할 수 있다.

이처럼 차별화된 장단점을 가진 기술 표준의 양립은 후발주자인 한국에게 추격의 계기가 되었다. 최초로 LNG선을 상업화한 일본은 모스형을 채택하였다. 그러나 모스형 기술의 이전 과정에서 일본이 비협조적인 태도를 보이자 후발 한국 기업은 멤브레인형으로 시선을 돌렸다.[45] 멤브레인 기술은 안정성 측면에서 불안 요소가 있지만 대용량 탱크를 상용화할 수 있다는 장점이 있다. 유가 상승과 LNG 수요의 증가로 인해 대용량 LNG 선박의 수요가 많아질 가능성을 긍정적으로 평가한 후발 한국 기업은 모두 멤브레인형을 택하였다. 한진중공업은 1995년 동양 최초로 멤브레인형 기술을 적용한 LNG 운반선인 '한진평택'호를 성공적으로 건조했다.[46] 삼성중공업과 대우조선해양 역시 멤브레인형을 채택했다.

일본이 개발한 모스형 기술을 빌리지 않고 독자적으로 멤브레인 기술 상용화를 택한 한국의 모험은 결국 큰 성과를 거두었다. 2000년대 이후 전세계적으로 LNG의 수요가 늘어났을 뿐만 아니라 멤브레인형의 안전성이 입증되면서 수요가 멤브레인형으로 쏠리게 된 것이다.[47] 1999년 이전까지는 일본이 전세계 LNG 선박 시장의 50퍼센트 이상을 차지했으나 2000년을 전후로 한국의 시장 점유율은 급상승하여 2003년 기준으로 전체 수주량의 59퍼센트, 2005년 기준으로 76퍼센트, 2006년 8월 기준으로는 82퍼센트를 차지한다.[48] 이처럼 시장 수요가 멤브레인형으로 집중되면서 한국 업체들은 LNG 선박시장의 기술 주도권을 잡게 되었고 뒤늦게 멤브레인형 선박 건조에 뛰어든 일본 조선사들은 한국의 기자재와 기술을 도입하는 기술 역수출 현상이 일어났다.[49]

:: 경로개척형 공정 혁신과 제품 혁신

1990년대 후반부터 한국 조선사들은 그간의 축적된 기술과 경험을 바탕으로 선진기술 도입과 시행착오를 통한 점진적인 공정 개선 수준을 넘어서 파격적인 신공정 기법 개발과 획기적인 생산성 향상에 이른다. 대형 선박을 건조 도크 없이 육상에서 건조하여 진수시키는 육상 건조, 선박의 각 부분을 평균 110개 정도로 분리해 조립하던 것을 3,000톤 규모의 블록 10개 내외로 간소화하여 바다 위에서 조립하는 메가 블록 공법, 1회전에 2척의 배를 동시에 진수하는 텐덤 건조방식 등이 그것이다. 이를 통해 국내 조선 산업은 파격적인 공기 단축 및 도크 회전율 개선을 이룰 수 있었고 비용 절약을 통한 비용우위를 가져다 주었다.

현재 한국 기업은 그동안 축적된 기술을 바탕으로 초대형 컨테이너선, LNG선 등의 고급 선박을 건조하고, 새로운 개념의 선박(쇄빙 유조선, 자항추진 FPSO)을 개발하는 등 경로 선도자 및 경로 개척자로서의 역할을 하고 있다. 한국은 다른 경쟁자들과의 격차를 확실히 벌려 차별화 우위를 쌓아가고 있다.

개별 조선 기업의 추격 사례

현대중공업의 '힘센엔진' 개발 사례

조선 산업의 기술 체제와 경쟁 우위의 원천에서 수주경쟁력의 가장 결정적인 요인은 가격경쟁력이다. 선박의 원가구조에서 엔진은 약 10~15퍼센트를 차지하는 가장 핵심적인 부속품으로 엔진을 독자 기술로 자체 개발하여 선박을 건조한다는 것은 가격경쟁력에서 명확한 우위를 차지할 수 있다.

현대중공업은 1979년 슐처와의 기술제휴를 맺고 엔진을 생산해온 이래 1988년 엔진 생산 기준 세계 1위의 자리에 올라서 줄곧 선두를 차지했으나 MAN B&W와 슐처, WCH로부터 설계를 받아 엔진을 제작하는 외형적인 1위에 불과했다(현재 세계시장 점유율 약 35%). 그러다 1990년 대규모 프로젝트 수주를 성사시켰지만 직접 엔진을 제작하고 판매하려는 설계기술 보유사의 설계기술 판매 거부 사건을 통해 자체 엔진 개발의 필요성을 절감했다.

1992년 독자 개발팀을 구성한 후 10년 만에 100퍼센트 순수 국내 기술로 중속대선박엔진 '힘센엔진' 개발에 성공한다. 이 힘센엔진은 '하이터치' 컨셉의 인간공학적인 디자인을 반영, 기존 엔진보다 부품수가 30퍼센트 적은 단순한 구조로 자체 중량을 경량화시켰고, 배출가스를 국제해사기구의 허용 기준치(11.5g/kWh)보다 훨씬 줄인 환경친화적 제품이다. 2000년 7월 시운전에 성공하고 2001년 세계선급 인증을 받아 2002년 도미니카 공화국에 발전설비용으로 첫 수출을 시작, 올해는 총 생산 예정인 880대의 엔진 중 506대를 고유 모델인 힘센엔진으로 생산할 계획이라 한다. 라이선스 모델의 경우 MAN B&W나 WCH사에 지급하는 로열티가 5~7퍼센트 수준임을 감안하면 상당한 수준의 비용 절감 효과를 올리게 되는 것이다.

'힘센엔진' 개발 사례는 핵심 부속기자재 국산화의 상징과 같은 사건으로 성공적인 추격 사례이다. 또한 현대중공업이 소재주물 단조 조립 공장은 물론 프로펠러와 크랭크샤프트까지 일괄 생산하는 시스템을 갖춘 것은 설계와 기본 공정만 담당하는 타국의 엔진 제작 회사보다 공정 과정의 경험 축적과 비용 절감 측면에서 발전 가능성도 유망하다.

삼성중공업의 '자항추진 FPSO' 개발 사례

삼성중공업은 한국의 조선 기업 중 '경로선도형' 추격 사례를 보여 주는 기업이다. 건조 공법에 있어서 창의적인 발상으로 '메가 블록 공법'과 '플로팅 도크 공법' 등을 개발해냈으며 세계 최초의 쇄빙유조선 건조, 세계 최초의 자항추진 FPSO 건조 등의 성과를 이룩해냈다.

'메가블록 공법'이란 선박의 각 부분을 평균 110개 정도로 분리해 조립하던 것을 3,000톤 규모의 블록 10개 내외로 간소화하여 '플로팅 크레인'을 이용하여 바다 위에서 조립하는 공법으로 도크 회전율을 20~30퍼센트 정도 높이고 공기를 단축시키는 효과를 가져왔다. 육상의 도크가 좁아 도크를 더 효율적으로 활용할 방법을 찾다가 개발된 공법으로 삼성중공업에서 2001년 처음 시도되었다.

기존에 없었던 제품을 발굴해내는 점에서 쇄빙유조선, 자항추진 FPSO 역시 돋보이는 사례이다. 극지방의 빙해를 깨며 이동하기 위한쇄빙유조선은 이전에는 생각하지 못했던 선박으로 삼성중공업이 세계 최초로 건조하기 시작, 올 6월말 진수될 예정이며 빙하와 폭풍을 피하기 위해 자항추진 능력을 탑재한 FPSO 역시 2000년 세계 최초로 삼성중공업에 의해 기획되어 2004년 완성되었다. 이러한 경험과 성과가 축적된 결과 삼성중공업은 전 세계에 발주된 드릴쉽 25척 중 14척을 수주했으며, 2003년 이후 연 평균 10척 내외가 발주되는 FPSO시장에서도 매년 3~4척을 꾸준히 수주하고 있다.

삼성중공업은 LNG선 시장에서도 우월한 기술력을 바탕으로 현재 수주잔량 1위(42척)를 차지하고 있다. LNG선 건조 과정에 있어서도 화물창 플라즈마 자동용접 기술 등을 자체 개발해 비용을 절감하는 등 업계 선도자로서 많은 '경로선도형' 사례를 보여 준다.

대우조선해양의 LNG-RV 건조 사례

대우조선해양은 2005년 세계 최초로 LNG-RV라는 새로운 개념의 선박을 개발했다. 배에 실린 액체 상태의 LNG를 육지에 있는 저장탱크로 옮기지 않고 그대로 기체화시켜 하역 작업을 가능하게 한 선박이다. 육상 저장탱크가 필요 없고 하역 과정이 줄어들어 시간과 비용을 절약할 수 있다.

LNG-RV는 2005년 9월, 허리케인 카트리나 때문에 가스 공급 설비 가동이 중단된 멕시코만에서 안전하게 LNG를 하역함으로써 세계에 명성을 떨쳤다. 같은 크기의 보통 LNG선보다 30퍼센트 가량 비싼 고부가가치 선박으로 대우조선해양이 독식하고 있다. 현재까지 세계에서 7척이 발주되어 3척을 인도한 상태이다.

대우조선해양은 예전부터 선진 업체와의 라이선스를 통해 외부 지식을 습득, 축적된 학습 효과를 기반으로 경로추종형에 성공한 회사이다. 이미 90년대 초반 이후 초대형 유조선 건조 경쟁력에서 세계 최고로 평가 받아 90년대 중반 세계시장 점유율 25퍼센트를 차지했다. 90년대 말에는 LNG선 시장에서 화물창 시스템과 IAS(통합자동화시스템) 등 핵심 부품의 국산화를 통해 당시 척당 2억 2,000만 달러를 넘던 13만 5,000㎥급 LNG선 가격을 1억 7,000만 달러로 낮추었다. 앞선 기술력으로 대우조선해양은 현재까지 전 세계에서 가장 많은 37척의 LNG선 인도 경험을 가지고 있다.

최근에는 LNG선의 LNG적재함을 밀봉하여 증발가스 발생을 막는 sLNGc 기술을 세계 최초로 개발하는 등 '경로선도자'의 역할을 수행하고 있다.[50]

앞으로 나아갈 비전과 경쟁전략

조선 산업의 추격 역사를 돌아보면, 60년대 영국에서 일본으로 90년대 일본에서 한국으로 산업 패권이 이동하는 과정에서 조선 산업의 전형적인 지식 창출 및 추격 패턴이 반복적으로 관찰되고 있다. 후발 진입국들은 선발 조선 국가로부터 기술을 이전 받아 이를 체화, 모방하는 것에 그치지 않고 나아가 독자적인 기술혁신을 이루어 성공적인 추격을 달성할 수 있었다.

일본은 미국에서 2차 세계대전 시에 발명한 용접 공법을 도입하여 대량생산에 적용하고 적극적으로 발전시켜 세계 조선시장의 패권을 잡을 수 있었다. 우리나라는 유럽 및 일본에서 전달 받은 기술을 기반으로 독자적인 학습을 이루어 현재 우수한 기술력으로 신개념 선박을 만드는 명실상부한 세계 1위국이다.

한편 뒤늦게 해외기술에 문호를 개방하고 적극적으로 조선 산업을 육성하기 시작한 중국 역시 과거 한국이 밟았던 추격 경로를 그대로 밟고 있다. 80년대 이후 중국은 일본과의 합작 투자를 통한 대형 조선소 설립, 유럽 국가로부터의 설계 제휴를 통한 기술 도입 등 본격적인 기술 학습을 시작했다. 추격 이론에 비추어 볼 때 중국의 기술 수준은 현재 실행을 통한 생산성 향상의 단계에서 공정 혁신과 모방 설계 단계로 이행하는 추격의 중반 단계로 판단된다.

중국 조선 산업의 경우 아직 부품 국산화를 통한 단계생략형 추격이나 신기술 개발을 통한 경로개척형 추격이 본격적으로 시작된 것은 아니다. 중국 조선업은 모두 단가가 낮은 탱커벌크선 수주에 집중되어 있고, 높은 기술력이 요구되는(동시에 고부가가치) 1만 TEU급 이상 대형 컨테이너선과 LNG선의 경우에는 한국 업체가 올해 전량 독점했다. 중국의 경우 올해 최초로 8천 TEU급 컨테이너선을 건조하였고 LNG선 건조 경험은 전무하다. 건조 경험을 쌓아 하이엔드 시장에 진출하기에는 아직 최소 3~5년이 소요될 것으로 보인다. 산업기술재단의 연구에 따르면 LNG선박의 한중 기술 격차는 8년, 산업경쟁력 격차는 12.5년으로 조사되었다.[51] 또한 주요 기자재 및 핵심 부품의 경우 대다수가 일본, 유럽, 한국 등지에서 수입되고 있다.

그럼에도 불구하고 추격이 용이한 조선 산업의 기술 체제 특성상 추월 위협은 시간이 지나면 현실화될 것이다. 클락슨의 발표에 따르면 중국은 2007년 상반기 1,380만 CGT의 신규 수주를 기록해 한국의 1,530만 CGT에 이어 세계 2위를 차지했다. 재화중량톤 기준[52]으로는 중국이 4,990만 DWT, 한국이 4,280만 DWT을 기록해 중국이 1위로 올라섰다. 이러한 규모의 경제는 중국에게 상당한 비용우위를 제공할 것이며 비용우위가 경쟁력의 큰 비중을 차지하는 조선 산업에서 중국은 효과적으로 자신의 입지를 강화시킬 것이다. 뿐만 아니라 중국은 자국으로

운항되는 선박을 자국에서 건조하는 '국수국조'를 목표로 강력한 조선업 지원정책을 펼치고 있다. 국가 경제의 수직통합과 고용 창출 효과를 꾀하는 것이다. 저렴한 노동력이 풍부하며 철강 산업에 대한 투자도 공격적으로 진행되고 있다는 사실 역시 추격의 속도를 높이는 역할을 담당한다. 향후 자국의 조선 기술 발전을 위해 국적 LNG선을 다량 발주할 예정이어서 몇 년 뒤 국적 LNG선 건조 경험을 축적한 중국 조선 업체가 LNG선 수주 경쟁에 뛰어들것이라는 전망은 명백하다.

한국 조선업체가 추격을 허용하지 않기 위해서는 두 방향 전략을 모색할 수 있다. 첫째는 기술우위 차별화 전략이고 두 번째는 한중 조선업을 하나의 권역으로 설정하고 역할을 분담하는 한중 신분업론이다.[53] 기술우위 차별화 전략은 LNG-RV나 극지방 쇄빙선 등 신제품 개발 혁신으로 새 경로를 개척하여 격차를 유지하는 것으로 현재 개별 기업이 이미 택하고 있는 전략이다. 이는 최고기술력을 필요로 하는 제한된 규모의 틈새시장에서 경쟁력을 확보하는 전략이라고 볼 수 있다. 한편 한중 신분업론은 산업 및 국민경제 차원의 접근으로 중국을 생산기지로 활용하거나 중국 조선 업체에게 원천 기술 및 핵심 중간재 등을 공급하자는 역할 분담론이다.

한국 조선 산업은 그동안 가공조립 형태의 수출 구도를 벗어나기 위해 선박 관련 원천 기술과 기자재 및 부품 산업에서 상당한 수준의 경쟁력을 갖춘 반면, 중국은 아직 관련 분야의 기술 발전이 미비한 수준이다. 그러나 중국 역시 장기적으로는 부품 국산화와 신기술 개발을 통해 단계생략 및 창출형 추격을 추구하는 추격의 최종 단계에 도달할 것이다. 이 경우 비용우위를 가진 중국이 결국 시장의 대부분을 점령하게 될 것이다. 따라서 방어적인 역할 분담을 제안하여 중국으로 하여금 기술 경로 추격의 필요성을 줄이고 비용 차원의 시장우위에 집중하게 하는 후자의 전략이 상당 부분 실효성을 갖는다고 판단한다. 이러한 전략을 통해 한국은 소규모의 틈새시장이 아니라 중국이라는 큰 시장을 얻을 수 있을 것이다. 일례로 현재 세계 선박경기 호황으로 한중 모두 조선업 수주가 증가하는 상황에서 가장 큰 수혜를 받고 있는 회사는 양국의 완성 선박 업체에 선박용 중소형 엔진을 납품하는 한국 엔진 제작 업체라는 사실을 주목할 필요가 있다. 선박 엔진 외에도 한국의 경우 부속기재자 국산화율이 90퍼센트 선인 반면 중국의 경우 40퍼센트 선에 머무르고 있다는 점에서 한국이 전체 조선 산업에서 어떠한 길을 택해야할지 알 수 있다. 중국이 세계 제조업 중심지로 부상하고 있는 현실에서 한국은 좀 더 비교우위가 있는 방향으로 집중하여 한중 경제의 지나친 경쟁보다 원활한 공생을 모색해야 한다.

조선 산업 추격 분석의 시사점

성공적인 기술 및 시장 추격의 사례로 평가 받는 한국 조선 산업을 선정, 포터의 모델을 이용한 선행 연구 검토와 함께 이근과 임채성[54]의 기술추격 모델을 통하여 조선 산업의 기술 체제와 경쟁력 우위의 원천을 분석하고 기타 국가 정책적인 요소 및 기업 전략과 시장 환경 등의 요소를 추가하여 추격 과정을 살펴보았다.

그 결과 조선 산업의 기술 체제는 기술의 예측 가능성이 높고 혁신 빈도는 낮으며 외부 지식 기반의 접근 가능성이 용이한 특성을 지닌 것으로 드러났다. 이러한 경우 후발주자에게 내부 역량을 갖출 시간이 상대적으로 많이 주어지며 기술 추격을 위한 R&D 투자 부담이 적어 초기 진입 및 경로추종형 추격에 우호적인 것으로 평가된다.

또한 선발주자가 브랜드 파워와 광범위한 유통망 등 소비재 산업에서 관찰되는 일반적인 선점 이득을 갖기 못하기 때문에 적극적인 자본 투자와 기술 개발을 통해 비용우위와 차별화 우위를 확보한다면 후발주자로서 성공적인 추격을 기대할 수 있다. 비용우위의 확보는 규모의 경제를 위한 설비 확충, 원가 절감을 위한 기술자립도, 철강 및 해운 등 전후방 산업의 지원, 공정 생산성 혁신 등의 요건이 전제된다. 그리고 차별화 우위를 실현하기 위한 조건으로는 설계의 유연성(선주의 요구를 설계 과정에 반영할 수 있는 능력), 원천 기술 및 신제품 개발능력이 필요하다.

한국 조선 업계의 추격 과정을 이러한 조건에 비추어 본 결과는 다음과 같다. 우선 세계 조선시장의 향방을 경쟁국들과 달리 판단하여 정부의 적극적 육성 의지 하에 설비를 대규모 확충했고, 선발 국가와 대등한 수준까지 후방산업을 발달시켜 가격경쟁력의 원천을 확보했다. 또한 지속적인 건조 공정의 혁신을 통해 선진국의 생산 효율성을 따라잡았고, 지속적인 투자와 정책 후원을 통해 설계 고급인력을 대거 양성하여 비용우위와 차별화 우위를 강화했다. 마지막으로는 누적된 기술 투자와 생산 경험을 바탕으로 기술 자립(엔진 및 부속기자재 국산화)을 통해 원가 경쟁력을 비약적으로 강화시켰고, 신제품 개발(LNG-RV, 쇄빙선, 자항추진 FPSO 등) 등 제품 개발력의 혁신으로 독자적인 차별화 우위를 확보했다.

모형을 통해 얻은 분석과 실제 추격 과정을 종합하면 한국의 조선업은 추격에 관련된 모든 요소가 최적의 방향으로 결합된 성과이다. 조선업의 기술 체제와 경쟁력 창출이 후발주자에게 있어 비교적 우호적이라는 내재적 특성을 갖추고 실제 지난 30여 년간 정확한 시장 판단, 협조적인 연관산업과 시장 수요 환경, 꾸준하고 강도 높은 혁신 노력 등 추격과 성공을 위한 모든 요소가 같은 방향으로 혼합되어 있었다. 한국 경제에 있어 아킬레스 건으로 지적되는 노사 문제도 80년대 후반 극심한 쟁의를 겪은 후, 삼성중공업과 대우중공업은 16년째, 현대중공업은 12년째 무노사분규를 기록하고 있다는 점도 주목할 점이다. 조선업은 설계 담당의 지식 노동력과 현장의 기술 노동력 양쪽 모두 확보하는 것이 필수적인 산업이기 때문이다.

마지막으로 본 장은 기술우위 차별화 전략과 한중 신분업론을 통한 한국 조선업의 향후 경쟁 전략에 제언을 추가했다. 전자는 개별 기업의 관점에서, 후자는 산업 경제의 구조적 차원에서 접근한 것이다. 한국 조선업의 추격 과정을 분석하는 작업은 이와 같이 미래를 대비한 전략 창안에 있어 선행작업으로서의 큰 의미를 가진다

5부

요약과 맺음말

기업 간 추격의 경제학
추격과 방어의 패턴과 전략

11

이 근 서울대학교 경제학부 교수

이 책에서는 기업 간에 발생하는 추격현상에 초점을 맞춰 소비재·IT·인터넷·부품 소재·조선·철강 등 여러 분야의 기업 사례 연구를 통해 추격의 발생 시기와 방법, 추격 달성 후의 방어에 대해 살펴보았다. 마지막으로 본 장에서는 이상의 사례와 주요 발견 등을 요약하여 제시한다.

우선 성공적인 추격의 요건을 살펴보고 추격 과정에서 어떤 난관에 봉착할 수 있으며 이를 어떻게 극복하는가를 다룬다. 이어서 추격 이후의 방어 전략과 부문 간 차이가 가지는 시사점도 살펴본다.

혁신능력과 경로개척형 추격의 성공적 전략 요소

혁신능력과 학습

본서에서 다룬 추격이란 한국과 같은 후발국 기업이 선진국 기업을 한국시장 혹은 세계시장의 시장 점유율 면에서 추격하는 과정을 주로 다뤘다. 이런 추격을 가능하게 하는 가장 기본적인 요건은 기술혁신능력, 구체적으로 독자적인 제품 개발력 또는 생산성을 높이는 지속적인 공정혁신능력이다. 자기 스스로 선발기업보다 좋은 제품을 개발할 능력이 없으면 추격은 처음부터 불가능한 일이다.

그러면 어떻게 혁신능력(제품 개발 및 공정 혁신)을 확보할 것인가? 확보 과정은 기본적으로 학습 과정이고 학습에는 좋은 선생과 교재, 그리고 끊임없는 스스로의 예습 복습이 필요하다. 좋은 선생이란 외국기업, 대학연구소 등이고 배우는 방식은 외국 기업에 OEM 방식으로 제품을 납품하거나 기술제휴, 라이센싱, 지분 제휴, 공동 개발 등 다양한 방법이 있을 수 있다.[1] 이런 다양한 방식으로 외부 및 선진 지식에의 접근성을 확보했다는 전제 하에 사내 연구 개발 조직을 운영하여 끊임없는 노력(예습과 복습)을 수행하여야 한다.

오로라월드가 OEM를 과감하게 떨쳐버리고 OBM으로 향해 나갈 수 있었던 것도, 스스로의 디자인 능력이 뒷받침되었기 때문에 가능하였다. 외국 바이어들은 오로라월드의 제품이 좋고 차별성이 있으니 신생 브랜드임에도 불구하고 주문을 할 수 밖에 없었던 것이다. 주성엔지니어링이나 썬스타가 대기업과의 불화나 외국 업체의 특허 소송으로 위기를 겪지만 계속 시장에서 버틸 수 있었던 것도 그 제품의 우수성 때문이다. 제품 자체의 질이 보장되지 않으면 장기적인 추격은 불가능하다. 삼성전자의 소니 추격에도 기술혁신능력의 향상이 기반이 되었음을 7장의 특허분석이 보여 주고 있다. 조선이나 철강 산업의 경우에도 생산성을 높일 수 있는 공정 혁신에 성공하였기에 일본 기업을 생산성 면에서 추격이 가능하였던 것이다. 자기 브랜드로의 독립은 독자적인 제품 개발력 즉, 디자인 능력이 없으면 시작부터가 불가능한 일이다. 차별적인 제품 개발력의 확보는 경험의 축적에 따른 암묵적 지식의 확보가 관건이며, 이 과정에서 종종 외국이나 외부의 지식·기술에 대한 접근성 확보가 효과적이고 위험 회피 가능성이 높은 전략임을 시사한다. 즉, 외부에서 도입된 명시적 지식에 내부의 경험에 기초한 암묵적 지식을 결합한 것이 최상의 콤비네이션임을 시사한다.

경로개척형 추격 전략

이와 같은 제품개발능력이 중요한 또 하나의 이유는 성공적인 추격 사례를 보면 하나 같이 선발기업과는 다른 제품을 개발하고 이를 통해 선발기업과는 다른 경로를 개척하여 나갔기 때문이다. 이를 1장에서 설명한 추격 유형으로 말하자면 경로창출형 추격의 길을 걸어갔다고 볼 수 있다. 본서에서 다룬 사례를 보면 심로악기는 유럽식의 수작업 방식(마이스터 공법)과 일본 스즈끼의 프레스 방식(대량생산 방식)을 결합한, 마이스터 공법에 기반한 대량생산이라는 새로운 기술 경로를 개척하였다. 쿠쿠홈시스는 기존의 전기밥솥 제조기술을 기반으로 가스압력밥솥 제조기술과 결합하여, 전기압력밥솥이라는 새로운 기술 경로를 개척하였다. 또한 홍진HJC는 기존의 ABS와 PC소재 플라스틱을 적절히 혼합하여 견고성과 충격 흡수성의 절묘한 배합을 보장하는 새로운 얼로이 합성 플라스틱을 개발하여 성공하였다. 아모레퍼시픽도 선진 명품 화장품을 그대로 모방하여 따라가기보다는 한방 화장품을 신개념 제품으로 하여 고급 화장품시장에 진입한다.

이때 개발하려는 제품이나 기술의 성격이 자신에게 새로운 것일수록 외부 지식기반에 대한 접근은 중요하다. 심로악기는 독일인 마이스터를 초빙하여 배웠고, 한국도자기의 경우에는 로열 덜튼 그룹 산하의 연구소로부터 본차이나 기술을 배워 은나노 기술을 도자기에 도입하기 위해 이 분야 기술 전문 업체인 (주)미지테크와 조인트 벤처를 설립하였다. 한편 인터넷 산업처럼 기술 발전의 속도가 빠르고 다른 기술과의 통합이 자유롭게 일어나는 경우, 지속적인 신제품 창출력 유지를 위해서는 끊임없이 신기술 기업들을 인수 합병하는 전략이 유효함을 NHN이나 구글의 사례가 시사한다. 반면, 새로 개척하는 기술 분야가 자신의 과거 기술 분야의 연장선에 있는 정도가 높으면 사내에서 시행착오를 거듭하여 발견한 암묵적 기술이 새로운 제품 개발의 기반이 된다. 홍진HJC, 락앤락, 오로라월드 등이 여기에 해당한다.

추격 과정에서의 난관 극복 전략

시장 확보와 독자적 마케팅

제품을 스스로 개발하고 생산할 수 있게 된 다음 문제는 이 제품을 스스로의 힘으로 시장에서 파는 일이다. 즉, OEM 단계에서는 생산만

하고 외국의 주문자가 마케팅을 다 하였지만, 독립을 하기 위해서는 기업 스스로 마케팅을 해야 하며 이것은 대단히 어려운 일이다. 더구나 과거 OEM 주문을 주던 외국 업체들이 오히려 이 기업을 견제하기 시작하기 때문에 더더욱 어렵다.

부품 소재 기업의 경우에는 국내 수요의 대기업들이 이들 국산 제품을 외면한다는 점이다. 부품 소재의 질이 최종 소비재의 질을 좌우하기 때문에 최종 소비재를 생산하는 대기업들은 부품과 기계 선정에 까다로울 수밖에 없다. 그래서 질도 훨씬 좋으면서 가격도 더 싸지 않으면 구매협상조차 시작되기가 어렵다. 본서에서 다룬 사례들을 보면 다양한 전략으로 이런 난관을 극복하고 있다. 선진국시장보다 신흥시장을 먼저 공략하는 것이 효과적인 경우도 있었고, 물건을 먼저 외상으로 주고 써 본 뒤 나중에 돈을 받는 신용판매전략도 사용되었다.

선진국 시장에서 스스로 판매망을 구축하는 경우에는 선진국 유통시장의 경험이 있는 외국인 마케팅 인재 스카우트는 필수적이다. 또한 새롭게 등장한 저렴한 마케팅 방법으로 새로운 고객에게 새로운 방식으로 접근하기도 있었다. 즉, 락앤락, 미샤 등에서 보듯이 홈쇼핑이나 인터넷 등 새로운 마케팅 채널 이용으로 단기간에 관심을 끈 사례도 있다. 이런 새로운 마케팅 방식의 활용은 기술 개발에서와 비슷하게 경로창출형 마케팅 방식이라고 부를 수 있을 것이다.

기존 업체의 견제

추격 과정에서 맞닥뜨리는 또 하나의 난관은 기존 업체의 견제와 방해이다. OEM에서 OBM으로 이행을 선언하면 기존에 오더를 주던 선진 브랜드 업체들이 주문량을 끊는 견제가 들어오고 특허, 상표 등 지재권을 침해하였다는 소송을 제기하거나 후발 업체를 죽이려는 저가 공세 및 덤핑이 발생한다는 점들이 지적되었다. 부품 소재 산업에서 한국 업체들이 개발을 하면 그때부터 일본 등 외국 업체의 가격 덤핑이 시작되는 것은 익히 알려진 사실이다. 오로라월드, 썬스타, 주성엔지니어링 모두 특허 및 지재권 소송을 겪여야 했다.

이런 점에서 후발추격기업은 시작 단계에서 기존 업체와 지재권 소송 등 각종 견제가 있을 것임을 미리 대비하여야 한다. 그렇지 않으면 회사 운명 자체가 중도에 위험에 처할 수 있다.

오로라월드의 경우, 선발 업체의 제소에 대비하여 제조물 책임 보험에 가입하여 이 제소에 대비를 하였다. 그 덕분에 타협으로 위기를 극복할 수 있었다. 또한 OBM으로의 이행 자체부터 매우 비밀스럽게 진행되었다. 오로라월드의 경우, 미국에 자체 판매망을 구축하기 위한 현지법인 이름을 오로라라고 쓰지 않고 전혀 노출이 되지 않는 새로운 이름으로 등록하였다. 쿠쿠홈시스의 경우에도 자체 브랜드 제품 개발을 비밀리에 추진하였고 신제품 개발 공정 자체를 밤에 진행하였다.

추격의 유지와 방어

지속적 혁신과 암묵적 지식의 구축

최초의 진입이 차별화된 제품 개발을 통한 경로창출형 추격이었다면, 이후 획득한 시장을 유지, 방어하는 데에도 지속적인 학습과 혁신 노력은 중요하다. 후발 중소기업의 사례에서 보면 종종 초기나 한 번의 성공이 지속되지 못하고 경쟁에서 도태되는 경우가 많다. 상당수의 경우, 지속적 혁신과 학습 메커니즘을 사내에 정착하지 못하여 새로운 제품과 공정혁신을 이루지 못한 것이 원인이다. 5장에서 다룬 미샤의 사례가 여기에 해당되는데 미샤는 자체 연구 개발을 통한 혁신능력 보강에 소홀히 하여 시장에서의 경쟁성을 유지하는데 실패하였다. 반면에 모방적 후발 진입자인 더페이스샵은 상대적으로 많은 연구 개발 성과를 내었고 지속적으로 외부의 신지식을 흡수, 연계하는 메커니즘을 구축하였다.

지속적인 혁신과 신지식에의 접근이 추격 유지의 첫째 조건이라면, 보다 뚜렷한 진입 장벽을 구축하는 것은 더욱 공고한 시장방어전략이 된다. 이런 방어막은 여러 형태를 취할 수 있는데, 특허 등록도 그 한 예이다. 그러나 본서의 4장에서 다룬 기업 사례를 보면 그 회사만이 획득한 암묵적 지식 자체가 시장을 유지하게 해주는 주요한 방어막이 됨을 알 수 있다. 쿠쿠홈시스의 경우, 적절한 압력을 찾기 위해 50가마니에 해당하는 밥을 지어야 했으며 홍진HJC도 ABS와 PC라는 두 가지 다른 플라스틱을 합성하여 최적의 강도를 지닌 새로운 얼로이 합성 플라스틱을 만들기 위해 반복되는 실험을 해야만 했다. 심로악기 또한 나무로 만든 몰드와 철로 만든 몰드의 약점을 모두 극복하는 제3의 우레탄 몰드 개발을 위해 끊임없이 실험해야 했다. 락앤락의 경우에도 오랫동안 열고 닫아도 끊어지지 않는 적당한 강도와 유연성을 가진 플라스틱을 사내 반복적인 실험을 통해 발견했다. 이런 것들은 사전에 과학적 탐구에 의해 풀리거나 알려지는 것이 아니고 현장 실험을 통해서만 확보가 가능한 것이므로 다른 기업의 입장에서는 접근이 어렵다.

즉, 지식 기반의 접근성이 낮은 산업에는 높은 과학기술 수준이 필요한 산업과 지식의 암묵성이 높은 산업, 크게 두 종류가 있다. 전자는 관련 지식기술을 얻기 위해 질 높은 인적자본이나 최신의 연구 시설을 확보해야 하는데 이것은 중소기업의 제한된 자본으로는 어렵다.

또한 과학적으로 계산되는 최적 기술의 개발은 성공 시에는 큰 성과를 얻을 수 있지만 성공하지 못할 경우에는 아무것도 얻지 못하는 위험성이 있다. 중소기업으로서는 현장 지식이 중요하고 암묵성이 높은 후자의 분야에서 시행착오를 통해 지식을 획득하고 전유성을 확보하는 것이 상대적으로 실현 가능하고 안전한 전략이라고 할 수 있다.

중소기업에게는 적정한 수준의 연구 개발비를 요구하지 않으면서 특정 산업의 오랜 노하우 축적만으로도 얻을 수 있기 전략이기 때문이다. 그리고 이렇게 얻은 암묵적 지식은 기업의 핵심 기술인 동시에 기업의 특색을 만들어주는 역할을 한다.

암묵적 지식을 내부적 비밀로 가지고 있을 때, 그 기업의 명성과 특정 산업에서의 입지가 굳건하게 유지된다. 또한 암묵적 지식은 최적의 치수라든가 온도에 관한 지식처럼 특허를 내면 바로 노출이 되기에 특허를 내기 곤란한 경우가 많다. 따라서 암묵적 지식은 특허보다는 사내 기밀로 즉, 자체 브랜드로써 지키는 것이 더 현명한 방법일 수 있다.

브랜드, 기업 이미지, 안전규격(스펙)

바로 위에서 설명한대로 암묵적 핵심 지식을 가진 기업은 이를 특허로 출현하면 노출이 되기 때문에 특허를 방어막으로 사용하기보다 핵심 역량에 기초한 기업의 성과를 브랜드화하여 강한 브랜드 명성 구축을 하는 것이 방어막이 될 수 있다. 3장에서 다룬 오로라월드, 한국도자기, 락앤락, 심로악기 등은 모두 OEM에서 벗어나 자기 브랜드를 가진 OBM기업으로 안착하였기 때문에 중국의 추격에도 불구하고 기업의 안정성을 확보, 유지할 수 있는 것이다.

브랜드와 비슷한 역할을 하거나 관련된 개념으로써 기업 이미지를 들 수 있다. 이런 방어막의 예가 화장품 산업이다. 화장품은 이미지 산업이다. 화장품의 이미지가 화장품 값을 결정하고 소비자의 마음을 움직이기도 한다. 따라서 적절한 이미지 구축이 중요한 과제라고 할 수 있다. 아모레퍼시픽의 경우 한방 화장품을 명품화하여 고급 이미지 획득에 성공했고 더페이스샵의 경우 중저가 상품임에도 불구하고 자연주의 컨셉을 통해 순한 화장품이라는 이미지 획득에 성공했다. 그러나 가격 우위에만 의존하여 진입한 미샤는 나름대로의 브랜드 이미지 개발에 소홀히 하여 저가시장에서 선두로 진입한 것 외에 차별성을 구축하지 못해 비슷한 저가 업체의 추격에 대한 방어막을 구축하지 못하였다.

또한 심로악기, 홍진HJC, 쿠쿠 밥솥 사례는 특정 제품과 관련된 안전규격이 특수한 제품 성능 기준 등 명시적인 특성을 먼저 구축하거나 달성한 기업에게는 후발자의 진입을 견제하는 방어막이 될 수 있음을 시사한다.

즉, 교통사고를 고려한 헬멧의 안전규격(스넬 표준 등), 바이올린의 경우 스트라디바리의 규격 등이 바로 그런 예이다. 이런 안전규격 성능기준은 달성하기가 쉽지 않기 때문에 중국과 같은 후발기업의 추격으로부터 상대적으로 안전한 사업 분야가 될 수 있다.

글로벌화

OBM으로의 정착에 성공한 한국의 대표적 추격 성공 기업은 국내에서는 주로 연구 개발과 마케팅을 담당하고 중국 등 해외에 생산기지를 보유하며 전 세계에 걸친 유통망을 갖춘 글로벌 기업이 되었다. 이런 글로벌 체제의 구축은 생산비 절감 등으로 그 자체가 자신의 경쟁 우위를 공고히 하고 후발 진입자에게는 위협적인 진입 장벽이 되고 있다. 오로라 월드의 경우, 인도네시아와 중국이라는 두 장소에 공장을 설립하여, 중국 공장의 여건이 임금 상승, 현지 정책 불확실성 증대 등으로 악화하자 물량을 인도네시아 공장으로 보내는 방법으로 생산비용의 유연성을 달성하고 있다.

특히 이런 글로벌화가 중소기업임에도 불구하고 가능한 이유는 그 기업들이 특정 분야를 특화한 카테고리 킬러이기 때문이다. 즉, 특정 분야 제품에서 연구·개발·생산·마케팅·브랜드 관리 등을 글로벌 차원에서 수행하는 기업인 것이다.

이제 좀 더 나아가서 기업별 차이를 정리하면 다음과 같다.

첫째, 중국 등 동남아를 해외 저가 생산기지 및 저가 제품시장으로 활용하는 것이 공통적으로 관찰되나 제품에 따라서는 고가품시장 공략을 위해 아예 유럽, 미국 등 선진국에 연구 개발뿐만 아니라 고가품 생산기지를 운영하는 사례가 관찰된다. 심로악기가 악기의 본고장인 독일에 공장을 운영하고 있는 것이 그 예이다. 그래서 심로악기는 중국에서는 저가 브랜드인 '세인트 안토니오'를 생산 판매하고, 독일에서는 고급브랜드인 '칼 하인리히'를 생산 판매하며, 한국에서는 원래의 중간 가격 제품을 생산하는 체제를 유지하고 있다.

둘째, 후진국 시장과 선진국 시장에서의 다양하고 차별적 마케팅 전략의 활용이다. 아모레퍼시픽의 경우처럼 한국 국가 브랜드가 약한 선진국에서 종종 한국 기업 제품임을 철저히 숨기는 전략이 구사되는 반면, 중국 등 후진국 시장에서는 오히려 한국 제품임을 앞세우는 전략이 관찰된다.

락앤락의 경우에는 중국에서 만든 제품을 중국에서 판매하는 것이 아니고, 미국에 수출용으로 활용하는데 이는 미국인들이 보기에 'made in China'나 'made in Korea'는 크게 차이 나지 않기 때문이다. 반면에 중국인들이 보기에는 'made in China'와 'made in Korea'는 엄청난 차이가 있기 때문에 한국 공장에서 만든 제품은 오히려 중국시장에 한국산임을 내세우며 파는 독특한 마케팅 전략을 구사하고 있다.

또한 오로라월드는 중국 공장을 90년대부터 유지하고 있지만 중국시장에는 제품을 전혀 판매하지 않는다. 이는 중국 시장이 지재권 보호가 미약해 워낙 모조품이 범람하고 구매력 있는 시장으로 성숙되지 않았다는 판단 때문인데 이는 향후 변화가 있을 것으로 보인다.

기업 간 추격의 법칙성과 부문별 차이

본서는 기본적으로 기업 차원의 추격과 경쟁을 다루었다. 그러나 본서는 기업차원의 경쟁 양상이 그것이 속한 산업 부문의 특성에 영향을 받는다는 산업별 혁신 시스템의 틀에 입각하고 있다. 해당 산업의 지식과 기술의 특성 그리고 이와 관련된 시장 체제는 해당 산업 내에서 성공하기 위해서는 어떻게 경쟁해야 하는지와 해당 산업에서의 추격 가능성과 어려움의 정도에 영향을 미친다.

2장에서 논의된 한일 간 생산성 격차 분석은 왜 어떤 산업에서는 한국이 일본을 추격하고 수렴에 도달하는지(IT분야와 같이), 왜 자동차와 같은 산업에서는 한동안 추격이 이뤄지다가 주춤하거나 격차가 유지되는지를 설명하고 있다. 또한 7장에서 비교한 삼성의 소니 추격은 IT 분야에서 실제로 특허 등록 건수나 특허의 질 등 다양한 측면에서 삼성이 소니를 기술적인 측면에서 추격하였음을 보여 주었다. 그러나 비슷한 특허 통계를 사용한 포스코와 신일본제철 비교에서는 포스코가 여전히 신일본제철에 비해 기술 면에서 뒤떨어져 있음이 드러났다. 실제로 정무섭, 이근, 후카오[2]의 총요소 생산성 분석에서도 포스코는 신일본제철에 뒤쳐지는 것으로 나타났다.

2장에서의 논의와 박규호와 이근[3]의 연구와 『동아시아와 기술추격의 경제학』에서 논의되었듯이, 이러한 부문 간 추격 성과의 차이는 우선 해당 부문 간의 지식과 기술 특성 차이에서 설명될 수 있다. 첫째, 2장에서 논의되었듯이 지식의 암묵성이 높은 자동차, 기계 같은 부문일수록 지식의 이전과 학습이 어렵기 때문에 후발자에 의한 선발자 추격이 어렵다. 둘째, 지식과 기술의 수명주기가 짧은 분야일수록 추격이 쉽다. 기술의 수명 주기가 짧다는것은 현재에 연구개발을 진행하는 데 있어 예전 지식이 필요 없다는 이야기이고 후발자의 입장에서는 최근 것만 알아도 된다는 이야기이다. 따라서 선발자의 이점이 적다. 『동아시아와 기술추격의 경제학』에서 설명되었듯이 지식의 기술 수명 주기는 특허를 출원할 때 얼마나 오래된 과거의 특허까지 인용하는가로 측정이 되는데, 전기전자·통신은 대표적으로 최근 특허만 중요한 산업 즉, 기술 수명 주기가 짧은 산업이다. 그래서 추격이 상대적으로 쉬운 것이다.

지식의 암묵성에도 불구하고 자동차나 조선에서 빠른 추격이 이뤄질 수 있었던 이유는 이들 산업에서는 기술이나 장비, 생산설비에 체화된 정도가 높기 때문이다. 즉, 자동차의 경우 조립시설만 최신 것으로 구비한다면 부품은 외부 조달 방식으로 확보하여 조립 생산을 시작할 수 있는 것이다. 그러나 이들 산업에서의 지식 암묵성과 통합능력의 중요성은 후기 단계에서의 추격을 쉽지 않게 한다. 이런 측면에서의 불합리성을 극복하는 관건은 공정 혁신에 대한 노력과 이에 필요한 우수 인력의 확보이다. 한국이 조선산업에서 일본을 따라 잡을 수 있었던 이유 중의 하나는 8장에서 논의되었 듯이 우수한 설계 인력의 확보이다. 이들을 기반으로 지속적인 공정 혁신이 이뤄졌다. 암묵성과 통합성의 제고에서 중요한 요소는 대기업(최종 조립 업체)과 중소 부품 업체와의 긴밀한 협력 체제 형성이다. 이들 사이의 협력 네트워크 속에서 외부가 알 수 없는 각종 암묵적 지식이 탄생하고 축적되었다. 이런 부분이 바로 현대자동차와 생산성 격차를 유지하는 도요타의 강점이다.

한편, 기술 수명이 짧아 기술이 자주 바뀔수록 후발자에게 추격의 기회가 주어진다는 것은, 기술패러다임이 변화하는 시기가 후발자에게 비약의 기회를 제공한다는 비약가설과 상통한다. 이는 전략적 시사를 가지는데, 후발 추격자는 패러다임 변화가 열어 주는 기회의 창을 적절히 활용하는 것이 중요하다는 것이다. 앞에서 정리한 경로창출형 추격이 후발자가 기업 차원에서 선택한 전략이라면, 종종 외부 환경의 변화나 새로운 기술시장 패러다임의 외생적 출현이 후발자에게 기회의 창이 된다는 것이다. 『동아시아와 기술추격의 경제학』에서 설명되었듯이 아날로그에서 디지털 패러다임으로의 변화가 후발 한국 가전 기업이 일본 기업을 따라 잡는 결정적 계기가 되었다. 디지털 TV는 그 전형적인 사례이다. 또한 핸드폰에서도 2G(2세대)에서는 SK텔레콤에 뒤졌던 KTF가 3G에서는 앞서나가는 것도 그런 예이다.

이런 역전이 가능한 것은 기존 세대 기술에 많이 투자하고 잘되고 있는 선발자는 새로운 세대 기술에 너무 빨리 들어가는 것에 미온적인 경우가 종종 있기 때문이다.[4]

5장에서 분석한 화장품 산업의 경우에는 인터넷이라는 새로운 유통 마케팅 환경의 출현이 미샤라는 후발 진입자에게 저비용으로 소비자에게 다가갈 수 있는 기회로 작용하였다. 미샤는 인터넷 판매 및 판촉을 통해 진입한 후, 이를 브랜드 샵이라는 유통망 체계 단순화로 오프라인 판매망 구축에 연결지었다. 이런 사례가 시사하는 것은 패러다임의 변화는 기술 분야에서도 발생하고, 시장 체제 분야에서도 발생한다는 것이다.

거꾸로 패러다임 변화 시기에 잘 대응하지 못하면 선두기업도 순식간에 몰락할 수 있음을 아날로그 시대 일회용 카메라 시장의 선두주자였던 폴라로이드가 디지털 카메라의 출현에 대응하지 못하여 몰락한 사례가 증명해준다. 반면에서 캐논은 아날로그 시대의 명성을 그대로 보유한 채 디지털 시대로 이행하였다. 그러나 디지털 카메라 시대는 새로운 기회의 창으로 작용하여 새로운 기업들이 진입할 수 있었다.

정부의 역할과 정책 시사

기업 간 추격과 경쟁은 기본적으로 기업의 일이다. 그러나 이런 추격과 경쟁의 양상은 그 기업이 속한 산업의 특성에 영향을 받는다는 점에서 정부의 역할이 필요할 가능성이 높다. 또한 선발(외국)기업이 후발 추격기업을 조직적으로 방해하거나 자신들의 독과점 체제를 유지하려고 한다는 점에서도 정부 개입의 가능성이 발생한다. 특히, 후발기업이나 중소기업을 육성지원하려는 정부의 산업정책은 해당 산업 부문의 특성을 특히, 기술체제를 고려하여 부문 간 차별성을 띠어야 효과가 있을 수 있다.

본서에서 다룬 사례는 한국의 중소기업들이 나가야 할 방향, 그리고 정부가 어떤 유형의 중소기업을 지원해야 할지에 대한 밑그림을 제시하고 있다. 중소기업이 카테고리 킬러, '혁신형 중소기업'으로 성공하려면 암묵적인 지식을 전유성이 높은 기술로 전환할 수 있어야 하는데 이때 충분한 시행착오를 행하도록 정부는 도와줄 필요가 있다. 즉, 정부는 무조건 연구개발비를 늘리기보다는 암묵성이 높은 지식기술체제의 특성이 보이는 산업 혹은 기술 분야를 중심으로 R&D 기반이 있는 중소기업을 집중 육성할 필요가 있다. 높은 암묵성과 전유성은 해당 기업을 중국 등 다른 개발도상국들의 가격 경쟁이나 선발주자의 견제로부터 보호해 주는 역할을 한다. CEO의 리더십과 R&D 노력을 기반으로 지식과 기술을 생산하고 이를 기반으로 제품 차별화에 성공한다면 중소기업은 한국 경제의 튼튼한 성장 동력으로 거듭날 수 있을 것이다.

1장

이근 외 (2005), 『중진국함정과 2만불 전략』, 이슈투데이.

이근 (2007), 『동아시아와 기술추격의 경제학』, 박영사.

Abramovitz, M. (1986), "Catching-up, Forging Ahead, and Falling Behind," *Journal of Economic History*, vol. XLVI(2).

Breschi, S., Malerba, F. and L. Orsenigo (2000), "Technological Regimes and Schumpeterian Patterns of Innovation," *Economic Journal*, vol. 110, pp.388~410.

Dosi, G. (1988), "Sources, Procedures, and Microeconomic Effects of Innovation," *Journal of Economic Literature*, vol. 26, pp. 1120~1171.

Gerschenkron, A. (1962), *Economic Backwardness in Historical Perspective*, Cambridge MA.: Harvard University Press.

Gerschenkron, A. (1963), "The Early Phases of Industrialization in Russia: Afterthoughts and Counterthoughts," in Rostow, W. W. (ed.), *The Economics of Take-off into Sustained Growth*, London: Macmillan.

Guillen, Mauro (2001), *The Limits of Convergence: Globalization and Organizational Change in Argentina, South Korea, and Spain*, Princeton University Press.

Kim, Yoon-Zi and Keun Lee (2008), "Making a Technological Catch-up in the Capital Goods Industry: Barriers and Opportunities in the Korean Case," *Global Economic Review*, vol. 37 (2), pp. 135~155.

Lee, Keun and Chaisung Lim (2001), "Technological Regimes, Catching-up and Leapfrogging: the Findings from the Korean Industries," *Research Policy*, vol. 30, pp. 459~483.

Malerba, Franco (ed.) (2004), *Sectoral Systems of Innovation*, Cambridge MA: Cambridge Univ. Press.

Malerba, Franco (2002), "Sectoral Systems of Innovation and Production," *Research Policy*, vol. 31(2).

Mathews, J.A. (2002a), "Competitive Advantages of the Late-comer Firms: a Resources Based Account of Industrial Catch-up Strategies," *Asia Pacific Journal of Management*. vol. 19 (4), pp. 467~488.

Mathews, J.A. (2002b), "The Origins and Dynamics of Taiwan's R&D Consortia," *Research Policy*, vol.31, pp. 633~651.

Mathews, J.A. (2003), "Competitive Dynamics and Economic Learning: An Extended Resource-based view," *Industrial and Corporate Change*, vol.12 (1), pp. 115~145.

Nelson, R. and S. Winter (1982), *An Evolutionary Theory of Economic Change*, Cambridge, Mass: Belknap Press of Harvard University Press.

OECD (1996), *Reviews of National Science and Technology Policy: Republic of Korea*, Paris: OECD.

OECD (1992), *Technology and Economy: the Key Relationships*, Paris: OECD.

Perez, C. (1988), "New Technologies and Development," in Freeman, C. and B. Lundvall (eds.), *Small Countries Facing the Technological Revolution*, London and New York: Pinter Publishers.

Perez, C. and L. Soete (1988), "Catching-Up in Technology: Entry Barriers and Windows of Opportunity," in Dosi et al. (eds.), *Technical Change and Economic Theory*, London and New York: Pinter Publishers.

2장

이근 (2007), 『동아시아와 기술추격의 경제학』, 박영사.

Fukao, Kyoji, T. Inui, H. Kwon, T. Yuan, Y. Kim and Moosup Jung (2007), "The Methodology of Measuring TFP and International Comparison of TFP,"

Chapter 2 in Database of the TFP of the firm of Japan, China and Korea, Research report, Japan Center for Economic Research (In Japanese).

Jung, Moosup, Keun Lee, and K. Fukao, (2008), "Total factor productivity of Korean Firms and Catching up with the Japanese Firms," *Seoul Journal of Economics*, vol.21, pp.93~137.

Jung, Moosup and Keun Lee (2008), "What determines the Korean Firms' TFP Catch-up with the Japanese Firms?: Sectoral System and Firm level Learning," Paper presented at the 2008 Convention of the Asialics held in Bangalore, India.

Malerba, Franco (ed.) (2004), *Sectoral Systems of Innovation*, Cambridge MA: Cambridge Univ. Press.

Park, Kyoo-ho, and Keun Lee (2006), "Linking the Technological Regime to the Technological Catch-up: Analyzing Korea and Taiwan Using the US Patent Data," *Industrial and Corporate Change*, vol.15, pp.715~753.

3장

김승범 (2005), 『한국 최고의 브랜드』, 흐름.

김윤지 (2006), 「중진국 함정과 기술추격: 자본재 산업의 사례」, 『기술혁신연구』, 14권 1호.

무역연구소 (2005), 『대한민국2004』, 한국무역협회.

무역연구소 엮음 (2003), 『세계로 가는 우리 브랜드』, 한국무역협협회.

이근 외 (2005), 『중진국함정과 2만불 전략』, 이슈투데이.

이근 (2007), 『동아시아와 기술추격의 경제학』, 박영사.

Guillen, Mauro (2001), *The Limits of Convergence: Globalization and Organizational Change in Argentina, South Korea, and Spain*, Princeton University Press.

Kim, Yoon-Zi and Keun Lee (2008), "Making a Technological Catch-up in the

Capital Goods Industry: Barriers and Opportunities in the Korean Case," *Global Economic Review*, vol. 37 (2), pp. 135~155.

Kim, Linsu (1997), *Imitation to Innovation: The Dynamics of Korea's Technological Learning*, Boston: Harvard Business School Press.

Lee, Keun and Chaisung Lim (2001), "Technological Regimes, Catching-up and Leapfrogging: the Findings from the Korean Industries," *Research Policy*, vol. 30, pp. 459~483.

Mathews, J.A. (2002), "Competitive Advantages of the Late-comer Firms: a Resources Based Account of Industrial Catch-up Strategies," *Asia Pacific Journal of Management*. vol. 19(4), pp. 467~488.

Mathews, J.A. (2003), "Competitive Dynamics and Economic Learning: An Extended Resource-based view," *Industrial and Corporate Change*, vol.12 (1), pp. 115~145.

OECD (1996), *Reviews of National Science and Technology Policy: Republic of Korea*, Paris: OECD.

• 언론 매체

『국민일보』, 2006. 4. 24.

데일리 신문, 2003. 11. 7.

『동아일보』, 2003. 2. 12.

『매일경제』, 2006. 2. 1, 2. 22, 2. 27.

2001. 8. 9, 「도자기업계, 브랜드파워 더욱 키워야」

『서울경제』, 2003. 12. 23, 2006. 1. 31.

연합뉴스, 2006. 4. 13.

『중앙일보』, 2006. 6. 13.

『파이낸셜뉴스』, 2005. 5. 18, 12. 19.

『한국경제』, 1999. 8. 6.

1997. 4. 27, 「국산 본차이나 식기류, 외국제품보다 품질·가격우수」

2003. 11. 18, 「한국의 수출영웅」

『헤럴드경제신문』, 2003. 11. 17.

KBS, 「신화창조의 비밀-락앤락 편」

KBS, 「신화창조의 비밀-한국도자기 편」, 2005. 4. 8.

4장

김용준 (2005), 『신화창조의 비밀』, 한국씨네텔.

이근 (2004), 「과학기술의 새로운 패러다임과 경제」, 『IT의 사회 · 문화적 영향 연구: 21세기 한국 메가트렌드 시리즈』, 서울대학교 연구소 편.

이근 외 (2005), 『중진국함정과 2만불 전략』, 이슈투데이.

이근 (2007), 『동아시아와 기술추격의 경제학』, 박영사.

이근, 정무섭, 김윤지 (2008), 「'선도 추격'에서 '동반 추격'으로의 전환을 위한 서비스 산업의 역할과 전략」, 한국경제학회 주최, 2008년 경제학 공동학술대회 발표 논문.

중소기업청 (2205), 2005 중소기업기술통계조사보고.

Breschi, S., Malerba, F. and L. Orsenigo (2000), "Technological Regimes and Schumpeterian Patterns of Innovation," *Economic Journal*, vol. 110, pp.388~410.

Lee, Keun and Chaisung Lim (2001), "Technological Regimes, Catching-up and Leapfrogging: the Findings from the Korean Industries," *Research Policy*, vol. 30, pp. 459~483.

Lee, Keun, C. Lim and D. Park (2003), *The Role of Industrial Property Rrights in Technological Development in the Republic of Korean*, WIPO.

Lee, Keun, Sunil Mani and Qing Mu (2007), *Explaining Divergent Stories of Catch-up in the Telecommunication Equipment Industry in Brazil, China, India, and Korea*, Paper presented at the international Workshop on the SSI and Catch-up, held in Milan, Italy.

Kim, Yoon-Zi and Keun Lee (2008), "Making a Technological Catch-up in the Capital Goods Industry: Barriers and Opportunities in the Korean Case," *Global Economic Review*, vol. 37 (2), pp. 135~155.

Malerba, Franco (2002), "Sectoral Systems of Innovation and Production," *Research Policy*, vol. 31(2).

Malerba, Franco (ed.) (2004), *Sectoral Systems of Innovation*, Cambridge MA: Cambridge Univ. Press.

Park, Kyoo-ho, and Keun Lee (2006), "Linking the Technological Regime to the Technological Catch-up: Analyzing Korea and Taiwan Using the US Patent Data," *Industrial and Corporate Change*, vol.15, pp.715~753.

• 언론매체

『강원도민일보』, 「현악기 대중화로 해외시장 석권」, 2003. 4. 6.

김유경, 「IT가 바꾸는 삶-생활가전: 쿠쿠홈시스」, 『전자신문』, 2007. 9. 19.

오문경, 「화제의 무역인-㈜심로악기 대표이사 김원정」, 『한국무역협회-월간무역』.

임동수, 「광고 마케팅으로 매출 '쑥쑥'」, MBN TV 2005. 12. 13.

최성환, 「월간조선이 선정한 한국의 50대 알짜배기 기업」, 『월간조선』, 2002. 8.

홍지연, 「헬멧 하나로 세계 정상에! 홍진 HJC」, 『한국무엽협회-월간무역』, 2005. 5.

KBS, 「신화창조의 비밀-심로바이올린 편」, 2006. 5. 14.

KBS, 「신화창조의 비밀-쿠쿠 편」, 2005. 1. 21.

KBS, 「신화창조의 비밀-HJC헬멧 편」, 2004. 9. 17.

5장

김정욱, 조재립 (2004), 「브랜드 이미지가 소비자의 구매형태에 미치는 영향에 관한 연구: 국내 화장품을 중심으로」, 대한산업공학회 · 한국경영과학회 2004년 춘계학술대회.

박장서 (2007), 「특별기획: 화장품 산업과 화학공학」, 한국화학공학회, 『News & Information for Chemical Engineers』, vol.25(2).

원현진 (2004), 「브랜드 태도에 영향을 미치는 요인에 관한 연구: 화장품 브랜드 비교를 중심으로」, 서울대학교 대학원 석사학위논문.

한국보건산업진흥청 (2008), 2008 화장품 기업현황 보고서.

Kim, Yoon-Zi and Keun Lee (2008), "Making a Technological Catch-up in the Capital Goods Industry: Barriers and Opportunities in the Korean Case," *Global Economic Review*, vol. 37 (2), pp. 135~155.

Lee, Keun, Sunil Mani and Qing Mu (2007), *Explaining Divergent Stories of Catch-up in the Telecommunication Equipment Industry in Brazil, China, India, and Korea*, Paper for the SSI and Catch-up project led by F. Malerba and Richard Nelson.

Malerba, Franco (ed.) (2004), *Sectoral Systems of Innovation*, Cambridge MA: Cambridge University Press.

• 언론 매체

『경향신문』, 「기업성장동력 특집: 아모레퍼시픽 해외 공략으로 '10대 명품 브랜드'」, 2008. 3. 31.

『매경이코노미』, 「성공적인 기업 R&D 사례-아모레퍼시픽」, 2006. 6. 14.

『매일경제』, 「로레알 한국선 맥못춘다」, 2005. 1. 11.

『머니투데이』, 「아모레-우리 회사엔 사장님이 없어요」, 2005. 3. 21.
　　　　　　　「고객이 만들어준 미샤로 올 1000억 목표」, 2004. 4. 23.

『서울경제』, 「한방화장품 '글로벌 명품' 날갯짓」, 2007. 8. 1.

『식품음료신문』, 「창간10주년 특집-식품경쟁력 R&D에 달렸다⑨: 아모레퍼시픽 기술연구원」, 2006. 9. 25.

위클리조선, 「창업 5년 중저가 화장품의 반란」, 2008. 3. 3.

『일간일보』, 「기능성화장품 심사 폭주 여전」, 2008. 6. 16.

『창업경영신문』, 「유통혁신과 품질 혁신으로 프랜차이즈 성공: 더 페이스샵 유통학회에서 성공스토리 공개」, 2006. 6. 15.

『한국경제』, 「토종화장품 백화점에서 기 편다」, 2007. 9. 12.
　　　　　　「저가화장품 원조 미샤 팔린다」, 2007. 2. 15.

『헤럴드경제』, 「미샤화장품 저가 神話 막 내리나」, 2006. 6. 2.

6장

김태기, 장선미 (2003), 「기업의 R&D 투자와 생산성 변화: 한국 기업자료를 이용한 실증분석」, 한국경제연구학회.

문주영 (2001), 『국내 주요 포탈 동향』, 정보통신정책원, 2000년 1월.

송명규, 정혜순, 임대현 (2004), 「중소벤처기업의 M&A를 이용한 기술이전 전략」, 한국과학기술정보연구원.

원세호, 김성영 (2003), 「인터넷 컨텐츠 사업전략」, 한국정보통신연구진흥원.

윤선영 (2007), 『이것이 네이버다』, 싱크.

이근 (2007), 『동아시아와 기술추격의 경제학』, 박영사.

이영수 (2002), 「다원화되는 포털시장 경쟁격화 예상」, 『산업정보』, LG경제연구원, 2002년 6월.

임원기 (2007), 『네이버 성공신화의 비밀』, 황금부엉이.

Breschi, S., Malerba, F. and L. Orsenigo (2000), "Technological Regimes and Schumpeterian Patterns of Innovation," *Economic Journal*, vol. 110, pp.388~410.

Blonigen, B. and C. Taylor (2000), "R&D activity and acquisition in high technology industries: Evidence from the U.S. electronic and electrical equipment industries," Federal Trade Commission Working paper 222.

Gans, Joshua S. and Scott Stern (1997), "Incumbency and R&D Incentives: Licensing the Gale of Destruction", *Mimeo*.

Lee, Keun and Chaisung Lim (2001), "Technological Regimes, Catching-up and Leapfrogging: the Findings from the Korean Industries," *Research Policy*, vol. 30, pp. 459~483.

Lee, Keun, (2005), "Making a technological catch-up: Barriers and opportunities", *Asian Journal of Technology Innovation*, vol. 13(2), pp. 97~131.

Malerba, Franco (ed.) (2004), *Sectoral Systems of Innovation*, Cambridge MA: Cambridge Univ. Press.

Rosenkranz, S. (2003), "Simultaneous choice of process and product innovation when consumers have a preference for product variety," *Journal of Economic Behavior and Organization*, vol. 50(2), pp. 183~201.

Malseed, Mark and Vise, David (2006), *The Google Story*, New York: Delta.

한국특허정보원: www.kipris.or.kr.

미국 특허청(United States Patent and Trademark Office) : www.uspto.gov.

7장

이근 (2007), 『동아시아와 기술추격의 경제학』, 박영사.

장세진 (2008), 『삼성과 소니』, 살림Biz.

Jaffe, A., and Trajtenberg, M. (2002), *Patents, Citations and Innovations: A Window on the Knowledge Economy*, Cambridge MA.: the MIT Press.

Fortune, 2005, vol. 152, No. 4.

미국 특허청(United States Patent and Trademark Office) : www.uspto.gov

NBER 미국 특허 정보 데이터 베이스, http://www.nber.org/patents

Hall, Bronwyn H. 미국 특허 정보 데이터 베이스,
    http://emlab.berkeley.edu/users/bhhall/bhdata.html

8장

김윤지 (2006), 「기계 산업에서의 중진국 함정과 기술추격: 한국 기계 산업의 사례」, 『기술혁신연구』 제14권 1호.

김현정 (2005), 「우리나라 부품소재산업의 경쟁력 현황과 정책과제」, 한국은행 금융경제연구원.

이근 외 (2005), 『중진국함정과 2만불 전략』, 이슈투데이.

한국산업기술평가원 (2005), 『우수성공기업사례』

Lee, Keun and Chaisung Lim (2001), "Technological Regimes, Catching-up and Leapfrogging: the Findings from the Korean Industries," *Research Policy*, vol. 30, pp. 459~483.

Lim, C. (1997), *Sectoral Systems of Innovation in the Period of Cluster Forming - the Case of the Korean Machine Tool Industry*, Brighton: Science Policy Research Unit, University of Sussex.

Rodrik, D. (1996), "Coordination Failures and Government Policy: A Model with Applications to East Asia and Eastern Europe," *Journal of International Economics*, vol. 40.

Rodriquez-Clare, A. (1996), "The Division of Labor and Economic Development," *Journal of Development Economics*, vol. 49(1).

• 언론매체

아이뉴스24, 「기술개발-해외 마케팅으로 화려한 부활—주성엔지니어링」, 2005. 2. 1.
『전자신문』, 「나노강국을 건설하자 1부—(7) 나노반도체장비 'ALD'」, 2004. 2. 19.
『주간한국』, 「벤처스타열전-황철주 주성엔지니어링 사장」, 2000. 7. 11.
『중앙일보』, 「'LCD 랠리'로 4년만에 희망가」, 2005. 3. 6.
『매일경제』, 「특허소송은 첨단 마케팅」, 2004. 6. 17.
디지털타임스, 「트렁 도운 주성엔지니어링 사장 ALD, CVD로 세계 정벌」, 2003. 6. 17.
『동아일보』, 「벤처 中企플라자—반도체 장비 생산 '주성엔지니어링'」, 1999. 11. 22.

9장

김기국 외 (1998), 「국가 과학기술통계지표체계제도의 구상」, 과학기술정책연구원.
김주한, 이임자 (2004), 「중국 철강산업의 급성장이 우리나라 철강산업에 미치는 영향과 대응」, 산업연구원.
송성수 (2002), 「기술능력 발전의 시기별 특성 : 포항제철 사례연구」, 『기술혁신연구』, 제10권 1호, pp.174~200.
송성수 (2004), 『소리없이 세상을 움직인다』, 지성사.
스티브 존슨 (2004), 『이머전스』, 김영사.

이근, 박규호 (2005), 「한국산업의 지식생산 및 학습능력 제고와 경쟁력」, 이근 편 『한국경제의 인프라와 산업별 경쟁력』, 나남.

추기능 (2008), 「Linking Technological Diversification to Corporate Performance」, 서울대학교 사회과학대학 경제학 박사학위 논문.

포항제철 사사편찬위원회 (1989), 『포항제철 25년사』, 포항종합제철주식회사.

Breschi, Stefano, Francesco Lissoni, and Franco Malerba (2003), "Knowledge-Relatedness in Firm Technological Diversification," *Research Policy*, vol. 32.

Fleisher, C. S., and B. E. Bensoussan (2002), *Strategic and competitive analysis: Methods and techniques for analyzing business competition*, Prentice Hall.

Grandstrand, Patel, and Pavitt (1997), "Multi-technology corporations; why they have 'distributed' rather than 'distinctive core' competencies", *California Management Review*, vol. 39 (4).

Jung, Moosup and Keun Lee (2008), "What Determines the Korean Firms' TFP Catch-up with the Japanese Firms?: Sectoral System and Firm level Learning," Paper presented at the 2008 Convention of the Asialics held in Bangalore, India.

Jung, S. and K. Imm (2002), "The Patent Activities of Korea and Taiwan : A Comparative Case Study of Patent Statistics", *World Patent Information*, vol. 24, pp. 303~311.

Nippon Steel Corporation (2004), *Nippon Steel Corporation IR Material*, Nippon Steel Corporation.

Nonaka, I. and H. Takeuchi (1995), *The Knowledge-Creating Company*, Oxford University Press.

O'Keeffe, M. (2005), "Cross Comparison of US, EU, JP and Korean Companies Patenting Activity in Japan and in the Peoples Republic of China", *World Patent Information*, vol. 27, pp. 125~134.

Patel, Pari and Keith Pavitt (1997), "The Technological Competencies of the World's Largest Firms: Complex and Path-dependent, but Not Much Variety," *Research Policy*, Vol.26.

Pilkington, A. (2004), "Technology Portfolio Alignment as an Indicator of Commercialization: an Investigation of Fuel Cell Patenting", *Technovation*, vol. 24, pp.761~771.

Pilkington, A., R. Dyerson, and O. Tissier (2002), "The Electric Vehicle: Patent Data as Iindicators of Technological Development", *World Patent Information*, vol. 24, pp. 5~12.

POSCO (2005), *POSCO 2005 Fact Book*, POSCO.

Suzuki, J., and F. Kodama (2004), "Technological Diversity of Persistent Innovators in Japan : Two Case Studies of Large Japanese Firms", *Research Policy*, vol. 33, pp. 531~549.

Tsuji, Y. S. (2001), "Organizational Behavior in the R&D Process Based on Patent Analysis: Strategic R&D Management in a Japanese Electronics Firm", *Technovation*, vol. 22, pp.417~425.

10장

김영훈, 김영국 (1992), 「조선 기술의 발전 추이와 우리의 대응전략」, 산업자원부.

김한준 (2006), 「중국의 기술추격 실태와 대응방안」, 『기술과 미래』 4호, 산업기술재단.

김효철 (2006), 『한국의 배』, 지성사.

문영규 (2006), 「경쟁 전략적 관점에서의 우리 나라 조선 산업의 현황과 이해」, 『해양비즈니스』 제7호, pp. 181~204.

박정은 (2006), 「한중일 조선 산업의 비교를 통한 한국 조선 산업의 분석과 향후 발전 방안」, 서울대학교 국제대학원 석사학위 논문.

손은희, 장성용, 송재용 (2008), 「후발 기업의 기술 추격 전략: 아시아 조선 산업의 사례를 중심으로」, Mimeo.

이근, 박규호 (2005), 「한국산업의 지식생산 및 학습능력 제고와 경쟁력」, 이근 편 『한국경제의 인프라와 산업별 경쟁력』, 나남.

이근 (2007), 『동아시아와 기술추격의 경제학』, 박영사.

장석 (1998), 「세계 속의 한국 조선 산업」, 김진현 외, 『해양21세기』, 나남출판.

한국조선공업협회 (2005), 『한국의 조선 산업 : 성장과 과제』, 한국조선공업협회.

홍성인 (2004), 「글로벌리더, 한국 조선 산업의 성장 원천과 향후 과제」, 「산업경제 분석」, 산업연구원, pp. 15~23.

Cho, D. S. and Porter, M.E. (1986), "Changing Global Industry Leadership: The Case of Shipbuilding," in Porter, M.E. (ed.), *Competition in Global Industries*, Cambridge, M. A.: Harvard Business School Press, pp. 539~567.

Hassink, R. and Shin, D. H. (2005). "South Korea's Shipbuilding Industry: From a Couple of Cathedrals in the Desert to an Innovative Cluster," *Asian Journal of Technology Innovation*, vol. 13(2).

Hobday, M., Rush, H., and Bessant, J. (2004), "Approaching the innovation frontier in Korea: the Transition Phase to Leadership", *Research Policy*, vol. 33, pp. 1433~1457.

Kim, L. (1980), "Stages of Development of Industrial Technology in a Less Developed Country: A Model", *Research Policy*, vol. 9(3), pp. 254~277.

Kim, L. (1997), *Imitation to Innovation: the Dynamics of Korea's Technological Learning*, Boston, MA: Harvard Business School Press.

Lee, Keun and Chaisung Lim (2001), "Technological Regimes, Catching-up and Leapfrogging: the Findings from the Korean Industries," *Research Policy*, vol. 30, pp. 459~483.

Malerba, Franco (2002), "Sectoral Systems of Innovation and Production," *Research Policy*, vol. 31(2), pp. 247~264.

Porter, M. E. (1985), *Competitive Advantage: Creating and Sustaining Superior Performance*, New York: Free Press.

Porter, M. E. (1990), *The Competitive Advantage of Nations*, London: Macmillan Press; New York: Free Press.

Utterback, J. M. and Abernathy, W. J. (1975), "A Dynamic Model of Process and Product Innovation", *The International Journal of Management Science*, vol. 3(6), pp. 639~656.

| 주석 |

1장

1 이근 (2007), 『동아시아와 기술추격의 경제학』, 박영사.

2 상동

3 Nelson, R. and S. Winter (1982), *An Evolutionary Theory of Economic Change*, Cambridge, Mass: Belknap Press of Harvard University Press.

4 Dosi, G. (1988), "Sources, Procedures, and Microeconomic Effects of Innovation," *Journal of Economic Literature*, vol. 26, pp. 1120~1171.

5 Nelson, R. and S. Winter (1982), *An Evolutionary Theory of Economic Change*, Cambridge, Mass: Belknap Press of Harvard University Press.
Dosi, G. (1988), "Sources, Procedures, and Microeconomic Effects of Innovation," *Journal of Economic Literature*, vol. 26, pp. 1120~1171.

6 OECD (1992), *Technology and Economy: the Key Relationships*, Paris: OECD.

7 Malerba, Franco (ed.) (2004), *Sectoral Systems of Innovation*, Cambridge MA: Cambridge Univ. Press.
Malerba, Franco (2002), "Sectoral Systems of Innovation and Production," *Research Policy*, vol. 31(2)

8 Malerba, Franco (ed.) (2004), *Sectoral Systems of Innovation*, Cambridge MA: Cambridge Univ. Press.

9 Malerba, Franco (2002), "Sectoral Systems of Innovation and Production," *Research Policy*, vol. 31(2).

10 Breschi, S., Malerba, F. and L. Orsenigo (2000), "Technological Regimes and Schumpeterian Patterns of Innovation," *Economic Journal*, vol. 110, pp.388~410.

11 Breschi, S., Malerba, F. and L. Orsenigo (2000), "Technological Regimes and Schumpeterian Patterns of Innovation," *Economic Journal*, vol. 110, pp.388~410.

12 이근 (2007), 『동아시아와 기술추격의 경제학』, 박영사.

13 Malerba, Franco (2002), "Sectoral Systems of Innovation and Production," *Research Policy*, vol. 31(2)

14 Malerba, Franco (2002), "Sectoral Systems of Innovation and Production," *Research Policy*, vol. 31(2).

15 Lee, Keun and Chaisung Lim (2001), "Technological Regimes, Catching-up and Leapfrogging: the Findings from the Korean Industries," *Research Policy*, vol. 30, pp. 459~483.

16 이근 외 (2005), 『중진국함정과 2만불 전략』, 이슈투데이.

17 Malerba, Franco (ed.) (2004), *Sectoral Systems of Innovation*, Cambridge MA: Cambridge Univ. Press.

18 Malerba, Franco (2002), "Sectoral Systems of Innovation and Production," *Research Policy*, vol. 31(2).

19 상동

20 Kim, Yoon-Zi and Keun Lee (2008), "Making a Technological Catch-up in the Capital Goods Industry: Barriers and Opportunities in the Korean Case," *Global Economic Review*, vol. 37 (2), pp. 135~155.

21 이근 (2007), 『동아시아와 기술추격의 경제학』, 박영사.

22 Lee, Keun and Chaisung Lim (2001), "Technological Regimes, Catching-up and Leapfrogging: the Findings from the Korean Industries," *Research Policy*, vol. 30, pp. 459~483.

23 Perez, C. (1988), "New Technologies and Development," in Freeman, C. and B. Lundvall (eds.), *Small Countries Facing the Technological Revolution*, London and New York: Pinter Publishers.

24 이근 (2007), 『동아시아와 기술추격의 경제학』, 박영사.

25 상동

26 이근 외 (2005), 『중진국함정과 2만불 전략』, 이슈투데이.

27 Mathews, J.A. (2002a), "Competitive Advantages of the Late-comer Firms: a Resources Based Account of Industrial Catch-up Strategies," *Asia Pacific Journal of Management*. vol. 19 (4), pp. 467~488.

Mathews, J.A. (2002b), "The Origins and Dynamics of Taiwan's R&D

Consortia," *Research Policy*, vol.31, pp. 633~651.

28 OECD (1996), *Reviews of National Science and Technology Policy: Republic of Korea*, Paris: OECD

29 Guillen, Mauro (2001), *The Limits of Convergence: Globalization and Organizational Change in Argentina, South Korea, and Spain*, Princeton University Press.

2장

* 이 장은 정무섭, 이근 두 저자가 SERI Quarterly(2008) 1권 2호에 영문으로 게재한 논문을 한글로 번역 편집 전재한 것입니다.

1 Malerba, Franco (ed.) (2004), *Sectoral Systems of Innovation*, Cambridge MA: Cambridge Univ. Press.

2 이근 (2007), 『동아시아와 기술추격의 경제학』, 박영사.

3 Park, Kyoo-ho, and Keun Lee (2006), "Linking the Technological Regime to the Technological Catch-up: Analyzing Korea and Taiwan Using the US Patent Data," *Industrial and Corporate Change*, vol.15, pp.715~753.

4 상동

5 Jung, Moosup, Keun Lee, and K. Fukao, (2008), "Total factor productivity of Korean Firms and Catching up with the Japanese Firms," *Seoul Journal of Economics*, vol.21, pp.93~137.

6 상동

7 상동

8 상동

9 상동

10 Fukao, Kyoji, T. Inui, H. Kwon, T. Yuan, Y. Kim and Moosup Jung (2007), "The Methodology of Measuring TFP and International Comparison of TFP," Chapter 2 in Database of the TFP of the firm of Japan, China and Korea, Research report, Japan Center for Economic Research (In Japanese).

11 Jung, Moosup, Keun Lee, and K. Fukao, (2008), "Total factor productivity of

Korean Firms and Catching up with the Japanese Firms," *Seoul Journal of Economics*, vol.21, pp.93~137.

12 상동

13 상동

14 Jung, Moosup and Keun Lee (2008), "What determines the Korean Firms' TFP Catch-up with the Japanese Firms?: Sectoral System and Firm level Learning," Paper presented at the 2008 Convention of the Asialics held in Bangalore, India.

15 Malerba, Franco (ed.) (2004), *Sectoral Systems of Innovation*, Cambridge MA: Cambridge Univ. Press.

16 Jung, Moosup and Keun Lee (2008), "What determines the Korean Firms' TFP Catch-up with the Japanese Firms?: Sectoral System and Firm level Learning," Paper presented at the 2008 Convention of the Asialics held in Bangalore, India.

17 상동

18 상동

19 상동

3장

1 이근 외 (2005), 『중진국함정과 2만불 전략』, 이슈투데이.

2 김윤지 (2006), 「중진국 함정과 기술추격: 자본재 산업의 사례」, 『기술혁신연구』, 14권 1호.

3 이근 외 (2005), 『중진국함정과 2만불 전략』, 이슈투데이.

4 상동

5 Kim, Linsu (1997), *Imitation to Innovation: The Dynamics of Korea's Technological Learning*, Boston: Harvard Business School Press.

6 이근 (2007), 『동아시아와 기술추격의 경제학』, 박영사.

7 Mathews, J.A. (2002b), "The Origins and Dynamics of Taiwan's R&D Consortia," Research Policy, vol.31, pp. 633~651.; Mathews, J.A. (2003),

"Competitive Dynamics and Economic Learning: An Extended Resource-based view," *Industrial and Corporate Change*, vol.12 (1), pp. 115~145.

8 OECD (1996), *Reviews of National Science and Technology Policy: Republic of Korea*, Paris: OECD.

9 상동

10 Guillen, Mauro (2001), *The Limits of Convergence: Globalization and Organizational Change in Argentina, South Korea, and Spain*, Princeton University Press.

11 Guillen, Mauro (2001), *The Limits of Convergence: Globalization and Organizational Change in Argentina, South Korea, and Spain*, Princeton University Press.

12 Malerba, Franco (ed.) (2004), *Sectoral Systems of Innovation*, Cambridge MA: Cambridge Univ. Press.

13 Kim, Yoon-Zi and Keun Lee (2008), "Making a Technological Catch-up in the Capital Goods Industry: Barriers and Opportunities in the Korean Case," *Global Economic Review*, vol. 37 (2), pp. 135~155.

14 Lee, Keun and Chaisung Lim (2001), "Technological Regimes, Catching-up and Leapfrogging: the Findings from the Korean Industries," *Research Policy*, vol. 30, pp. 459~483.

15 이근 외 (2005), 『중진국함정과 2만불 전략』, 이슈투데이.

16 무역연구소 엮음 (2003), 『세계로 가는 우리 브랜드』, 한국무역협회.

17 선발기업의 지식 이용전략이란 후발주자가 빠른 시간 안에 기술적 도약을 하여 선발주자를 추격하기 위해 선발기업의 지식에 접근하여 이용하는 방법을 말한다.

18 벨벳과 비슷하나 길고 보드라운 보풀이 있는 비단 또는 무명 옷감이다.

19 프라우나 홈페이지 참조, www.prouna.com

20 한국도자기는 과거 제조비용의 비중 2%에 지나지 않던 연구 개발비 비중을 최근 매출액의 10% 수준으로 투자하는 등 R&D 비중을 강화하고 있다.

21 하나코비 홈페이지 참조, www.locknlock.com

22 이근 외 (2005), 『중진국함정과 2만불 전략』, 이슈투데이.

23 세일즈 랩이란 Sales Representatives의 약칭으로 미국 내에서의 수입업자 또는 제조업자 대리점으로 수수료를 기본으로 거래하는 업자를 지칭한다.

24 『한국경제』, 1999. 8. 6.

25 연합뉴스, 2006. 9. 19.

4장

1 이근, 정무섭, 김윤지 (2008), 「'선도 추격'에서 '동반 추격'으로의 전환을 위한 서비스 산업의 역할과 전략」, 한국경제학회 주최, 2008년 경제학 공동학술 대회 발표 논문.

2 Malerba, Franco (ed.) (2004), *Sectoral Systems of Innovation*, Cambridge MA: Cambridge Univ. Press.

3 Park, Kyoo-ho, and Keun Lee (2006), "Linking the Technological Regime to the Technological Catch-up: Analyzing Korea and Taiwan Using the US Patent Data," *Industrial and Corporate Change*, vol.15, pp.715~753.

4 심로악기 홈페이지 참조, http://www.shimro.com

5 쿠쿠홈시스 홈페이지 참조, http://www.cuckoo.co.kr, 『전자신문』, 「IT가 바꾸는 삶-생활 가전: 쿠쿠홈시스」 참조.

6 HJC헬멧 홈페이지 참조, http://hjc-helmet.co.kr, 월간무역 기사 「헬멧 하나로 세계 정상에! 홍진 HJC」 참조.

7 이근 (2007), 『동아시아와 기술추격의 경제학』, 박영사.

8 마이스터 제도는 독일 산업의 막강한 경쟁 원동력으로 기술 숭상의 근간이다. 마이스터 자격을 획득한 사람은 실제 현장에서 이루어지는 기술과 이론을 모두 습득한 실력자로 인정된다.

9 몰드는 바이올린의 앞뒤 판을 양산하기 위한 일종의 틀인데 이 몰드를 기계의 중앙에 놓고 전원을 넣으면 쇠로 된 롤러가 몰드 표면의 굴곡을 읽게 되고 이 데이터가 양쪽에 배치한 기계칼로 전달돼 나무 판을 똑같은 모양으로 깎는다.

10 바닥의 표면 강화와 건물 옥상의 방수 처리용으로 사용된다.

11 이근 외 (2005), 『중진국함정과 2만불 전략』, 이슈투데이.

12 상동

13 300년 전 방식으로 자연 촉매제를 이용한 도색 기법이다.

14 『한국일보』

15 온바오 베이징 「홍진HJC 홍윤기 사장」, 2007. 9. 13.

5장

1 박장서 (2007), 특별기획: 화장품 산업과 화학공학, 한국화학공학회, *News & Information for Chemical Engineers*, vol.25(2).

2 Malerba, Franco (ed.) (2004), *Sectoral Systems of Innovation*, Cambridge MA: Cambridge Univ. Press.

3 Kim, Yoon-Zi and Keun Lee (2008), "Making a Technological Catch-up in the Capital Goods Industry: Barriers and Opportunities in the Korean Case," *Global Economic Review*, vol. 37 (2), pp. 135~155.

4 Breschi, S., Malerba, F. and L. Orsenigo (2000), "Technological Regimes and Schumpeterian Patterns of Innovation," *Economic Journal*, vol. 110, pp.388~410.

5 Lee, Keun, Sunil Mani and Qing Mu (2007), *Explaining Divergent Stories of Catch-up in the Telecommunication Equipment Industry in Brazil, China, India, and Korea*, Paper for the SSI and Catch-up project led by F. Malerba and Richard Nelson.

6 Malerba, Franco (ed.) (2004), *Sectoral Systems of Innovation*, Cambridge MA: Cambridge Univ. Press.; Malerba, Franco (2002), "Sectoral Systems of Innovation and Production," Research Policy, vol. 31(2).

7 우리나라도 2008년부터 시행될 예정이다.

8 원현진 (2004), 「브랜드 태도에 영향을 미치는 요인에 관한 연구: 화장품 브랜드 비교를 중심으로」, 서울대학교 대학원 석사학위논문.

9 김정욱, 조재립 (2004), 「브랜드 이미지가 소비자의 구매형태에 미치는 영향에 관한 연구: 국내 화장품을 중심으로」, 대한산업공학회 · 한국경영과학회 2004년 춘계학술대회.

10 아모레퍼시픽 홈페이지 참조, http://www.amorepacific.com/

11 『한국경제』, 「토종화장품 백화점에서 기 편다」, 박동휘, 2007. 9. 12.

12 「2008 화장품 기업 현황(한국보건산업진흥원)」의 매출액을 바탕으로 계산했다.

13 『매일경제』, 「로레알 한국선 맥 못 춘다」, 김지미, 2005. 1. 11.

14 플래그십 스토어란 브랜드의 표준 모델을 제시하고 브랜드의 성격과 이미지를 극대화한 매장으로 그 브랜드의 라인별 상품을 각각 구분해서 소비자들에게 기준이 될 만한 트렌드를 제시하고 보여 주는 대형 매장이다. (네이버 백과사전 참조, http://100.naver.com/)

15 『경향신문』, 「기업성장동력 특집 : 아모레퍼시픽 해외 공략으로 '10대 명품 브랜드'」, 김보미, 2008. 3. 31.

16 『서울경제』, 「한방화장품 '글로벌 명품' 날갯짓」, 김미희, 2007. 8. 1.

17 『식품음료신문』, 「창간10주년 특집-식품경쟁력 R&D에 달렸다⑨: 아모레퍼시픽 기술연구원」, 윤미진, 2006. 9. 25.

18 『매경이코노미』, 「성공적인 기업 R&D 사례-아모레퍼시픽」, 2006. 6. 14.

19 머니투데이, 「아모레-우리 회사엔 사장님이 없어요」, 박희진, 2005. 3. 21.

20 『한국경제』, 윤리대상 시상식, 2007. 2. 15.

21 에이블 C&C 홈페이지 참조, http://www.able-cnc.com/

22 머니투데이, 「고객이 만들어준 미샤로 올 1,000억 목표」, 이미숙, 2004. 4. 23.

23 『헤럴드경제』, 「미샤화장품 저가 神話 막 내리나」, 김희진, 2006. 6. 2.

24 MBN, 「저가 성공 화장품 '미샤' 상표 못 쓴다」, MBN경제, 2006. 9. 6.

25 『동아일보』, 「저가 화장품 "아 옛날이여"… '미샤' 등 영업이익 급감」, 김현수, 2005. 8. 18.

26 더페이스샵 홈페이지 참조, http://www.thefaceshop.com/

27 『창업경영신문』, 「유통 혁신과 품질 혁신으로 프랜차이즈 성공: 더페이스샵 유통학회에서 성공 스토리 공개」, 강동완, 2006. 6. 15.

28 위클리조선, 「창업 5년 중저가 화장품의 반란」, 2008. 3. 3.

29 상동

30 더페이스샵 홈페이지 참조, http://www.thefaceshop.com/

31 이근 (2007), 『동아시아와 기술추격의 경제학』, 박영사.

6장

＊ 이 장은 2007년도 제 22회 매일경제 학생 경제논문 공모전에서 최우수상을 수상한 논문을 기반으로 보완한 것입니다. 최초에는 2006년에 최준연 씨가 이근 교수의 경제추격론 수업에서 초고를 작성하였고, 이를 2007년에 박창규 씨가 이근 교수의 지도로 추가 보완한 것입니다.

1 Malerba, Franco (ed.) (2004), *Sectoral Systems of Innovation*, Cambridge MA: Cambridge Univ. Press.

2 조성남(2003), 『청소년의 하위문화와 정체성』, 집문당.

3 이영수 (2002), 「다원화되는 포털시장 경쟁격화 예상」, 『산업정보』, LG경제연구원, 2002. 6.

4 Malerba, Franco (ed.) (2004), *Sectoral Systems of Innovation*, Cambridge MA: Cambridge Univ. Press.

5 기존의 기술혁신에 대한 두 가지 관점 기술압박론과 수요견인론 중 후자의 견해인 수요가 기술 개발의 방향을 결정하는 것으로 해석된다. 하지만 신슘페터주의 학자들은 수요에 의해 유발된 기술혁신도 특정 기술 궤적을 선택하게 되므로 양 이론을 통합한 기술 발전 모델이 필요하다고 주장했다.

6 원세호, 김성영 (2003), 「인터넷 컨텐츠 사업전략」, 한국정보통신연구진흥원.

7 Blonigen, B. and C. Taylor (2000), "R&D activity and acquisition in high technology industries: Evidence from the U.S. electronic and electrical equipment industries," Federal Trade Commission Working paper 222.

8 Gans, Joshua S. and Scott Stern (1997), "Incumbency and R&D Incentives: Licensing the Gale of Destruction", Mimeo.

9 송명규, 정혜순, 임대현 (2004), 「중소벤처기업의 M&A를 이용한 기술이전 전략」, 한국과학기술정보연구원.

10 Rosenkranz, S. (2003), "Simultaneous choice of process and product innovation when consumers have a preference for product variety," *Journal of Economic Behavior and Organization*, vol. 50(2), pp. 183~201.

11 김태기, 장선미 (2003), 「기업의 R&D 투자와 생산성 변화: 한국 기업자료를 이용한 실증분석」, 한국경제연구학회.

12 '중복된 정보가 가장 가치가 있다'는 전제에서 출발하는 검색 알고리즘이다.

즉, 검색어별로 웹문서가 중복된 정도 및 최근 시점을 바탕으로 정보를 추출해 검색 순위를 결정하는 알고리즘이다.

13 장병규 사장이 네오위즈에서 분산해 설립한 검색 전문 서비스로 '스노우 랭크'의 랭킹 알고리즘이다. 색다른 시범 서비스와 블로그 마케팅 등을 활용해 국내 검색 업계에서 새롭게 주목 받은 검색엔진이다. 특히 검색 알고리즘이 해외시장에도 적합하다는 평가를 받아왔던 '첫눈'의 매각 과정에는 국내 토종 포탈 업체인 NHN, ㈜다음 커뮤니케이션즈뿐만 아니라 구글 등 외국계 검색 업체들도 적극적으로 참여했다.

14 디지털타임스 인터뷰기사, 2006. 10. 25.

15 한국경제신문 인터넷 기사, 2007. 4. 15.

16 온라인 콘텐츠 제작사.

17 코스닥 등록 인터넷 업체의 2006년 R&D 투자 비율은 매출액의 6.6%이다.

18 특허정보검색 서비스 참조, www.kipris.or.kr

19 수학에서 10의 100승을 뜻하는 googol에서 유래되었다.

20 문주영 (2001), 『국내 주요 포탈 동향』, 정보통신정책원, 2000. 1.

21 2000년에 한겨레신문사가 시작한 최초의 지식 검색 서비스이다.

7장

1 『포춘』, 2005.04 제152권.

2 2004년, 삼성전자와 소니는 삼성전자의 1만 1천여 건의 미국 등록 특허와 소니의 1만 3천여 건의 미국 등록 특허 중 94%를 공유하는 합의를 했다.

3 2005년, 삼성전자는 독일 국제 디자인 포럼에서 아이에프 디자인 어워드 역사상 최초로 12개의 첨단기술 제품에서 아이에프 디자인 어워드를 수상하였다.

4 장세진 (2008), 『삼성과 소니』, 살림Biz.

5 상동

6 세계지적재산기구의 기술 분류를 활용했다. 구체적인 기술 분류는 [부록] 표-2 참조.

7 Albert et al., 1991.

8 『동아시아와 기술추격의 경제학』 및 제프와 트라텐버그의 연구에는 기술 체제의 다양한 지표에 대해서 자세히 설명한다.

9 Jaffe, A., and Trajtenberg, M. (2002), *Patents, Citations and Innovations: A Window on the Knowledge Economy*, Cambridge MA.: the MIT Press.

10 이근 (2007), 『동아시아와 기술추격의 경제학』, 박영사.

8장

1 이근 외 (2005), 『중진국함정과 2만불 전략』, 이슈투데이.

2 김윤지 (2006), 「기계 산업에서의 중진국 함정과 기술추격: 한국 기계 산업의 사례」, 『기술혁신연구』 제14권 1호.

3 김현정 (2005), 「우리나라 부품소재산업의 경쟁력 현황과 정책과제」, 한국은행 금융경제연구원.

4 Rodrik, D. (1996), "Coordination Failures and Government Policy: A Model with Applications to East Asia and Eastern Europe," *Journal of International Economics*, vol. 40.

5 Rodriquez-Clare, A. (1996), "The Division of Labor and Economic Development," *Journal of Development Economics*, vol. 49(1).

6 Rodrik, D. (1996), "Coordination Failures and Government Policy: A Model with Applications to East Asia and Eastern Europe," *Journal of International Economics*, vol. 40.

7 Lee, Keun and Chaisung Lim (2001), "Technological Regimes, Catching-up and Leapfrogging: the Findings from the Korean Industries," *Research Policy*, vol. 30, pp. 459~483.

8 상동

9 Lim, C. (1997), *Sectoral Systems of Innovation in the Period of Cluster Forming- the Case of the Korean Machine Tool Industry*, Brighton: Science Policy Research Unit, University of Sussex.

10 상동

11 Lee, Keun and Chaisung Lim (2001), "Technological Regimes, Catching-up and Leapfrogging: the Findings from the Korean Industries," *Research Policy*, vol. 30, pp. 459~483.

12 김윤지 (2006), 「기계 산업에서의 중진국 함정과 기술추격: 한국 기계 산업의 사례」, 『기술혁신연구』 제14권 1호.

13 상동

14 상동

15 『전자신문』, 「나노강국을 건설하자 1부-(7) 나노반도체장비 'ALD'」, 2004. 2. 19.

16 CVD는 웨이퍼에 절연체와 전도체 등 특수막을 입히는 반도체 제조공정에 사용되는, 반도체 수율(생산성)을 결정하는 반도체 전공정 장비 중 핵심 장비이다.

17 Lee, Keun and Chaisung Lim (2001), "Technological Regimes, Catching-up and Leapfrogging: the Findings from the Korean Industries," *Research Policy*, vol. 30, pp. 459~483.

18 『전자신문』, 「나노강국을 건설하자 1부-(7) 나노반도체장비 'ALD'」, 2004. 2. 19.

19 Lee, Keun and Chaisung Lim (2001), "Technological Regimes, Catching-up and Leapfrogging: the Findings from the Korean Industries," *Research Policy*, vol. 30, pp. 459~483.

20 『동아일보』, 「벤처 中企플라자-반도체 장비 생산 '주성엔지니어링'」, 1999. 11. 22.

21 상동

22 김윤지 (2006), 「기계 산업에서의 중진국 함정과 기술추격: 한국 기계 산업의 사례」, 『기술혁신연구』 제14권 1호.

23 『중앙일보』, 「'LCD 랠리'로 4년만에 희망가」, 2005. 3. 6.

24 한국산업기수평가원, 2005.

25 디지털타임스, 「트렁 도운 주성엔지니어링 사장 ALD, CVD로 세계 정벌」, 2003. 6. 17.

26 『매일경제』, 임상균.

27 아이뉴스24, 「기술개발-해외 마케팅으로 화려한 부활-주성엔지니어링」, 2005. 2. 1.

9장

1 김주한, 이임자 (2004), 「중국 철강산업의 급성장이 우리나라 철강산업에 미치는 영향과 대응」, 산업연구원, 신일본제철 홈페이지 참조.

2 송성수 (2002), 「기술능력 발전의 시기별 특성 : 포항제철 사례연구」, 『기술혁신

연구」, 제10권 1호, pp.174~200.

3 김주한, 이임자 (2004), 「중국 철강산업의 급성장이 우리나라 철강산업에 미치는 영향과 대응」, 산업연구원, pp. 201~214.

4 Nonaka, I. and H. Takeuchi (1995), *The Knowledge-Creating Company*, Oxford University Press.

5 상동

6 이러한 '공동화 → 표출화 → 연결화 → 내면화 → 공동화 → 표출화 → …'의 순환적 반복 과정을 '지식 나선'이라고 한다.

7 Nonaka, I. and H. Takeuchi (1995), *The Knowledge-Creating Company*, Oxford University Press.

8 스티브 존슨 (2004), 『이머전스』, 김영사.

9 본 연구와 유사한 시각의 선행 연구로 특허를 활용하여 조직 행동의 관점에서 일본 전자기업의 R&D 프로세스를 분석한 사례가 있다(Tsuji, Y. S. (2001), "Organizational Behavior in the R&D Process Based on Patent Analysis: Strategic R&D Management in a Japanese Electronics Firm", *Technovation*, vol. 22, pp.417~425).

10 특허 분석은 ① 상당수 기업이 특허출원 대신 내부영업기밀로 보유하는 쪽을 택하며 상업적으로 활용 가능한 기술로 분석이 한정되고 ② 각 특허의 전략적 중요성은 동일하지 않으며 ③ 특허출원과 발행까지의 시차가 존재한다는 점 등의 한계가 있다. 그럼에도 불구하고 특허는 ① 다른 곳에서는 입수할 수 없는 R&D 관련 정보를 신뢰할 수 있는 객관적 형태로 제공하고 ② 기술 변화의 선도 지표로서 기술의 불연속성을 전략적으로 관리할 수 있는 수단이라는 점에서 강점을 가지며, 경쟁 정보 분석의 중요 수단으로 부각되고 있다(Fleisher, C. S., and B. E. Bensoussan (2002), *Strategic and competitive analysis: Methods and techniques for analyzing business competition*, Prentice Hall).

11 「국가 과학기술통계 지표체계도의 구상」(1998), 김기국 외, 과학기술정책연구원, 특허 지표를 이용한 R&D 관련 선행 연구로는 Jung and Imm (2002), O' Keeffe (2005), Pilkington (2004), Pilkington, et al (2002), Suzuki and Kodama (2004)등이 있다.

12 POSCO (2005), POSCO 2005 Fact Book, POSCO.

13 Nippon Steel Corporation (2004), Nippon Steel Corporation IR Material, Nippon Steel Corporation.

14 O' Keeffe, M. (2005), "Cross Comparison of US, EU, JP and Korean Companies Patenting Activity in Japan and in the Peoples Republic of China", *World Patent Information*, vol. 27, pp. 125~134.

15 1988년 통과된 미국의 '종합무역법안' 중 지적재산권 보호조치를 강화한 관세법 337조가 대표적인 경우로써 특허·상표·저작권을 침해했다고 판정될 경우 '피해입증'이 없더라도 해당 외국 상품의 수입을 규제할 수 있다는 것을 그 주요 내용으로 하고 있다.

16 Jung, S. and K. Imm (2002), "The Patent Activities of Korea and Taiwan : A Comparative Case Study of Patent Statistics", *World Patent Information*, vol. 24, pp. 303~311.

17 WIPS는 국내 민간 특허 정보 전문 서비스 업체로 특허 정보 온라인 서비스, 특허 조사 분석 등을 전문으로 하는 업체이다.

18 포스코, 신일본제철이 각각 직접 보유한 특허만을 대상으로 했으며 각 기업의 계열사를 통해 간접적으로 소유하고 있는 특허는 검색 대상에서 제외했다.

19 예를 들어 신일본제철의 경우, 공식 명칭인 'Nippon Steel Corporation'으로 표기된 경우가 대부분이나 'Nippon Steel', 'Nippon Steel Corp.', 'Nippon Steel Inc.' 등의 축약형 사용 또는 'Nippon Steel Corporation' 등의 입력 오류 등이 확인됐으며, 전체 특허에 대한 출원인, 발명인 항목에서의 이러한 오류를 모두 수정하는 사전 작업이 행해졌다.

20 송성수 (2002), 「기술능력 발전의 시기별 특성: 포항제철 사례연구」, 『기술혁신연구』, 제10권 1호, pp.174~200.

21 개별 제품군의 매출 비중 또는 생산 비중을 알 수 있는 상황에서는 '엔트로피 지수'를 사용하는 것이 더 바람직할 수 있으나(Suzuki, J., and F. Kodama (2004), "Technological Diversity of Persistent Innovators in Japan : Two Case Studies of Large Japanese Firms", *Research Policy*, vol. 33, pp. 531~549), 본 연구에서는 관련 시계열 자료를 입수할 수 없으며 경험 많은 내부 관계자가 아닌 이상 개별 특허와 특정 제품군을 연결시키는 것이 사실상 불가능하다는 현실적 제약을 고려하여 HHI를 사용하기로 한다.

22 '중복 집계되지 않은 수' 라는 말은 각 제휴 기업, 발명자가 몇 건의 특허에 관여했는지에 상관없이 각 시기에 등장하는 제휴 상대의 규모만을 집계함을 의미한다.

23 이러한 비대칭적 구조는 피넥스와 같은 차세대 철강기술과 관련된 특허를 포스코가 다량 확보하고 있기 때문에 나타나는 현상이다. 그러나 그렇다 하더라도 기술이 한 분야에 집중되어 있다는 사실 자체에는 변함이 없으며 단지 포스코가 차세대 철강 기술 중심 집중형 특허전략을 선택했다고 유추할 뿐이다.

24 이외에도 신일본제철은 컴퓨터, 정보기억장치 등 정보통신 분야의 특허도 다수 확보하고 있는데, 이는 90년대 전후의 반도체 산업 진출과 관련된 것으로 추정된다.

25 Breschi, Stefano, Francesco Lissoni, and Franco Malerba (2003), "Knowledge-Relatedness in Firm Technological Diversification," *Research Policy*, vol.

26 이근, 박규호 (2005), 「한국산업의 지식생산 및 학습능력 제고와 경쟁력」, 이근 편 『한국경제의 인프라와 산업별 경쟁력』, 나남.

27 Breschi, Stefano, Francesco Lissoni, and Franco Malerba (2003), "Knowledge-Relatedness in Firm Technological Diversification," *Research Policy*, vol. 32.

28 Patel, Pari and Keith Pavitt (1997), "The Technological Competencies of the World's Largest Firms: Complex and Path-dependent, but Not Much Variety," *Research Policy*, Vol.26.

29 Grandstrand, Patel, and Pavitt (1997), "Multi-technology corporations; why they have 'distributed' rather than 'distinctive core' competencies", *California Management Review*, vol. 39 (4).

30 이근, 박규호 (2005), 「한국산업의 지식생산 및 학습능력 제고와 경쟁력」, 이근 편 『한국경제의 인프라와 산업별 경쟁력』, 나남.

31 이 중 포스코의 공동 출원인에는 3개의 해외기업, 신일본제철의 공동 출원인에는 5개의 해외기업이 포함되어 있다.

32 송성수 (2004), 『소리없이 세상을 움직인다』, 지성사.

33 전체 특허에서 출원인이 2명 이상으로 등록되어 있는 공동 특허의 비중을 의미한다.

34 포항산업과학연구원(RIST)과 포스코가 사실상 같은 회사로 기능함을 감안한다

면, 실질적인 기업 간 제휴도 지수는 표 9-6에 나타난 것보다 훨씬 낮아진다.

35 이러한 변화는 도요타자동차가 직면하는 교토 협약 등의 경영 환경 변화 및 차량용 신소재의 필요성과 맞물려 일어난 것으로 유추된다.

36 이를 전체 발명자 집단의 크기에 대한 비율로 환산할 경우, 두 기업은 큰 차이가 없다. 그러나 핵심 발명자의 선정 기준을 고려한다면 실제 두 기업과 관계가 있는 유능한 발명자 집단은 규모에서 큰 차이가 난다는 해석이 가능하며 이는 의미 있는 결과이다. 다만, 이때의 '유능함'은 특허의 질적인 면을 반영한 것이 아니며 양적인 개념에서의 유능함을 의미한다. 그러나 미국으로 해외 출원한 특허를 분석 대상으로 했다는 점에서 질적인 면 또한 완전한 배제가 아니며 이를 제대로 반영하기 위해서는 특허 인용 분석(CII)이 추가돼야 한다.

37 추기능 (2008), 「Linking Technological Diversification to Corporate Performance」, 서울대학교 사회과학대학 경제학 박사학위 논문.

38 Suzuki, J., and F. Kodama (2004), "Technological Diversity of Persistent Innovators in Japan : Two Case Studies of Large Japanese Firms", *Research Policy*, vol. 33, pp. 531~549.

10장

1 Porter, M. E. (1985), Competitive Advantage: Creating and Sustaining Superior Performance, New York: Free Press.; Porter, M. E. (1990), *The Competitive Advantage of Nations*, London: Macmillan Press; New York: Free Press.

2 이근, 박규호 (2005), 「한국산업의 지식생산 및 학습능력 제고와 경쟁력」, 이근 편 『한국경제의 인프라와 산업별 경쟁력』, 나남.

3 Porter, M. E. (1985), Competitive Advantage: *Creating and Sustaining Superior Performance*, New York: Free Press.; Porter, M. E. (1990), *The Competitive Advantage of Nations*, London: Macmillan Press; New York: Free Press.

4 손은희, 장성용, 송재용 (2008), 「후발 기업의 기술 추격 전략: 아시아 조선 산업의 사례를 중심으로」, Mimeo.

5 상동

6 Porter, M. E. (1990), *The Competitive Advantage of Nations*, London: Macmillan Press; New York: Free Press.

7 손은희, 장성용, 송재용 (2008), 「후발 기업의 기술 추격 전략: 아시아 조선 산업의 사례를 중심으로」, Mimeo.

8 Porter, M. E. (1990), *The Competitive Advantage of Nations*, London: Macmillan Press; New York: Free Press.

9 김영훈, 김영국 (1992), 「조선 기술의 발전 추이와 우리의 대응전략」, 산업자원부.

10 Cho, D. S. and Porter, M.E. (1986), "Changing Global Industry Leadership: The Case of Shipbuilding," in Porter, M.E. (ed.), *Competition in Global Industries*, Cambridge, M. A.: Harvard Business School Press, pp. 539~567.

11 Hassink, R. and Shin, D. H. (2005). "South Korea's Shipbuilding Industry: From a Couple of Cathedrals in the Desert to an Innovative Cluster," *Asian Journal of Technology Innovation*, vol. 13(2).

12 박정은 (2006), 「한중일 조선 산업의 비교를 통한 한국 조선 산업의 분석과 향후 발전 방안」, 서울대학교 국제대학원 석사학위 논문.

13 5 force model. 신규 진입자 위협, 공급자와 구매자의 교섭력, 대체재의 위협, 기업들 간의 경쟁으로 경쟁구조를 정의하는 모델.

14 Hassink, R. and Shin, D. H. (2005). "South Korea's Shipbuilding Industry: From a Couple of Cathedrals in the Desert to an Innovative Cluster," *Asian Journal of Technology Innovation*, vol. 13(2).

15 특정 지역에 모인 기업, 연구소, 대학 등이 상호작용과 네트워크에 의한 시너지 효과를 유발할 수 있다는 이론이다.

16 박정은 (2006), 「한중일 조선 산업의 비교를 통한 한국 조선 산업의 분석과 향후 발전 방안」, 서울대학교 국제대학원 석사학위 논문.

17 요소 조건, 수요 조건, 연관 산업 및 지원 산업, 기업 전략 및 경쟁 여건 측면에서 국가 경쟁력을 평가하는 모델이다.

18 Porter, M. E. (1985), *Competitive Advantage: Creating and Sustaining Superior Performance*, New York: Free Press.
Porter, M. E. (1990), *The Competitive Advantage of Nations*, London: Macmillan Press; New York: Free Press.

19 Cho, D. S. and Porter, M.E. (1986), "Changing Global Industry Leadership: The Case of Shipbuilding," in Porter, M.E. (ed.), *Competition in Global Industries*, Cambridge, M. A.: Harvard Business School Press, pp. 539~567.

20 Porter, M. E. (1990), *The Competitive Advantage of Nations*, London: Macmillan Press; New York: Free Press.

21 Malerba, Franco (2002), "Sectoral Systems of Innovation and Production," *Research Policy*, vol. 31(2), pp. 247~264.

22 이근 (2007), 『동아시아와 기술추격의 경제학』, 박영사.

23 Porter, M. E. (1990), *The Competitive Advantage of Nations*, London: Macmillan Press; New York: Free Press.

24 이근 (2007), 『동아시아와 기술추격의 경제학』, 박영사.

25 Malerba, Franco (2002), "Sectoral Systems of Innovation and Production," *Research Policy*, vol. 31(2), pp. 247~264.

26 상동

27 한국조선공업협회 (2005), 『한국의 조선 산업 : 성장과 과제』, 한국조선공업협회.

28 Utterback, J. M. and Abernathy, W. J. (1975), "A Dynamic Model of Process and Product Innovation", *The International Journal of Management Science*, vol. 3(6), pp. 639~656.

29 Kim, L. (1997), *Imitation to Innovation: the Dynamics of Korea's Technological Learning*, Boston, MA: Harvard Business School Press.

30 Kim, L. (1980), "Stages of Development of Industrial Technology in a Less Developed Country: A Model", *Research Policy*, vol. 9(3), pp. 254~277.
Kim, L. (1997), *Imitation to Innovation: the Dynamics of Korea's Technological Learning*, Boston, MA: Harvard Business School Press.
Hobday, M., Rush, H., and Bessant, J. (2004), "Approaching the innovation frontier in Korea: the Transition Phase to Leadership", *Research Policy*, vol. 33, pp. 1433~1457.

31 Kim, L. (1997), *Imitation to Innovation: the Dynamics of Korea's Technological Learning*, Boston, MA: Harvard Business School Press.

32 Hobday, M., Rush, H., and Bessant, J. (2004), "Approaching the innovation

frontier in Korea: the Transition Phase to Leadership", *Research Policy*, vol. 33, pp. 1433~1457.

33 Lee, Keun and Chaisung Lim (2001), "Technological Regimes, Catching-up and Leapfrogging: the Findings from the Korean Industries," *Research Policy*, vol. 30, pp. 459~483.

34 이근 (2007), 『동아시아와 기술추격의 경제학』, 박영사.

35 상동

36 Kim, L. (1997), *Imitation to Innovation: the Dynamics of Korea's Technological Learning*, Boston, MA: Harvard Business School Press.

37 Malerba, Franco (2002), "Sectoral Systems of Innovation and Production," *Research Policy*, vol. 31(2), pp. 247~264.

38 Hassink, R. and Shin, D. H. (2005). "South Korea's Shipbuilding Industry: From a Couple of Cathedrals in the Desert to an Innovative Cluster," *Asian Journal of Technology Innovation*, vol. 13(2).

39 장석 (1998), 「세계 속의 한국 조선 산업」, 김진현 외, 『해양21세기』, 나남출판.

40 한국조선공업협회 (2005), 『한국의 조선 산업 : 성장과 과제』, 한국조선공업협회.

41 김효철 (2006), 『한국의 배』, 지성사.

42 손은희, 장성용, 송재용 (2008), 「후발 기업의 기술 추격 전략: 아시아 조선 산업의 사례를 중심으로」, Mimeo.

43 한국조선공업협회 (2005), 『한국의 조선 산업 : 성장과 과제』, 한국조선공업협회.

44 대우조선해양 사장 인터뷰 참조, 출처: http://www.koshipa.or.kr/club/club_discuss_view.jsp?pg=0&idx=65&code=theme1066184618546

45 손은희, 장성용, 송재용 (2008), 「후발 기업의 기술 추격 전략: 아시아 조선 산업의 사례를 중심으로」, Mimeo.

46 김효철 (2006), 『한국의 배』, 지성사.

47 손은희, 장성용, 송재용 (2008), 「후발 기업의 기술 추격 전략: 아시아 조선 산업의 사례를 중심으로」, Mimeo.

48 한국조선공업협회 (2005), 『한국의 조선 산업 : 성장과 과제』, 한국조선공업협회.

49 손은희, 장성용, 송재용 (2008), 「후발 기업의 기술 추격 전략: 아시아 조선 산업

의 사례를 중심으로」, Mimeo.

50 『한국경제』, 「조선한국 百年大計」, 6. 1, 『매일경제』, 「조선강국 코리아」, 5. 22, 참조.

51 김한준 (2006), 「중국의 기술추격 실태와 대응방안」, 『기술과 미래』 4호, 산업기술재단.

52 일반적으로 국가 간 조선업 경쟁력 비교 시에는 선박 중량 외 부가가치를 고려한 표준 화물선 환산톤 CGT가 보편적인 산출 방식이다.

53 이근 (2007), 『동아시아와 기술추격의 경제학』, 박영사.

54 Lee, Keun and Chaisung Lim (2001), "Technological Regimes, Catching-up and Leapfrogging: the Findings from the Korean Industries," Research Policy, vol. 30, pp. 459~483.

11장

1 이근 (2007), 『동아시아와 기술추격의 경제학』, 박영사.

2 Jung, Moosup, Keun Lee, and K. Fukao, (2008), "Total factor productivity of Korean Firms and Catching up with the Japanese Firms," *Seoul Journal of Economics*, vol.21, pp.93~137.

3 Park, Kyoo-ho, and Keun Lee (2006), "Linking the Technological Regime to the Technological Catch-up: Analyzing Korea and Taiwan Using the US Patent Data," *Industrial and Corporate Change*, vol.15, pp.715~753.

4 『중앙선데이』, KTF 이동원 전무 인터뷰 기사, 2008. 7. 27.